Neue

Kleine Bibliothek 343

Johannes Zang

Kein Land in Sicht?

Gaza zwischen Besatzung, Blockade und Krieg

Luxemburger Str. 202, 50937 Köln
Tel.: +49 (0) 221 – 44 85 45
Fax: +49 (0) 221 – 44 43 05
E-Mail: mail@papyrossa.de
Internet: www.papyrossa.de

Umschlag: Verlag, unter Verwendung einer
Abbildung © by Naeblys | iStock [1739123779]
Druck: CPI – Clausen & Bosse, Leck

Die Deutsche Nationalbibliothek verzeichnet diese Publikation in der Deutschen Nationalbibliografie; detaillierte bibliografische Daten sind im Internet über http://dnb.d-nb.de abrufbar

ISBN 978-3-89438-835-5

Inhalt

Dieses Buch widme ich Menschen,
die ich im Gazastreifen kennenlernte

Dem Tagelöhner und Straßenkehrer am Grenzübergang Erez,
dessen Frau seinerzeit das 17. Kind erwartete;

Fawaz Abu Sitta, dem Bob-Marley-Fan,
der schon vor Jahren nach Berlin geflohen ist;

Suhaila Tarazi, die tapfer das Al-Ahli-Krankenhaus leitet(e);

dem Taxifahrer Maher,
dem ich aus Jerusalem Bier und Wein mitbrachte;

ʾAez, einem Sanitäter und Krankenwagenfahrer,
der mit mir immer Hebräisch sprechen wollte,
da ihn dies an die beste Zeit seines Lebens in Tel Aviv erinnerte;

Dr. Maher Ayyad, der immer vom Frieden sprach;

Raji Sourani, dem Menschenrechtsanwalt,
der den »Müll der Besatzung« satt hatte;

Abed Shokry, der mit den Jahren
immer verzweifeltere Briefe nach Deutschland schickte.

Ich habe versucht, euch allen durch meine Reportagen
und Interviews ein Sprachrohr zu sein,
eure Stimmen wurden nicht gehört oder beherzigt.
Sonst wäre es nie zum 7. Oktober 2023 gekommen …

Der Satz des Physikers Albert Einstein:
»Es ist leichter, einen Atomkern zu spalten als ein Vorurteil«
gilt im israelisch-palästinensischen Konflikt mehr als anderswo.

Ich widme das Buch auch allen,
die unter unbeschreiblichen Umständen
Menschen unter Trümmern bergen,
Verletzte behandeln und Hungernden beistehen;

und den 17.000 Kindern,
die nun Waisen sind wie der 13-jährige Mohammad Al Yazji,
der sich um sechs jüngere Geschwister kümmern muss.

Ich widme es auch
den jüdischen und arabischen Aktivisten von *Standing Together*,
die ab März 2024 Lebensmittellieferungen
zu einem der Gaza-Übergänge brachten,
während gleichzeitig ultrarechte Israelis
solche Konvois blockierten oder behinderten;

den israelischen und palästinensischen
Hinterbliebenen im *Parents Circle*,
dem das israelische Erziehungsministerium
im August 2023 die »Dialogtreffen«
in israelischen Schulen untersagt hatte
und die im Mai 2024 vor Gericht das Recht erstritten,
diese Treffen wieder aufzunehmen.
Dieser Elternkreis ist ein wahrer
Hoffnungsstrahl in dunkelsten Zeiten.

Möge dieses Buch
»die Axt sein für das gefrorene Meer in uns« (Franz Kafka)!

Vorwort

Es war ein Kulturschock, als ich das erste Mal im Gazastreifen ankam: im Januar 1986. Der Kontrast zum Kibbuz Be'eri, wo ich seit den letzten Dezembertagen 1985 Orangen, Zitronen, Grapefruits und Pomelos pflückte, war augenfällig und enorm: Hier europäischer Komfort in der grünen, gepflegten, ruhigen Oase; dort Lärm und Schmutz, Menschen über Menschen, ungewohnte, viel zu laut aufgedrehte Musik, aber: Herzlichkeit allerorten. Dorthin waren wir, einige andere deutsche Volontäre und ich, trotz Gaza-Besuchsverbots durch den Kibbuz, gefahren. Seitdem bin ich der Region Israel/Palästina verbunden; »verfallen« wäre das falsche Wort. Auch »Verliebtheit« träfe es nicht. Ich komme einfach vom heillos unheiligen Land nicht mehr los. Als spürte ich eine Verpflichtung den Menschen gegenüber, die ich kennenlernen durfte. Und deren Geschichten ich weitererzählen muss …

Nie hätte ich mir träumen lassen, dass es Be'eri einmal ins *ZDF* oder in *Die Zeit* schaffen würde. Der Grund könnte trauriger nicht sein: über 100 Menschen – Zivilisten, Soldaten, Sicherheitskräfte – verloren dort, in der Wohlfühloase, am 7. Oktober 2023 ihr Leben, wurden getötet, massakriert.

Seitdem führt Israel Krieg und nennt ihn Operation *Eiserne Schwerter.* Über 3.500 E-Mails haben mich seitdem erreicht, sie enthalten Presseerklärungen, Petitionen, Interviews, Reportagen, Analysen, Kommentare und Hinweise zu Filmen oder Podcasts zu dieser, bislang nicht gekannten, neuen Eskalation der Gewalt. Auch die deutsche Medienlandschaft versorgt uns seit Herbst 2023 mit einem Vielfachen der Informationen, die man uns vorher zuteilwerden ließ (oder vorenthalten hat?).

Dieses Buch kann und will nicht auf jeden Aspekt des Massakers, Krieges oder israelisch-palästinensischen Konflikts eingehen. Es möchte jedoch

- bis heute offene und daher wirksame Wunden des Konflikts beleuchten;
- hierzulande kaum bekannte Facetten der Militärbesatzung, der Blockade Gazas und des gewaltfreien Widerstands benennen;
- einige kaum beleuchtete Aspekte des Massakers (inkl. der Warnungen vor diesem)
- und des folgenden Krieges schildern sowie
- Pläne oder Visionen für den Gazastreifen »am Tag danach« aufzeigen.

Meine Quellen sind die etwa 30 Besuche oder Recherchereisen nach Gaza; seriöse israelische, palästinensische, internationale Sender, Zeitungen, Medieninstitutionen, Online-Plattformen, die UNO, Menschenrechts- und Friedensorganisationen oder andere NGOs.

Mein Herzenswunsch: Dass die Leserin, der Leser erst einmal zuhört und nicht sofort zu einem »Ja, aber …« greift. Wir haben nämlich seit Herbst 2023 vor allem israelisch-jüdische Stimmen, aber kaum solche aus dem Gazastreifen vernommen (letztere vor dem 7. Oktober 2023 auch nur selten).

Gerne stehe ich für eine Buchvorstellung etwa in Arbeitskreis, Schule, Verein, Kirche oder Bibliothek zur Verfügung; ebenso für ein Interview, eine Podiumsdiskussion oder, wenn es der Sache dient, auch für eine Talkshow.

Goldbach, 1. Juni 2024 (239. Tag des Krieges)
Johannes Zang

I.
Von der frühesten Zeit bis 1967

Lassen sich über 2000 Jahre in 13 Texten abbilden? Wohl kaum. Hier sollen – mit Mut zur großen Lücke – einige wichtige Epochen oder Zeitpunkte beleuchtet werden, zunächst mit Blick auf Handelsrouten und Weltreligionen. Etwas eingehender wird die britische Mandatszeit, die Nakba (arab. Katastrophe) und das sich anschließende Flüchtlingselend behandelt. Von 1948 bis 1967 verwaltete oder besetzte – je nach Perspektive – Ägypten den Gazastreifen.

Wie klein ist der Gazastreifen?

Der rechteckige Gazastreifen ist ein künstliches Gebilde. Im ersten israelisch-arabischen Krieg 1948 vertrieben israelische Truppen Palästinenser in den Libanon, nach Syrien und ins Westjordanland, »aber Ägypten ließ das nicht zu. Daher hatte Israel ein Problem im Süden. Israel entschied, dieses Rechteck als riesiges Flüchtlingslager zu schaffen, um Hunderttausende … dorthin zu vertreiben.«[1] Das erklärt der israelische Historiker Ilan Pappe. Israel habe dann Ägypten die Militärherrschaft überlassen.

Diese zwei Prozent des historischen Palästina sind gerade einmal 365 Quadratkilometer: So groß wie ein Löwenrevier für ein Rudel von 40 Tieren. Der Streifen ist etwas größer als die Fläche Dresdens oder des Kantons Schaffhausen; etwas weniger als die von Köln oder Wien oder genau so groß wie der Gardasee. Die Länge der Küstenenklave entspricht mit 40 Kilometern einer knappen Marathondistanz, die Breite variiert zwischen sechs und 12 Kilometern. 59 Kilometer ist die Grenze mit Israel lang, mit Ägypten sind es 13.

Vor der Staatsgründung Israels 1948 lebten dort 60.000 bis 70.000 Palästinenser. Durch Flucht und Vertreibung von Palästinensern, darunter solche aus Jaffa oder Ramla, verdreifachte sich über Nacht die Bevölkerungszahl auf etwa 200.000. Als Israel knapp 20 Jahre später den Streifen eroberte, lebten fast doppelt so viele Menschen dort: 394.000.[2]

Die 1-Million-Marke wurde 1998 überschritten, schätzt das *Palestinian Central Bureau of Statistics.* Die nächste Verdoppelung verzeichnet das Statistikamt für 2019/20. 2024 sollen es 2,41 Millionen sein.[3] Während sich im Gazastreifen über 6.000 Menschen auf einem Quadratkilometer drängen, sind es in Bremen weniger als ein Drittel davon. Dramatischer ist es in acht Flüchtlingslagern des Streifens. Im *Beach Camp,* einen halben (!) Quadratkilometer groß, waren 2023 genau 90.713 Flüchtlinge registriert.[4]

Am Ende der Weihrauchstraße – oder: Wird Gaza in der Bibel erwähnt?

Die vier Buchstaben G a z a scheinen klangvoll und wecken die Vorstellung einer weit zurückreichenden, jahrtausendealten Geschichte. So wie bei Rom, Kairo oder St. Petersburg, Paris oder Jerusalem, Damaskus, Bagdad oder Salamanca.

Gaza, an *der Via Maris* (Meeresstraße) gelegen, war einst eine bedeutende Hafen- und Handelsstadt und Endpunkt der Weihrauchstraße, einer der ältesten Handelsrouten der Welt. Die Pharaonen kannten sie als Horus-Straße, auch das Alte Testament erwähnt sie. Dessen bekanntester Verweis auf Gaza steht im 13. Kapitel des Richter-Buches.

Demnach begab sich der Hebräer Samson (auch Simson), drittletzter Richter im alten Israel, der eine geradezu übermenschliche Kraft besaß, nach Gaza und verliebte sich in Delila. Die Philister drängten sie, das Geheimnis der Stärke Samsons herauszufinden. Sie brachte in Erfahrung, dass diese in seinem Haar gründete, und verriet ihn so. Samsons Haar wurde geschoren und er verlor seine Kraft; obendrein wurde er geblendet und zum Mahlen von Getreide gezwungen – eine entehrende Sklavinnenarbeit. Als sich einmal 3.000 Philister versammelten, ließen sie Samson holen, um sich an ihm zu belustigen. Samson, inzwischen mit nachgewachsenem Haar, umfasste die Mittelsäulen des Tempels und sprach: »Ich will mit den Philistern sterben.« Dann brachte er die Säulen zum Einsturz und damit in seiner Todesstunde mehr Menschen ums Leben als zu Lebzeiten.

Just im Herbst 2023 brachte das Theater Kiel Camille Saint-Saëns Oper *Samson und Dalila* in einer »brandaktuellen Operninszenierung« auf die Bühne, »bedrückend und zeitgemäßer denn je.«[5] Denn Gaza sei ein Ort, »an dem seit mehr als drei Jahrtausenden Unfriede herrscht. Es ist so, als sei das im »Buch der Richter« Beschriebene eine Blaupause dafür, was sich erschreckend am 7. Oktober 2023 wiederholte.« Am Ende der Aufführung verkündete ein Schriftzug auf dem Vorhang: »3.000 Tote, darunter der Attentäter«.[6]

Welche Bedeutung hat Gaza für christliche Pilger?

Was, wenn nur jede fünfte Pilgergruppe, derer es in den letzten Jahrzehnten unzählige gab, auf dem Weg ins Heilige Land auch Gaza besucht hätte? Es hätte nicht nur Geld in den abgeriegelten, verarmten Küstenstreifen gebracht, sondern womöglich auch Wertschätzung, Lebensfreude und Hoffnung, Ideen und Anregungen.

Laut christlicher Überlieferung floh die Heilige Familie nach Ägypten und kehrte nach dem Tod von König Herodes über Gaza zurück. Am Nordeingang, so die fromme Tradition, rastete sie.

Ein halbes Jahrhundert später wirkte der Heilige Philippus in Gaza, wie es das achte Kapitel der Apostelgeschichte schildert. Dem äthiopischen Kämmerer legte er die Prophezeiungen des Alten Bundes aus und erklärte Jesu Botschaft derart überzeugend, dass dieser den Wunsch verspürte, sich taufen zu lassen. Ab Vers 37 heißt es: »Philippus aber sprach: Glaubst du von ganzem Herzen, so mag's wohl sein. Er antwortete und sprach: Ich glaube, dass Jesus Christus Gottes Sohn ist. Und er hieß den Wagen halten, und beide stiegen hinab in das Wasser, Philippus und der Kämmerer, und er taufte ihn.« Durch den Kämmerer, eine Art Staatsmann, gelangte das Evangelium nach Äthiopien.

Gegen Ende des 3. Jahrhunderts kam der Heilige Hilarion bei Gaza zur Welt, der Begründer des Mönchstums in Palästina. Das von ihm erbaute Kloster soll das älteste weltweit sei. Etwa zur selben Zeit ließ Kaiserin Helena ein Kloster in Deir al-Balah (südlich von Gaza-Stadt) erbauen. Im 5. Jahrhundert war Gaza mehrheitlich christlich. Auf der berühmten Mosaikkarte der Georgskirche von Madaba/Jordanien aus dem 6. Jahrhundert ist Gaza groß abgebildet – ein Hinweis auf seine Bedeutung. Der heilige Willibald, später Bischof von Eichstätt, pilgerte zwischen 723 und 727 auch nach Gaza und erwähnt eine St.-Matthias-Kirche.

Der Archäologe Pater Jean-Baptiste Humbert in Jerusalem versicherte mir, dass es im Gazastreifen Spuren von Hunderten Kirchen gebe. Wann wird man weiter ausgraben, wann Touristen und Pilger empfangen können?

Was ist über Gaza zwischen dem 7. und dem 20. Jahrhundert bekannt?

Etwa 635 erreichte der Islam Gaza. Dort soll einer Legende zufolge der Prophet im Mittelmeer gebadet haben. Die Ommayaden-Dynastie (Umayyaden) belebte zwischen 660 und 750 den Handel mit Mekka entlang der Weihrauchstraße aufs Neue. Damals war Gaza als »Hashems Gaza« bekannt: Hashem, der Großvater des Propheten, ist in Gaza begraben.

Die Kreuzritter eroberten unter Balduin I. Gaza, das sie *Gadres* nannten. 1170 entriss ihnen Saladin die Stadt. Unter mamelukkischer Herrschaft wurde sie Verwaltungssitz für den Küstenstreifen bis Cäsarea Maritima, zwischen dem heutigen Tel Aviv und Haifa. Die Stadt wuchs beträchtlich, laut Mou'in Sadeq, früher Generaldirektor für Tourismus, »mehr als in jeder anderen Epoche der islamischen Zeit«, weswegen Gazas Altstadt ein »Architekturparadies für Wissenschaftler und Touristen ist.«[7]

Nach der Pest von 1348, die viele hinwegraffte, erlebte die Stadt einen Niedergang. Durch Vasco da Gamas Entdeckung neuer Seewege nach Indien Ende des 15. Jahrhunderts büßte Gaza seine strategische Bedeutung ein. Die Menschen entwickelten nun die Landwirtschaft weiter. Dank besonders üppiger Getreideernten nannte man Gaza »das Meer des Weizens.« Berichte aus dem 15. Jahrhundert bezeugen die Existenz einer beträchtlichen jüdischen Gemeinde. 1660 wurde Gaza die Hauptstadt Palästinas.

Über die folgenden circa 140 Jahre ist nicht allzu viel bekannt. Erst mit Napoléon rückt es wieder in den Fokus des Interesses. Der Franzose erreichte 1798 mit 36.000 Soldaten und 167 Ingenieuren Ägypten und eroberte Alexandria und Kairo. Als das Osmanische Reich Napoléon den Krieg erklärte, zog dieser den Feinden entgegen. Dabei eroberte er Gaza und brannte die meisten Häuser nieder.

Endes des 19., Anfang des 20. Jahrhundert, unter Ägyptens Vorherrschaft, wuchs Gazas Bevölkerung von 16.000 (1885) auf 40.000 (1906); laut Baedekers Reiseführer hatte Jerusalem zur selben Zeit 60.000 Einwohner.

Wann fuhr der letzte Zug durch Gaza?

Beim Blick auf die grün-ockerfarbene Fahrkarte 0353 der dritten Klasse kann man wehmütig werden. Mit *Palestine Railways* konnte man vom ägyptischen El Kantara durch den Nordsinai nach Tel Aviv fahren, via Rafah und Gaza-Stadt. Google Maps kann die Entfernung nicht ermitteln. Die Internetseite luftlinie.org gibt diese, übers Mittelmeer führend, mit 271, die Fahrstrecke mit 734 Kilometern an.[8] Fahrgastfreundlich ist das Ticket dreisprachig ausgestellt: Englisch, Arabisch, Hebräisch.[9]

Ein Streckenplan (Stand 1924) in einem 1933 veröffentlichten Atlas stimmt einen noch wehmütiger. Südlich von Gaza-Stadt (auf der Karte abgeschnitten), vermutlich von Rafah, konnte man in westlicher Richtung bis »Berseba« (arab. Bi'r as-Sab', hebr. Be'er Scheva) reisen. Von Haifa ging es ebenfalls westwärts bis »Dera«, heute in Südsyrien, und von dort nach Damaskus.

Die deutsch beschriftete Karte gibt auch Auskunft über das Gesamtstreckennetz: »Total 1100 km« sowie die Aufteilung in Normal- und Schmalspur, mit jeweils etwa hälftigem Anteil. Die Streckenlänge »Kantara-Ludd-Haifa (Normalspur 4' 8½')« betrug seinerzeit 415 Kilometer. Ludd ist das heutige Lod (hebr.) nahe des Flughafens Tel Aviv, auf Arabisch heißt die Stadt Ludd/Lydda.

Vollends wehmütig wird man mit Blick auf ein Werbeplakat von 1922, auf dem die *Palestine Railways* auf Englisch mit »schnellen und bequemen Reisemöglichkeiten zu allen Regionen Palästinas« warb, »mit Anschluss nach Ägypten, Syrien, Transjordanien«, Schlaf- und Speisewägen ebenso inklusive wie »Day and Night Saloons.«[10]

Geht denn hier alles rückwärts?, ist man geneigt zu fragen. War man vor hundert Jahren schon mal weiter? In Sachen Eisenbahnverkehr heißt die Antwort: Leider ja.

Wen bevorteilte die britische Mandatsverwaltung?

Nach Niederlage und Zusammenbruch des Osmanischen Reiches im ersten Weltkrieg übertrug der Völkerbund 1923 Großbritannien das Palästina-Mandat. Schon 1917 hatten die Briten in der Erklärung ihres Außenministers Balfour den Juden eine »nationale Heimstätte« in Palästina zugesagt; zum einen mit Blick auf Einflusssphären im Nahen Osten, aber auch, um von jüdischen bzw. zionistischen Organisationen Unterstützung für die Kriegsführung zu erhalten. Dabei betonte die Erklärung ausdrücklich, dass die Belange der Christen und Muslime nicht beeinträchtigt werden durften. Der israelische Historiker Tom Segev erläutert die britische Motivation. »Der Erklärung lagen nicht politische oder diplomatische Interessen zugrunde, sondern Vorurteile, Glauben und geschicktes Taktieren. Die Männer, die sie hervorbrachten, waren Christen, Zionisten und – in vielen Fällen – Antisemiten. Gemeinsam war ihnen die Überzeugung, dass die Juden die Welt kontrollieren.«[11] Den widersprüchlichen Gefühlsmix der damaligen britischen Entscheidungsträger gegenüber Juden charakterisiert Segev als Bewunderung und Verachtung, Liebe und Abscheu, vor allem aber als Furcht. Zeitgleich zur Balfour-Erklärung hatten die Briten dem Scherif Hussein Ibn Ali ein unabhängiges arabisches Königreich samt Heiligem Land in Aussicht gestellt. »Die britische Regierung dachte nicht im Traum daran, das gegebene Versprechen zu halten«[12], meint der israelisch-deutsche Historiker Michael Wolffsohn.

Mit zunehmender jüdischer Einwanderung ab den 1920er Jahren nahmen blutige Zusammenstöße zwischen Zionisten und Arabern zu, die ihre Existenzgrundlage schwinden sahen. Von 1936 bis 1939 erhoben sich Letztere in der arabischen Revolte und forderten von der britischen Mandatsmacht einen Einwanderungsstopp und ein Ende der Landvergabe an Juden. Die Briten schlugen den arabischen Widerstand brutal nieder, schränkten aber ab 1939 die Einwanderung stark ein. Ihnen war klar: Das Land musste aufgeteilt werden. Auf den *Peel*-Teilungsplan von 1937 folgten weitere Teilungspläne, bis schließlich 1947 die Vereinten Nationen auch einen vorlegten:

Er sah einen jüdischen Staat (56,47 % des Mandatsgebietes) neben einem arabischen Staat (42,88 %) vor.[13] Der Bevölkerungsanteil der Juden betrug etwa ein Drittel, der der Palästinenser zwei Drittel, die etwa 90 Prozent des Bodens besaßen.

»Die zahlreichen Komitees, die von der britischen Regierung und den Vereinten Nationen nach Palästina entsandt wurden, um das jüdisch-arabische Problem zu untersuchen, regten eine lebhafte interne Debatte unter Palästinensern an«,[14] erklärt die Politologin Maysoun Ershead Shehadeh von der Bar-Ilan-Universität bei Tel Aviv. Für sie ist die Mandatszeit ein »herausragender Referenzpunkt der palästinensischen Geschichte, weil die Palästinenser zum ersten Mal die Möglichkeit fühlten, eine unabhängige Nation unter Nationen zu sein – als ethnisch-nationale Mehrheit in ihrem Heimatland und souveräner Staat.«

Doch bevorteilte die britische Mandatsmacht die zionistisch-jüdische Seite. Der war es gestattet, Land zu erwerben, Landwirtschaft zu betreiben, Industrie anzusiedeln und Banken zu gründen. Laut dem palästinensischen Politiker Haidar Abdel Shafi (1919-2007) erlaubte Großbritannien zudem »der jüdischen Gemeinschaft … die Ausbildung an und Herstellung und Besitz von Waffen, während es dies den Arabern unter Androhung drastischer Strafen untersagte.«[15]

Tom Segev fällt über die 1948 endende britische Mandatszeit dieses Urteil: »Die Briten hielten ihr den Zionisten gegebenes Versprechen, sie öffneten das Land für die massive Einwanderung von Juden. Bis 1948 nahm der jüdische Bevölkerungsanteil in Palästina um mehr als das Zehnfache zu.« Mit britischem Einverständnis errichteten Juden Hunderte neuer Ortschaften, schufen ein Schulsystem und eine Armee. »Das alles trug letztlich dazu bei, dass sie die Araber besiegten …. Im Gegensatz zur weit verbreiteten Annahme, die Briten seien pro-arabisch gewesen, förderte die britische Politik das zionistische Unternehmen.«[16]

Welche Zahlen verbergen sich hinter der Nakba?

Am 14. Mai 1948, einen Tag vor dem Abzug der britischen Mandatstruppen, rief David Ben Gurion in Tel Aviv den Staat Israel aus. Daraufhin eilten der Libanon, Syrien, der Irak, Ägypten und Transjordanien – so damals noch die offizielle Bezeichnung für Jordanien – den Palästinensern zu Hilfe und griffen den jüdischen Staat an. Für Israelis heißt dieser Waffengang Unabhängigkeitskrieg, für Palästinenser *Nakba* (arab. Katastrophe), für andere erster israelisch-arabischer Krieg. Israel erachtete die im UN-Teilungsplan vorgesehenen Grenzen als hinfällig und eroberte mithilfe tschechoslowakischer Waffen große Gebiete in Galiläa, um Be'er Sheva und an der ägyptischen Grenze.

Dank Forschungen des israelischen Historikers Ilan Pappe ist belegt: Ab Dezember 1947 hatten die jüdische Untergrundmilizen *Haganah*, *Irgun* und *Stern* begonnen, palästinensische Orte oder Stadtviertel zu »säubern«, darunter Jaffa und Tiberias. Unter dem Decknamen *Plan Dalet (D)* war ein halbes Jahr vor Mandatsende der Vertreibungsplan entworfen, überarbeitet, abgesegnet worden. Für Ilan Pappe bedeutet dessen Umsetzung eine ethnische Säuberung und nach heutigem Völkerrecht ein Verbrechen gegen die Menschlichkeit.

Vor Kriegsbeginn hatten Milizen bereits 212 palästinensische Orte entvölkert, bei Kriegsende 531 Dörfer und elf Stadtteile. Als ich damit den israelischen Historiker Tom Segev konfrontierte, antwortete er: »So viele sind es ungefähr. Ob es 460 oder 560 sind«, liege an der Zählweise. »Aber es besteht kein Zweifel daran, dass Hunderte von Dörfern … zerstört und evakuiert wurden.«[17] Was dann geschah, erläutert die *Nakba75-AG*: In Städten wie Jaffa, Haifa oder Westjerusalem übernahmen Juden palästinensische Häuser oder Geschäfte. »In 120 unzerstörten Stadtvierteln und Dörfern wurden 200.000 Jüdinnen und Juden untergebracht. Aber keiner der vertriebenen oder geflohenen Palästinenser durfte zurückkehren. Ihr Land, ihre Immobilien, Betriebe, Plantagen und Bankguthaben wurden entschädigungslos enteignet.«[18]

Wie sehr schmerzt die Nakba Menschen in Gaza bis heute?

Najwa Sheikh Ahmed hatte sich nie für ihre Wurzeln interessiert, dafür, woher Eltern und Großeltern stammten. Das änderte sich, als ihr Lehrer die Aufgabe stellte, einen Aufsatz über die eigene Herkunft zu schreiben. Als das im Flüchtlingslager Khan Younis geborene Mädchen seinen Vater ausfragte, wurde dieser ganz aufgeregt. »Er war wie ein Kind, dem man die Möglichkeit gab, über das zu sprechen, was er wie einen Schatz hütete. Mit Leidenschaft, Gram und einem Gefühl des Verlustes erzählte mein Vater über al-Majdal bei Tiberias, wo er aufgewachsen war.«[19] So beschrieb die Schülerin, die sich selbst als »Flüchtling« fühlt, weil sie in einem solchen Lager aufwuchs, die aufwühlende Reise in die Vergangenheit der Familie.

Die Worte des Vaters berührten das Mädchen so tief, dass es aufhörte mitzuschreiben. Der Vater schilderte »mit Stolz und Schmerz« das Dorf als einen Ort, »an dem Menschen sehr glücklich lebten, auch wenn sie gerade so über die Runden kamen.« Für ihn war es ein »Paradies.«

1948 hatte das Dorf, wohl an der Stelle des neutestamentlichen Magdala errichtet, laut der israelischen Organisation *Zochrot* 420 Einwohner, die Getreide und Gemüse, Zitrusfrüchte und Bananen anbauten.[20] Eine andere Quelle bezeichnet den Ort als Fischerdorf. Im Aufsatz von Najwa Sheikh Ahmed erfährt man darüber nichts, nur von einem Feigenbaum, einer Quelle und der Moschee ist die Rede.

»Wenig weiß man über die Besatzung durch israelische Streitkräfte«, erklärt *Zochrot.* Als gesichert gilt hingegen, dass die Einwohner am 22. April 1948, gut drei Wochen *vor* Ende des britischen Mandats und vor Beginn des ersten israelisch-arabischen Krieges, al-Majdal verließen. »Die Entvölkerung geschah wohl teilweise durch einen militärischen Angriff, war aber wohl auch der Tatsache geschuldet, dass Tiberias am 18. April besiegt und eingenommen worden war, was (die Bevölkerung) demoralisierte.«[21]

1998 wollte Najwa Sheikh Ahmed zwei Brüder in den Vereinigten Staaten besuchen. Nachdem sie das Visum in der US-amerikanischen Botschaft in Tel Aviv selbst abgeholt hatte (das war damals möglich!), bat sie einen Freund, er solle sie nach al-Majdal fahren. Während der Fahrt versuchte sie sich an die Erzählungen der Eltern »über ihr Haus, die Moschee im Ortskern, die süßen Früchte des Feigenbaumes« zu erinnern. »Mein Herz schlug mir bis zum Halse. Ich fühlte mich freudig erregt, mein Körper zitterte vor lauter Vorfreude«, bekannte sie. Die Moschee samt Minarett fand sie vor, in deren Gewölbe jedoch eine Schmiede, eine Bar und ein Café.

In den Gazastreifen zurückgekehrt, erwarteten die Eltern angespannt ihren Bericht. »Was hatte ich gesehen? War alles noch so, wie sie es beschrieben hatten? Stand die Moschee noch? Mit angehaltenem Atem wollten sie immer mehr hören.« Najwa Sheikh Ahmed spürte »den Verlust, den Schmerz und die Verzweiflung in ihren Stimmen.« Sie hegte den Wunsch, sie einmal nach al-Majdal mitnehmen zu können, »aber das war unmöglich.« Hilflos erlebte sie mit, wie die Eltern »dagegen ankämpfen, das zu verlieren, was sie über so viele Jahre hinweg in ihren Herzen bewahrt haben.« Der Text endet traurig: »Meine Großeltern sind mit dem Traum von ihrem Haus mit Feigenbaum und Wasserquelle gestorben. Es schmerzt mich, zu wissen, dass meine Eltern wahrscheinlich mit demselben Traum sterben werden.«

Der Aufsatz, den die Schülerin Najwa vor der Klasse vorlesen durfte, trägt den Titel: »Das verlorene Paradies meines Vaters.«

Wie sah die 18 Jahre währende ägyptische Herrschaft aus?

Der Gazastreifen ist ein künstliches Gebilde. Wie kam es dazu?

Im genannten ersten israelisch-arabischen Krieg nahmen ägyptische Soldaten bald Gaza ein, wo sie ihr Hauptquartier errichteten. Die *Encyclopaedia Britannica* erläutert dazu: »Infolge heftiger Kämpfe im Herbst 1948 wurde das Gebiet um die Stadt unter arabischer Besatzung zu einem Streifen von 25 Meilen Länge (40 km) und vier bis fünf Meilen Breite (6-8 km)[22] verkleinert. Dieses Gebiet, gerade einmal ein Prozent der Fläche des Mandatsgebiets Palästina, wurde als Gazastreifen bekannt. Die Grenzen wurden im ägyptisch-israelischen Waffenstillstandsabkommen am 24. Februar 1949 festgelegt.«[23] Der Grenzverlauf wurde mit grüner Farbe markiert, weshalb sie (wie auch die Grenze zum Westjordanland) bis heute *Grüne Linie* heißt.

Hauptproblem für die ägyptischen Verwalter (andere Sicht: Besatzer) war die große Zahl an geflüchteten und heimatvertriebenen Palästinensern, die in extremer Armut in armseligen, slumähnlichen Lagern lebten. Ägypten betrachtete den Küstenstreifen »nicht als Teil Ägyptens, verlieh den Flüchtlingen nicht die ägyptische Staatsangehörigkeit, erlaubte ihnen weder die Weiterreise nach Ägypten noch in andere arabische Staaten, wo sie möglicherweise integriert worden wären.«[24] Fakt ist: Ägypten setzte eine Militärregierung für den Gazastreifen ein.[25]

Wie empfanden die Menschen in Gaza die ägyptische Militärregierung?

Die Quellenlage zu den 18 Jahren unter ägyptischer Kontrolle ist dünn. In vielen Artikeln wird diese Zeit in zwei bis fünf Sätzen abgehandelt. Betroffene kommen dabei nicht zu Wort. Im Gespräch mit ebendiesen zwischen 2005 und 2008 im Gazastreifen ergab sich allerdings ein widersprüchliches Bild. Da wird diese Zeit als goldene geschildert, zum Beispiel von Gazas damals bekanntestem Psychiater Dr. Eyyad Sarraj (1944-2013): Er habe gratis in Ägypten studieren können. »Gamal Abdel Nasser machte für alle aus Gaza das Studium an ägyptischen Universitäten kostenlos. Oft erhielten sie sogar noch Geld für den eigenen Lebensunterhalt. Das ist keine Besatzung.« Die Menschen in Gaza hätten sie auch nicht so erlebt. »Wir waren frei und wurden wie Ägypter behandelt, wenn nicht sogar besser.« Diese nennt er »unsere Verbündeten und Brüder.«

Kritisch äußerte sich dagegen der damals hochbetagte Anwalt, Christ und ehemalige Abgeordnete Farraj Bischara al-Sarraf (1919-2010). Die Ägypter möge man als Brüder, nicht als Herrscher, bekannte er, kritisierte ihre Verwaltung und sprach von »Unterdrückung.« Für den Historiker al-Mubeied verkörperte der ägyptische Präsident den, »der unsere nationale Identität bewahrte.«[26]

Der Islam- und Politikwissenschaftler Christoph Dinkelaker liefert ergänzende Informationen. 18 Jahre lang »bestimmten ägyptische Militärgouverneure die Geschicke im Gazastreifen«, verfolgten Mitglieder der kommunistischen Partei und der Muslimbruderschaft und schränkten politisches Tun stark ein. »Doch Aufstände gegen die Militärverwaltung blieben aus.« Auch wenn sich ab 1957 Palästinenser in Ägypten frei bewegen konnten und die Wirtschaft dank der Freihandelszone Gaza einen Aufschwung erlebte, charakterisiert Dinkelaker diese Zeit als »Fremdherrschaft« und »arabische Vormundschaft über die palästinensische Sache.«[27]

Was genau leistet die UNRWA?

Deutschland ist Europas Hauptgeldgeber der UNRWA; allein 2022 überwies es über 190 Millionen Euro an UNRWA-Einrichtungen und Projekte, »um die Menschenrechte von palästinensischen Flüchtlingen in der Region zu schützen und zu stärken.«[28] Dieses UNRWA Europe communiqué n. 9, wenige Tage vor dem Hamas-Massaker veröffentlicht, teilte mit, dass Deike Potzel, Generaldirektorin im Auswärtigen Amt, weitere zehn Millionen Euro zugesichert hatte.

Wohin fließt das Geld und was überhaupt ist die UNRWA?

Die Resolution 302 (IV) der UN-Generalversammlung vom 8. Dezember 1949 erteilte den Auftrag, direkte Fürsorgeleistungen und Arbeitsprogramme für palästinensische Flüchtlinge bereitzustellen: Die UNRWA war geboren, die *United Nations Relief and Works Agency for Palestine Refugees in the Near East* [Flüchtlingshilfswerk für palästinensische Flüchtlinge im Nahen Osten]. Da die palästinensische Flüchtlingsfrage bis heute ungelöst ist, hat die Generalversammlung das UNRWA-Mandat seitdem regelmäßig verlängert, zuletzt bis zum 30. Juni 2026.

Diese Agentur der Vereinten Nationen nahm am 1. Mai 1950 die Arbeit auf und kümmert sich seitdem um vier Generationen palästinensischer Flüchtlinge in 58 Lagern: in Syrien, im Libanon, in Jordanien, im Westjordanland und im Gazastreifen. Die UNRWA versorgt sie mit Nahrungsmitteln, stellt Unterkünfte und Kleidung zur Verfügung, transportiert den Müll aus den Lagern ab, kommt für Schulbildung und medizinische Versorgung auf, vergibt Mikrokredite und Universitätsstipendien und leistet Nothilfe.

Als Flüchtling gilt der, dessen Wohnort zwischen Juni 1946 und Mai 1948 in Palästina lag und der sowohl Haus als auch Lebensgrundlage infolge des arabisch-israelischen Krieges von 1948/49 verloren hat. Die letzten Flüchtlinge und Heimatvertriebenen strandeten 1951 im Gazastreifen; sie kamen aus dem Negev.

Übrigens: Auch die Nachkommen der Vertriebenen sind als Flüchtlinge anerkannt.

Warum ist der Gazastreifen ein besonderes Arbeitsfeld für die UNRWA?

Als ich 1986 erstmals Flüchtlingslager im Gazastreifen besuchte, war ich schockiert, vor allem im *Beach*-Camp unweit des Strandes. Es erinnerte mich an Fernsehbilder südamerikanischer Elendsviertel mit Wellblechhütten und ungeteerten Straßen. Das Abwasser floss in einer offenen Rinne durch das Lager. Dazu die Enge! Ist Privatsphäre überhaupt denkbar, wenn der Nachbar nur eine Armlänge weiter fernsieht oder kocht?

Dieses Lager, auch *Shati* oder *al-Shati* genannt, wurde 1948 für etwa 23.000 Palästinenser errichtet, die aus Jaffa, Lydda/Lod und Be'er Sheva oder aus Dörfern unweit dieser Städte vertrieben worden waren. 2023 zählte das Lager über 90.000 UNRWA-registrierte Flüchtlinge[29] – auf einem halben Quadratkilometer! Diese Bevölkerungsdichte ist fast das Sechsfache des Spitzenreiters der Top-10-Weltrangliste: Mogadischu (ca. 33.000 / qm).[30]

Der Gazastreifen ist unter den fünf Arbeitsorten der UNRWA insofern einzigartig, als die Mehrheit der 2,2 Millionen Einwohner eingetragene Flüchtlinge sind. Leider stiftet die Internetseite der UNRWA selbst Verwirrung, wenn sie die Flüchtlingszahl mit 1,7 und die der »registrierten Flüchtlinge« mit 1,47 Millionen angibt. Insgesamt sind im Nahen Osten 5,9 Millionen Palästinenser »berechtigt, UNRWA-Leistungen in Anspruch zu nehmen.«[31]

Damit ist jeder vierte palästinensische Flüchtling im Nahen Osten in einem der acht Lager des Gazastreifens zuhause. Circa 13.000 UNRWA-Mitarbeiter, größtenteils selbst Flüchtlinge, arbeiten in über 300 Einrichtungen, darunter 183 Schulen mit 286.645 Schülern, 22 Kliniken oder Arztpraxen und sieben Frauenzentren.[32] Dem israelischen Journalisten Anshel Pfeffer zufolge ist die UNRWA nach der Hamas und der Palästinensischen Autonomiebehörde der drittgrößte Arbeitgeber im Gazastreifen.[33]

Wie ist das Leben in einem Flüchtlingslager?

»Mein Gott, das ist ja die Hölle hier!«, dachte Anita Aghazarian, als sie 1978 ins Flüchtlingslager Dschabaliya hineinfuhren.[34] Eine Stunde zuvor waren sie zu viert in Jerusalem aufgebrochen, wo die deutsche Anita mit ihrem armenisch-palästinensischen Ehemann lebte. An Bord waren außer dem Ehepaar ein aus Gaza stammender Taxifahrer sowie ein Priester aus dem Ruhrgebiet. Dieser unterstützte ein Patenkind im SOS-Kinderdorf in Bethlehem, das er jährlich besuchte. Wieder stand ein solcher Besuch an. Da teilte ihm die Leitung des Kinderdorfes mit, der Junge sei von »seinem Stamm abgeholt« worden und lebe wieder in einem Flüchtlingslager Gazas. Grund für die Rückführung: Er sei nun im arbeitsfähigen Alter. Über den Taxifahrer, der täglich Zeitungen von Jerusalem nach Gaza lieferte, hatte Anitas Ehemann den Jungen ausfindig gemacht.

Kaum waren die vier in den Gazastreifen hineingefahren, im eigenen Pkw (!), war Anita Aghazarian »geschockt über die vielen Menschen, den Lärm, zerbeulte Autos«, zwischen denen sich Esels- und Handkarren bewegten, dazu die »hässlichen Häuser, die Enge, die Abfälle und Abwasserrohre auf den Straßen.« Wie viele Menschen hier auf engstem Raum lebten – sie war fassungslos. Als die drei dann das Flüchtlingslager (sie glaubt, es war Dschabaliya) erreichten, »stürmten Hunderte von Kindern und Jugendlichen, nur Jungen, auf unser Auto zu und wir mussten anhalten.« Die Fassungslosigkeit der Deutschen steigerte sich, als sie um sich blickte: Staubstraßen und elende Häuser, zerfallene Unterkünfte und »diese trostlose Umgebung.« Ihr Urteil: »die Hölle!«

Anitas Mann und der Taxifahrer baten darum, den Scheich des Stammes zu treffen. Dann tauchten Männer in traditioneller Kleidung auf und »führten uns durch engste, verwinkelte staubige Gassen zu einem Hof mit Gebäude.« Der israelische Autor Yoram Binur, der sechs Jahre später in Dschebalja (seine Schreibweise) lebte, beschreibt die Enge so, dass »zu beiden Seiten die Schultern gegen Mauern streifen.«[35]

Die Vier auf der Suche nach dem Jungen wurden »in einen sauberen Empfangsraum gebeten, den Diwan.« Anita erhielt »strengstes Redeverbot« von ihrem Mann, man wartete, trank Tee, plötzlich öffnete sich die Tür und der Scheich erschien. »Buchstäblich eine Erscheinung aus 1001 Nacht und das in einer solchen Umgebung!« Wieder war Anita Aghazarian fassungslos, diesmal positiv-fassungslos. Der Mann, sie schätzte ihn auf 40, trug eine »schneeweiße gebügelte makellose Galabiye (Umhang) mit traditionellem Kopftuch, war eine absolute Schönheit mit seinen blitzenden schwarzen Augen.« Genauso hatte sie sich einen Scheich vorgestellt. Die üblichen Rituale der arabischen Begrüßungszeremonie mit Grußfloskeln und Segenswünschen folgten. Der Junge, etwa zwölf Jahre alt, wurde geholt und »als er den Pfarrer sah, liefen ihm sofort die Tränen. Auch der Pfarrer weinte.« Der Junge, wohl eingeschüchtert, traute sich nicht, mit dem Pfarrer zu sprechen, wie sie es früher auf Englisch getan hatten. Ein Versuch, den Scheich zu einer Rückkehr des Jungen nach Bethlehem zu bewegen, damit dieser die Schule abschließen konnte, scheiterte. »Wir sind dann sehr traurig zurück nach Jerusalem gefahren.«

»Aus den Häusern fließt das Abwasser direkt in offene Kanäle, die sich wie hässliche, übelriechende Wundnarben durch das Lager ziehen«[36] – auch Binur war schockiert vom Lageralltag. Mitunter, so erfuhr er, schwammen die Leichen von hingerichteten Kollaborateuren »im fauligen Wasser«[37]. Angesichts der »erbärmlichen Bedingungen« richte sich »die aufgestaute Wut und Frustration« selbst von Intellektuellen gegen den Staat Israel und »alles, was nur den geringsten Beigeschmack von Zionismus hatte.«[38] Kein Wunder, dass die beiden Intifada-Aufstände vor allem in den Lagern einen hohen Blutzoll forderten.

II.
Die israelische Militärbesatzung 1967 bis heute

Die israelische Militärbesatzung seit 1967 hat viele Facetten: für Touristen und Pilger sichtbare wie den Siedlungsbau, Kontrollpunkte oder unbemannte Hindernisse. Daneben gibt es aber eine ganze Reihe unsichtbarer, bürokratischer Hürden. Die sehen in Ostjerusalem anders aus als im Westjordanland oder Gazastreifen. Viele Hindernisse sind der Tatsache geschuldet, dass Israel bis heute das Bevölkerungsverzeichnis der besetzten Gebiete kontrolliert und damit über Ein- und Ausreise verfügt. Im Folgenden sollen einige für den Gazastreifen geltende Facetten benannt werden.

Welcher israelische Premier fragte gelegentlich: »Wie viele Araber haben Sie bis jetzt vertrieben?«

»Ich will, dass sie alle gehen, und sei es auf den Mond.«[39] Das äußerte der israelische Premierminister Levi Eshkol (1963-69) gegenüber Ada Sereni, der er 1967 das Transferprojekt von Flüchtlingen aus Gaza anvertraute. Er selbst hatte gut zehn Jahre zuvor als Finanzminister während der Besetzung des Küstenstreifens im Sinai-Feldzug eine halbe Million Dollar bereitgestellt, um die Auswanderung von 200 Flüchtlingsfamilien zu finanzieren.

Ada Sereni war 1905 in Rom als Tochter der wohlhabenden, angesehenen jüdischen Familie Ascarelli zur Welt gekommen. Nach ihrer Heirat wanderte sie mit ihrem Mann 1927 ins britische Mandatsgebiet Palästina ein. In den 1950er Jahren schloss sich die tatkräftige Frau der israelischen Geheimorganisation *Nativ* an, die Juden unterstützte, die Sowjetunion zu verlassen. Sereni war von Eshkol in der Hoffnung ausgewählt worden, dank ihrer Kontakte in Italien könne sie die Umsiedlung von Flüchtlingen aus dem Gazastreifen nach Libyen, einst italienische Kolonie, bewirken. Eine von Serenis Ideen war, Palästinenser für 1.000 Dollar pro Familie in Südamerika oder in den USA anzusiedeln. Sie selbst reiste viel, setzte zudem »Reiseagenten« ein und veranlasste, dass israelische Botschafter in Südamerika Fragebögen zu Einwanderungsperspektiven ausfüllten. Die Armee errichtete regelrechte »Auswanderungsbüros« in Gazas Flüchtlingslagern. Reiseagenten erbaten von den palästinensischen Muchtars, den Dorfvorstehern, Listen der Familien, die getrennt worden waren. Einmal schickte das *Internationale Komitee vom Roten Kreuz* einen »Jugendlichen zu Serenis ›Reiseagenten‹, um zu sehen, was sie im Angebot hatte. Sein Vater war bereits ausgewandert. Man bot ihm 500 israelische Pfund, wenn er mit seiner Mutter und seinen Geschwistern emigrierte.« Das war Ende der 1960er Jahre weniger als ein durchschnittliches israelisches Monatsgehalt.[40]

Bei Serenis fast wöchentlichen Besprechungen mit Eshkol ging es häufig um Geld. Einmal wollte sie 100 Millionen israelische

Pfund, er lehnte ab, sie verlangte die Hälfte und fragte, ob er nicht einverstanden sei, »die Angelegenheit im Gazastreifen für vierzig Millionen israelische Pfund zu erledigen?« Das sei doch ein »sehr vernünftiger Preis!« Ein andermal ging es um den Transfer eines ganzen Stamms von Tausend Familien aus dem Flüchtlingslager Dschabaliya.

Das Kabinett beschloss bei den Beratungen zum neuen Staatshaushalt, dass der Lebensstandard im Gazastreifen »vernünftig« bleiben, jedoch nur noch »knapp an die Lebensqualität vor der Besetzung heranreichen« sollte. Es sollten daher keine neuen Arbeitsplätze oder Einkommensmöglichkeiten in den Lagern entstehen. Die Arbeitslosigkeit im Gazastreifen war jedoch bereits auf fast 17 Prozent gestiegen.

Eshkol fragte Sereni gelegentlich bei den Unterredungen, ob es »irgendeine Hoffnung« gebe, oder ganz direkt: »Wie viele Araber haben Sie bis jetzt vertrieben?« In den ersten drei Monaten ihres Mandats sollen ihr zufolge fast 15.000 Menschen den Gazastreifen verlassen haben. Wie viele es ohne Israels Zutun beziehungsweise aufgrund von Serenis Bemühungen waren, lässt sich nicht ermitteln. Schätzungen gehen insgesamt von bis zu einer Viertelmillion Palästinensern aus, die dem Gazastreifen oder dem Westjordanland den Rücken kehrten.

2019 räumte ein hochrangiger israelischer Regierungsmitarbeiter ein, dass Israel die Auswanderung aus dem Gazastreifen nach wie vor fördere, Aufnahmeländer suche und sogar den Abflug von einem israelischen Flughafen erlaube. Ihm zufolge verließen 2018 etwa 35.000 Gazaner den Küstenstreifen.[41] Der Historiker Tom Segev bettet das in ein größeres Bild ein: »Die Hoffnung, die Araber aus Palästina in andere Staaten transferieren zu können, hatte die zionistische Bewegung von Anfang an begleitet.«[42]

Was bedeutet die »Haussmannisierung Gazas«?

Was für andere Guerillaorganisationen die Berge oder der Dschungel, das waren die Flüchtlingslager für die *Fatah*, die *PFLP* (Volksfront für die Befreiung Palästinas) und andere bewaffnete Gruppen. Nach Israels Besetzung von Westjordanland und Gazastreifen 1967 hatten sie begonnen, bewaffnete Zellen aufzubauen. Aus dem dichten, undurchsichtigen Geflecht der Lager heraus starteten diese ihre Operationen gegen die Besatzungsstreitkräfte, israelische Zivilisten und der Kollaboration verdächtigte Landsleute.

Ariel Scharon war bereits in seiner Zeit bei der berüchtigten *Einheit 101* zu der Auffassung gelangt, bei dem Konflikt mit den Palästinensern handele es sich um »ein urbanes Problem.«[43] Scharon, ab 1969 Chef des Südkommandos der israelischen Armee, wollte die Lager, in israelischen Augen die »Behausungen des Terrors«, umgestalten. Denn die schachbrettartig angelegten Straßen mit ihren vorgefertigten Hütten hatten sich zu einem chaotischen Labyrinth aus Gassen von nicht einmal einem Meter Breite verwandelt. Der Armee war es unmöglich, in sie einzudringen, jemanden zu verhaften oder Steuern einzutreiben.

Im Juli 1971 begann Scharon mit der Aufstandsbekämpfung. Er verhängte Ausgangssperren, ließ auch bei leichtem Verdacht der Aufstandsbeteiligung scharf schießen und setzte Mordkommandos ein. Mehr als tausend Palästinenser wurden getötet. Zudem ließ er Bulldozer der Armee breite Schneisen in die drei Flüchtlingslager Djabalia, Rafah und Shati schlagen. Etwa 6.000 Wohnungen wurden in sieben Monaten beschädigt oder zerstört. Der Architekt und Besatzungsforscher Eyal Weizmann nennt es »Gestaltung durch Zerstörung« und »das jüngste und brutalste Kapitel in der städtebaulichen Geschichte«[44] der Flüchtlingslager. Angelehnt an den Städteplaner von Paris, Baron Haussmann, spricht Weizmann von der »Haussmannisierung Gazas.«

Wann wurde Rafah geteilt?

Taxifahrer Maher deutet in der Grenzstadt Rafah auf ein palästinensisches Haus und ein ägyptisches. 100 bis 200 Meter mögen dazwischen liegen. Die beiden Häuser, behauptet der palästinensische Christ, seien höchstwahrscheinlich durch einen Tunnel verbunden. Die Palmen wirken trostlos, fast jedes palästinensische Haus hier weist sommersprossengleich Einschusslöcher auf. Bei einem Wohnhaus höre ich bei 100 mit dem Zählen auf.

Wann wurde die Stadt geteilt?

»Als Israel sich von der Sinai-Halbinsel 1982 zurückzog, baute es eine Mauer … zwischen Gazastreifen und Ägypten. Dadurch wurde die Stadt Rafah zweigeteilt. Familien waren plötzlich durch eine internationale Grenze auseinandergerissen, obwohl ihre Häuser oft weniger als 100 Meter auseinanderlagen.« So heißt es im Film *Tunnel Trade*[45], der 2007 von *Al Jazeera* ausgestrahlt wurde.

Shir Hever, gebürtiger Israeli mit Wohnsitz Heidelberg, nennt dagegen 1906 als Jahr der Teilung. Der Geschäftsführer des *Bündnisses für Gerechtigkeit zwischen Israelis und Palästinensern e. V.* erklärte im Februar 2024 in dem Beitrag »In Rafah bahnt sich eine Katastrophe« an, dass die Stadt »durch den britischen Kolonialismus in zwei Hälften geteilt« worden sei, »eine Hälfte in Ägypten unter britischer Herrschaft und die andere unter dem Osmanischen Reich.«[46] Die *Süddeutsche Zeitung* jedoch bestätigt die erstgenannte Zahl: »Der Grenzübergang wurde 1982 eingerichtet, als die Stadt in der Folge des israelisch-ägyptischen Friedensvertrags geteilt wurde.«[47]

Abgaben von Tagelöhnern – oder: Was ist eine »Lebenssteuer«?

»Bürokratie kann dein Leben ruinieren!«[48] Diesen Satz von Dalia Kerstein, Direktorin der Menschenrechtsorganisation *HaMoked* in Ostjerusalem, werde ich nie vergessen. Ich rufe ihn mir alljährlich ins Gedächtnis, wenn ich an meiner Steuererklärung zu verzweifeln drohe, Flüche ausstoße oder mich frage, was Sätze wie dieser besagen: »Der Vorläufigkeitsvermerk hinsichtlich der Nichtabziehbarkeit von Beiträgen zu Rentenversicherungen als vorweggenommene Werbungskosten stützt sich auch auf § 165 Abs. 1 Satz 2 Nr. 4 AO und umfasst deshalb auch die Frage einer eventuellen einfachgesetzlich begründeten steuerlichen Berücksichtigung.«

Palästinenser in den besetzten Gebiete haben es mit Formularen, Bescheiden, Quittungen und (z. B. in Jerusalem) Rechnungen in der Fremdsprache Hebräisch zu tun. Die sprechen die meisten gar nicht oder nur leidlich: Oft nur so viel, dass sie sich einigermaßen auf der Baustelle, in der Fabrik oder der Zitronenplantage verständigen können; Beherrschung in Wort und Schrift ist eher die Ausnahme. Zur Sprachhürde kommt hinzu, dass einem Palästinenser in einem israelischen Büro mit hoher Wahrscheinlichkeit jemand gegenübersitzt, der in ihm einen potenziellen Terroristen oder zumindest ein demografisches Risiko sieht.

Jahrelang befasse ich mich schon mit Israels Bürokratiehindernissen bei der Registrierung von Kindern, der Familienzusammenführung von Palästinensern mit ausländischen Ehepartnern oder dem Antrag auf Bau- oder Renovierungsgenehmigung. Kein Wunder, dass ich irgendwann glaubte, alle Facetten des ausgeklügelten Papierkriegs zu kennen. Bis ich bei der Recherche für dieses Buch auf die »Lebenssteuer« stieß. Amira Hass, Korrespondentin der israelischen Zeitung *Ha'aretz*, die jahrelang in Gaza lebte und nun in Ramallah arbeitet, hat sie ebenso entdeckt wie manch andere unsichtbare, bürokratische Falle.

»Lebenssteuer« nannten Palästinenser scherzhaft die Summe, die »nach bestem Wissen bei Nichtvorlage einer Steuererklärung«[49]

geschätzt wurde. Die Journalistin Hass führt den Palästinenser Faisal an, einen Bau-Hilfsarbeiter und Tagelöhner. Sein Tageslohn betrug 50 NIS am Tag (Neuer Israelischer Schekel; damals umgerechnet 20 US-Dollar). Faisal schuldete dem israelischen Finanzamt 1987 für »ein geschätztes Einkommen von NIS 130.000 Schekeln ($ 52.000) die stattliche Summe von NIS 66.872.«[50] Der israelische Finanzbeamte zeigte ihm den Computerausdruck, auf dem er als Subunternehmer eingetragen war. In Israel behält der Arbeitgeber die Steuern ein. Nur Selbständige sind zu einer Steuererklärung verpflichtet. Wiederholt behaupteten damals israelische Arbeitgeber, ihre palästinensischen Arbeiter seien Subunternehmer, um die Steuer nicht bezahlen zu müssen. All dies war Faisal unbekannt, als ihm der Beamte vorwarf, keine Einkommensteuererklärung eingereicht zu haben. Er kam glimpflich davon, da man ihm einen Kompromiss anbot: NIS 1.600.

Hass, die Formulare in »geschraubtem Hebräisch« ebenso gut kennt wie die für Palästinenser unumgängliche »bürokratische Odyssee«, urteilt über diese Steuer, die sogar einen Arbeitslosen mit einem hypothetischen Einkommen treffen konnte: »Die Lebenssteuer war eine Möglichkeit für die Zivilverwaltung, das Steueraufkommen in die Höhe zu treiben.« Damit gestalteten die Beamten der israelischen Zivilverwaltung »das tägliche Leben der Palästinenser ebenso mühsam wie die Soldaten es mit ihrem Auftreten taten: Eine starre, willkürliche Politik wurde auf höchster Ebene von der israelischen Regierung beschlossen und dann je nach Laune des jeweiligen Beamten in arroganter Weise umgesetzt.«[51]

Seit Mitte der 1990er Jahre ist diese Steuer Geschichte.

Warum sollte jemand aus Jerusalem nicht nach Gaza heiraten?

Gaza, April 2008: Mit dem Taxifahrer Khalil spreche ich über Israels Hürden bei der Familienzusammenführung. Er sei auch betroffen, sagt er zu meinem Erstaunen. Seine Frau, nennen wir sie Nadia, stammt aus Ostjerusalem. Seit 20 Jahren sind sie verheiratet und leben in Gaza. Dafür muss Nadia alle drei Monate im DCL-Büro (*District Coordination and Liaison office)* am israelischen Grenzübergang *Erez* eine Aufenthaltsgenehmigung beantragen. Israels Militär kontrolliert bis heute das Bevölkerungsregister der palästinensischen Gebiete und bestimmt über Ein- und Ausreise sowie Aufenthalt.

Bei der letzten Verlängerung am 2. Dezember 2007 zerriss man Nadias Ausweis mit der Begründung, sie müsse diesen erneuern. Darauf fuhr sie zum israelischen Innenministerium nach Westjerusalem. Dort teilte man ihr mit, dass derzeit Ausweise weder ausgestellt noch verlängert würden, sie solle warten. Seitdem steckt sie in Jerusalem fest und kann nicht zu ihrem Mann zurückkehren. An Ostern 2008, wenige Wochen vor unserem Gespräch, erhielt Khalil für vier Tage einen israelischen Passierschein (Permit), um seine Frau besuchen zu können.

Heiratet ein Palästinenser aus dem Gazastreifen jemanden aus Ostjerusalem oder Israel, erlaubt ihm Israel keinen Umzug. Das Paar kann nur in Gaza leben, benötigt dafür jedoch die israelische Zustimmung.

Von der israelischen Menschenrechtsorganisation *HaMoked* erfuhr ich von Folgen für die Frauen; sie sind die überwiegend Betroffenen. Abeer Jubran erklärte, dass diese bei der Entscheidung für Gaza den bisherigen Ausweis einbüßen und fortan als Palästinenserinnen registriert würden. »Man kann den Gazastreifen nicht mehr verlassen.« Entscheide man sich für das Bleiben in Jerusalem oder Israel, »kann dein Mann nicht zu dir kommen.« Das sei »wirklich ein Dilemma für diese Frauen.« Palästinenserinnen aus Ostjerusalem besitzen den blauen Ausweis, an den Kranken- und

Rentenversicherung gebunden ist. Abeer Jubran: »Dieser kann weggenommen werden, wenn ihr Lebensmittelpunkt nicht mehr Ostjerusalem ist. Nach israelischem Recht sind sie nämlich lediglich ständige Einwohner, aber keine Staatsbürger.«[52]

Jene Frauen wie Nadia, die sich für ein Leben in Gaza entscheiden, müssen alle drei Monate die Aufenthaltsverlängerung beantragen. Doch hat Israel die Bedingungen für solche Anträge nie veröffentlicht. Aufgrund der seit Jahren instabilen Situation waren manche Frauen nicht in der Lage, rechtzeitig das DCL-Büro zu erreichen. Manchmal war es geschlossen. Antragsteller bekamen auch zu hören, das Prozedere sei geändert worden, weswegen weitere Dokumente nötig seien. Eine weitere Erschwernis ist, dass viele Soldaten die Genehmigung eines Permits »als Hilfe für den Feind« erachten, wie der über hundert Seiten starke Bericht der Veteranenorganisation *Breaking the Silence* beweist. Dieser schilderte ein Leutnant, 2014 in Erez stationiert, seinen Dienst. »Ich war überzeugt, auf der humanen Seite zu sein.« Er war erleichtert, in seiner Kampfeinheit nicht mit Gewalt in Berührung zu kommen. Rückblickend bekennt er, dass es »eine andere Form von Gewalt ist: bürokratische Gewalt.« Zwischen den regelmäßigen Kriegen müssten die Gazaner nämlich »an sehr kurzer Leine gehalten werden«, sprich: nicht zu viele Ein- oder Ausreisegenehmigungen. Für ihn ist Gaza »ein Gefängnis«.

Breaking the Silence urteilt über das System der über 100 unterschiedlichen Permits: »Israelische Behörden behaupten, dass die Permits den Palästinensern Normalität ermöglichen, aber wahr ist das Gegenteil. Für Millionen von Palästinensern hängt ihr Alltag von einem unklaren labyrinthähnlichen System ab, in dem sie kein Mitspracherecht haben und das sie nicht kontrollieren können.« Die Aussagen der Soldaten bezeugen, dass das Permit-System alles andere bedeutete als Sicherheit für Israel, sondern »Kontrolle, Trennung und Management der palästinensischen Bevölkerung.«[53]

Wie kommt man vom Gazastreifen ins Westjordanland?

Der *Atlas Israel-Palästina* des AphorismA Verlags[54] zeigt im Kapitel »Verkehrswesen« eine »mögliche Route zwischen der Westbank und Gaza«: über Land nach Kairo (Google kann auch diese Route nicht berechnen! Laut luftlinie.org 318 Kilometer), dann per Flugzeug nach Amman und schließlich über die jordanisch-israelische *Allenby Bridge* ins Westjordanland. Dieser Grenzübergang ist bei Palästinensern ob langer Wartezeiten und verhörähnlichen Gesprächen gefürchtet.

Bedenkt man, dass zwischen dem Nordende des Streifens und der südlichen Westbank gerade einmal 45 Kilometer liegen – etwas mehr als eine Marathondistanz und mit dem Auto in 30 Minuten zu bewältigen – erscheint diese Reiseroute machbar, ist jedoch unfassbar aufwendig. Der Grund ist das Nadelöhr, der israelische Übergang *Erez* (arab. Beit Hanoun). Obwohl die Oslo-Abkommen den Gazastreifen und das Westjordanland als »eine territoriale Einheit« definieren, hat Israels Politik die beiden Gebiete fast komplett voneinander getrennt. Von Israel ausgestellte Passierscheine (arab. tasrih) sind fast so selten wie ein Sechser im Lotto. Die Folge: Menschen, die im jeweils anderen Gebiet Verwandte haben, haben Hochzeiten und Beerdigungen verpasst und Neugeborene nur beim Video-Anruf gesehen. Dabei steht fest: Jeder vierte Einwohner Gazas hat Verwandte im Westjordanland, 15 Prozent haben welche in Ostjerusalem oder in Israel.[55]

Sobhi al-Zobaidis Film *Missing Gaza* zeigt den Trennungsschmerz dergestalt, dass auch mir die Tränen kamen. Da treffen sich Freunde zum Mittagessen in Ramallah. Alle stammen aus dem Küstenstreifen, der knapp 90 Kilometer entfernt ist. Beim Essen – Spezialitäten aus Gaza – lachen, ja kokettieren sie mit der de facto-Zwangsverbannung. Plötzlich laufen die Tränen.

Unzählige Menschen haben sich in ähnlicher Lage an Menschenrechtsorganisationen gewandt, auch Ibrahim Musa. In Rafah geboren, zog er 1990 wegen einer Arbeitsstelle an der Universität Bir Zeit 1990 nach Ramallah. Ein Jahr später holte er seine Frau aus

Gaza nach. Als 2004 seine Mutter verstarb, legte er dem Passierscheinantrag den Totenschein bei. Musa: »Der Antrag wurde ohne Angabe von Gründen abgelehnt. Deshalb konnte ich nicht zum Begräbnis meiner Mutter reisen, um ihr die letzte Ehre zu erweisen.« Die Trennung von Verwandten und Freunden im Gazastreifen macht ihm sehr zu schaffen. »Ich fühle mich wie unter Hausarrest. Das schmerzt mich und macht mich bitter.«[56]

Nur in medizinischen oder humanitären Ausnahmefällen gewähren die israelischen Behörden einen Passierschein für die Reise nach Israel oder ins Westjordanland, doch gibt es keine Garantie dafür. Bleibt also nur der kostspielige Umweg über zwei Länder, Ägypten und Jordanien? Auch der hat seine Tücken: »Das ist nur auf dem Papier möglich. ... Alle Einwohner des Westjordanlandes und des Gazastreifens, die nach Ägypten oder Jordanien reisen wollen, brauchen dazu das Einverständnis israelischer Behörden.«[57]

2023 erhöhte Israel die Zahl der Ausreisegenehmigungen: 53.118 Menschen durften im Januar von Gaza via *Erez*-Übergang ausreisen, wobei die meisten das mehrfach taten. »Das ist die höchste Zahl seit den frühen 2000er Jahren und 50 Prozent mehr als der Monatsdurchschnitt von 2022«, erklärte die UN-Agentur OCHA. Die Freude darüber erhält einen Dämpfer, wenn man weiterliest. Zu Beginn des Jahres 2000 – vor Ausbruch der zweiten Intifada – reisten etwa zehnmal so viele Palästinenser aus Gaza nach Israel (und manche weiter ins Westjordanland). Noch ein Dämpfer: 16 Prozent der aus medizinischen Gründen beantragten Passierscheine wurden nicht rechtzeitig genehmigt.[58]

Wer nicht unter diese Kategorien fällt, hat es schwer. Und ersucht Menschenrechtsorganisationen um Hilfe. 2023 wandten sich »410 Familien, die durch Besuche im Westjordanland oder im Gazastreifen« Familienangehörige wiedersehen wollten, wegen juristischen Beistands an *HaMoked*.[59]

Was bedeutet Administrativhaft?

Wie sehr ist Entwicklung und Fortschritt in Palästina dadurch gehemmt worden, dass die entscheidenden Männer und Frauen in israelischen Gefängnissen einsaßen? Stand heute (10. April 2024) sind 9.312 Palästinenser als »Sicherheitshäftlinge« inhaftiert, darunter 71 Frauen und 200 Kinder. Palästinenser sprechen dagegen von »politischen Häftlingen.« Jeder Dritte von ihnen ist ein »Administrativhäftling«, in absoluten Zahlen sind das 3.661 Menschen,[60] was ein Allzeithoch in den 2008 begonnenen Aufzeichnungen der israelischen Menschenrechtsorganisation *HaMoked* darstellt.

Solch eine Verwaltungshaft heißt: Die Inhaftierung erfolgt ohne Anklage und Vorführung vor einem Haftrichter und kann problemlos und beliebig oft verlängert werden. Inhaftierte wissen meist nicht einmal, was ihnen vorgeworfen wird. Dieses juristische Überbleibsel der britischen Mandatszeit wird fast ausschließlich bei Palästinensern der besetzten Gebiete einschließlich Ostjerusalems angewandt. Bis 2017 waren laut palästinensischer Menschenrechtsorganisation *Addameer* lediglich neun israelische Siedler in Administrativhaft.

»Israel benutzt drei verschiedene Gesetze, um jemanden ohne Gerichtsprozess festzuhalten«, erklärt Addameer. Diese sind Artikel 285 der Militärverordnung 1651 für das Westjordanland, das Gesetz zur Internierung illegaler Kombattanten, das seit 2005 gegen Einwohner des Gazastreifens angewendet wird, sowie die Notstandsgesetze für israelische Bürger.[61] Verhängt wird Administrativhaft aus »Sicherheitsgründen« aufgrund angeblich geheimer Indizien oder Beweismittel.

Sechseinhalb beziehungsweise siebeneinhalb Jahre saßen die Cousins Riad 'Ayad und Hassan 'Ayad in Israel in Administrativhaft. Mehr als 300 Wochen wurden die Palästinenser aus dem Gazastreifen festgehalten, ohne Anklage oder Prozess, ehe sie am 18. August 2009 unvermittelt freigelassen wurden.[62]

Für Häftlinge, die wie sie aus dem Gazastreifen kommen, wurde die ohnehin harte Haftzeit ab 2007 noch härter. In jenem Jahr verbot Israel als »Teil der Politik, den Gazastreifen als Feindesgebiet zu behandeln«, Familienbesuche bei den Inhaftierten gänzlich. 2009 machte es Israel noch schwerer: Fortan durften Gefangene aus dem Gazastreifen nicht einmal Geld von Angehörigen erhalten, um sich Kleinigkeiten kaufen zu können. »Infolgedessen wurden Häftlinge aus Gaza komplett von der Außenwelt abgeschnitten/isoliert. Größtenteils ist ihnen nicht bewusst, was im Leben ihrer Familien passiert, dazu zählen auch Todesfälle naher Angehöriger. Gleichermaßen lässt man ihre Verwandten über Haft und Gesundheitszustand im Dunkeln.«[63]

Und so zerrinnt Lebenszeit, platzen Pläne und Träume, wird Zukunft vernichtet.

Gleichgültig mit welchem Etikett man in Israel festgehalten wird, ob als Administrativ-, Untersuchungs- oder Sicherheitshäftling: Das Festhalten von Palästinensern der besetzten Gebiete *auf* israelischem Staatsgebiet ist laut *HaMoked* »eine krasse Verletzung der Vierten Genfer Konvention.«[64] Diese untersagt den Transfer von Gefangenen aus dem besetzten Gebiet in ein anderes. Angehörige benötigen nämlich einen von Israel ausgestellten Passierschein, um Bruder, Sohn oder Vater, Schwester oder Mutter besuchen zu können. Anträge können ohne Begründung abgelehnt werden.

UN-Schätzungen zufolge hat Israel seit dem Beginn der israelischen Militärbesatzung 1967 mehr als eine Million Palästinenser verhaftet – das ist jeder Fünfte. In Administrativhaft wurden »mehr als 100.000 Palästinenser für eine beliebige Dauer, oftmals über Jahre, ohne Anklage, Prozess und Urteil, in Haft gehalten.«[65]

Palästinensische Fischer im Visier – oder: Was besagt das Bertini-Abkommen?

Es ist Mai und Mohammed Abu Hasia, 35, sollte auf seinem Boot sein. Nun ziehen die Sardinen vom Nildelta in Richtung Türkei. Doch der Vater von vier Kindern sitzt an Gazas Strand. Die israelische Marine hat die Fischereizone verkleinert und beschießt manchmal Fischerboote. Abu Hasia weiß von zwei Toten. Nun kommt er wegen der Abriegelung nicht an Benzin. »Wir leiden sehr«, bekennt er im Mai 2008. Die sechsköpfige Familie wohnt in einem Zimmer im Haus seines Vaters.[66]

Die Oslo-Abkommen erlaubten Palästinensern das Fischen in einer Zone von bis zu 20 Seemeilen. Im Jahr 2002 kam mit dem Bertini-Abkommen die Beschränkung auf zwölf Seemeilen. Laut Wikipedia gab Catherine Bertini, langjährige Direktorin im UN-Welternährungsprogramm WFP, »die nach ihr benannte ›Bertini-Zusage‹.«[67]

Später reduzierte Israel das Gebiet auf sechs Seemeilen, im Januar 2005 erlaubte es zehn. Als die Hamas den israelischen Soldaten Gilad Shalit gefangennahm, verbot Israel am 25. Juni 2006 das Fischen gänzlich. Die Rechtfertigung: Shalit könnte übers Meer wegtransportiert werden.

Am 19. September 2007 erklärte Israel den Küstenstreifen zum »feindlichen Gebiet«, schränkte Strom- und Treibstoffzufuhr ein und das Fischen auf drei Seemeilen.[68] Dann waren es wieder sechs und ab April 2019 sogar 15 Seemeilen. Endlich konnten Fischer wieder auf Thunfisch- oder Makrelenschwärme hoffen. Doch regierte bald wieder Ungewissheit. Israel »benutzt die Reduzierung der Fischereizone als Strafmaßnahme«, erklärt die israelische Menschenrechtsorganisation *Gisha*. Allein 2019 reduzierte Israel elfmal das Gebiet, »wobei es viermal ein totales Fischverbot«[69] verhängte.

Doch das ständige Hin und Her ist nicht das einzige Problem. Entweder fehlt Treibstoff oder er ist überteuert. Und dann ist unsicher, ob Israel die Einfuhr von Material zur Reparatur von Booten gestattet. Über allem jedoch schwebt die Angst vor der israelischen Marine.

Die in Gaza ansässige Menschenrechtsorganisation *Al-Mezan* hat vom 1. Januar bis zum 14. Juni 2023 genau »158 Angriffe auf palästinensische Fischer« verzeichnet, wobei »neun verletzt, 15 willkürlich verhaftet und fünf Boote konfisziert wurden.«[70]

Das hat Mustafa Muhammad Khalil a-Najar aus Rafah 2016 erlebt, wie er gegenüber der Menschenrechtsorganisation *B'Tselem* bezeugte. In das Boot, das er in der Nacht auf den 19. April 2016 verlor, hatte er Unmengen an Devisen gesteckt, der Motor allein hatte 8.000 US-Dollar gekostet. »Ich verkaufte den Schmuck meiner Frau für 3.000 jordanische Dinar, um ihn kaufen zu können.«

Sein Boot wurde eine Stunde lang beschossen, dann die Besatzung verhaftet und verhört, bis auf die Unterwäsche mussten sie sich entkleiden. Ihm wurde gesagt, er habe »die 9-Meilen-Grenze überschritten, deshalb hätten sie auf uns geschossen und mein Boot beschlagnahmt.« Das Boot sank. A-Najar verpasste die Barsch- und Brassen-Saison. »Ich bin wegen des Boots und Motors todunglücklich – sie waren neu und ich kann nichts anderes kaufen. Seitdem sitze ich tatenlos daheim.«[71]

Laut *Gisha* ist die Fischerei in Gaza zur »gefährlichen Tätigkeit« geworden, dabei sei sie »Lebensgrundlage von über 50.000 Menschen.« Die Zahl der in der Fischindustrie Beschäftigten in Gaza ist »von etwa 10.000 im Jahr 2000 auf 3.600 Anfang 2020 gefallen.«[72]

Auch im Gazastreifen: Was bildet den Kern der Siedlerbewegung?

Israelische Siedler lassen sich nicht in eine Schublade einsortieren. Da gibt es nationalistisch Motivierte, von religiösem Sendungsbewusstsein Erfüllte und die, die aus finanziellen Erwägungen in eine Siedlung ziehen: Schule und medizinisches System sollen besser sein als im Kernland Israel, zudem erfreut man sich einiger Steuervergünstigungen und erschwinglicher Mieten. Andere Siedler hatten nur den Anbau von Gemüse, Kräutern und Schnittblumen im Sinn oder die Geflügelzucht.

2005 mussten die circa 8.000 Siedler auf Geheiß des damaligen israelischen Premierministers Ariel Sharon den Gazastreifen räumen. Ein Jahr zuvor machte sich der israelisch-britische Journalist Arthur Neslen in den südlichen Gazastreifen auf und interviewte Esther Lilienthal (Jg. 1937), eine Siedlerin in Neve Dekalim im Gusch Katif-Block, einer Ansammlung mehrerer Siedlungen. Über die geplante Evakuierung sagte sie ihm: »Wir sind die Pächter Gottes. Wenn er möchte, dass wir hier weggehen, dann werden wir das tun, ob wir es mögen oder nicht. Aber wir glauben, dass er das Land unseren Vorfahren versprochen hat. Als es eine Hungersnot gab, sprach Gott zu Isaak: Geh' nicht nach Ägypten, bleib' hier.« Dieser Ort ist laut Lilienthal »im Land Grar. Das Dorf unterhalb der Brücke auf dem Weg hierher heißt El Grara. Es war also genau hier.«

In Stettin (Szczecin) geboren, gelangte Lilienthal in die USA. »Ich wusste immer, wenn ich erwachsen wäre, würde ich nach Hause kommen«[73], erklärte sie Neslen und meinte: nach Israel. 1971 wanderte sie nach Israel ein, lebte in Jerusalem und zog 1991 nach Neve Dekalim, als die schon dort lebende Familie des Sohnes Drillinge erwartete. Auf ihre Familie dürfte Amos Elons Urteil zutreffen: »Den Kern der Siedlerbewegung bilden fanatische Nationalisten und religiöse Fundamentalisten, die genau zu wissen glauben, worüber sich Gott und Abraham in der Bronzezeit unterhalten haben«, schrieb der als Heinrich Sternbach in Wien geborene Schriftsteller (1926-2009) in seinem lesenswerten Essay »Was ist falsch gelaufen?«[74]

Wie kommt man als Journalist nach Gaza?

»Krieg ohne Chronisten. Israel versperrt internationalen Journalisten den Zugang zum Gazastreifen«, schrieb die *taz* am 31. Dezember 2008, dem fünften Tag jenes Krieges, der unter *Operation Gegossenes Blei* firmierte. Deshalb seien palästinensische »Zulieferer die einzige Informationsquelle.«[75]

Seit dem 7. Oktober 2023 führt Israel Krieg (vorgeblich nur) gegen die Hamas. Auch in diesem müssen ausländische Journalisten buchstäblich draußen bleiben. Mitte Dezember 2023 – da war der Krieg schon zwei Monate alt und hatte bereits 63 Journalisten und Medienmitarbeitern das Leben gekostet – zitierte der britische *Guardian* den Auslandskorrespondenten Secunder Kermani von *Channel 4*: »Es ist ungeheuer frustrierend, die schrecklichen Schauplätze in Gaza nicht aus eigener Erfahrung dokumentieren und belegen zu können.«[76] Dabei hatte das israelische Regierungspressebüro (Government Press Office, GPO) seit 7. Oktober 2023 bereits 2.800 ausländischen Journalisten Presseausweise ausgestellt.

Bei meinen circa 30 Gaza-Besuchen bin ich meist als Tourist oder Begleiter von Menschen in humanitärer Mission eingereist. Meine zwei einzigen Versuche als Journalist waren nicht erfolgreich. 2009 beantragte ich einen Presseausweis beim israelischen Regierungspressebüro und legte ein Empfehlungsschreiben der *Aachener Nachrichten* bei. Drei Wochen hielt ich mich in Israel und dem Westjordanland auf – und das Amt mich hin. Während dieser Zeit rief mich eine GPO-Mitarbeiterin an, um Fragen wie diese zu stellen: Erscheinen die *Aachener Nachrichten* nur in Aachen oder auch in der Region? Welche Auflage hat die Zeitung? Worüber sollen Sie aus Gaza berichten? (Das stand im Anschreiben) Unverrichteter Gaza-Reise kehrte ich nach Deutschland zurück. Jahre später erlebte ich Ähnliches, obwohl ich mehr investiert hatte: Ich war, um die Chancen zu erhöhen, einem deutschen Journalistenverband beigetreten und hatte vor meiner Abreise nach Tel Aviv alle relevanten persönlichen Daten der israelischen Botschaft in Berlin zugesandt. Die versprach, dem GPO in Jerusalem meinen Besuch zu »avisieren.« Doch öffnete weder dies noch das Begleitschreiben der *Katholischen Nachrichtenagentur* (KNA), für die ich über die Christen in Gaza hätte berichten sollen, die Tür nach Gaza. Bis zu meiner Rückreise nach Deutschland telefonierte ich fast an jedem der zwölf Tage meines Aufenthalts im Heiligen Land mit Herrn Pearlman oder Frau Aizenman vom Pressebüro. Jedes Mal hieß es, man müsse meinen »Fall noch prüfen« oder ich solle mich »noch ein paar Tage gedulden«.

Zurück zum aktuellen Gaza-Krieg: Ende Februar 2024 schrieben 55 Auslandskorrespondenten aus Großbritannien und den USA einen offenen Brief an die israelische sowie die ägyptische Botschaft in London. Darin forderten die Mitarbeiter von *BBC News*, *Sky News*, *Channel 4 News*, *CNN*, *NBC* und anderen Medien ungehinderten Zugang nach Gaza für alle ausländischen Reporter. »Nach fast fünf Monaten Krieg in Gaza wird ausländischen Reportern immer noch die Einreise verweigert, abgesehen von den seltenen, begleiteten Fahrten mit dem israelischen Militär.«[77] Die wenigen, die derart *embedded* in Gaza gewesen waren, hatten keinen Einfluss auf die Route oder die Dauer der Fahrt. Keinem war ein Gespräch mit einem Palästinenser möglich.

Alex Crawford, die den Brief mit als erste unterzeichnete, erklärte, dass sie und ihr Team den Großteil der letzten fünf Monaten damit zugebracht hätten, »sich ein Bein auszureißen, nach Gaza reinzukommen.«[78]

Das Fazit, das Bettina Marx, frühere *ARD*-Hörfunkkorrespondentin und Autorin eines Gaza-Buches, schon vor Jahren zog, drängt sich förmlich auf: Die Menschen, die hinter der nahezu unüberwindlichen Grenze im Gazastreifen leben, sollen von der Welt vergessen werden.

Ungültige Passierscheine – oder: Welchen Prominenten wurde die Einreise nach Gaza von Israel verwehrt?

Ein warmer Frühlingstag 2008 vor dem Übergang *Erez*: Zusammen mit Rupert Neudeck, dem Gründer der Hilfsorganisation *Cap Anamur*, war ich unterwegs nach Gaza. Am Übergang *Erez* trafen wir drei niedergeschlagen wirkende Deutsche: einen Bundestagsabgeordneten, einen Uni-Dozenten und einen palästinensisch-deutschen Journalisten. Beim Kontakt mit der israelischen Botschaft in Berlin hatte die Dreiergruppe erfahren, sie könne einreisen, alles dazu Nötige werde veranlasst und weitergeleitet. Am Übergang *Erez* wusste jedoch keiner der Soldaten von dem geplanten Besuch, ein entsprechendes Schreiben liege nicht vor, folglich könnten die Herren nicht einreisen.

Ein Jahr später traf es die palästinensischen Bischöfe Munib Younan (luth.) und Suheil Dawani (anglik.) aus Jerusalem. »Wir protestieren gegen die Einschränkung unserer Bewegungs- und Religionsfreiheit«[79], erklärte Younan. Die kleine Gruppe hatte Kirchen, Hilfsprojekte des Nahöstlichen Kirchenrates und das christliche Al-Ahli-Hospital auf dem Besuchsprogramm, um »die Christen in dieser schwierigen Zeit zu ermutigen.« Der 1950 als Sohn von Flüchtlingen in Jerusalem geborene Younan fragt: »Haben wir als Kirchenführer nicht das Recht auf Bewegungsfreiheit und das Recht, Gaza für pastorale Besuche zu betreten?«[80]

Ein weiteres Jahr später schaffte es auch der deutsche Entwicklungshilfeminister Dirk Niebel nicht nach Gaza hinein, wo er sich mit Vertretern des Flüchtlingshilfswerks UNRWA treffen und eine mit deutschem Geld finanzierte Kläranlage besichtigen wollte. »Einen großen politischen Fehler«[81] nannte Niebel die Entscheidung Jerusalems, ihm die Einreise nach Gaza zu verwehren. Das sei schon lange die Richtlinie Israels, entgegnete dessen Regierungssprecher Igal Palmor. Hochrangige Politiker dürften nicht nach Gaza einreisen, »weil ein solcher Besuch von der Hamas missbraucht werden würde, um die Illusion zu nähren, die Islamisten unterhielten normale Beziehungen zum Ausland.«[82]

Dem französischen Außenminister Bernard Kouchner blieb die Reise nach Gaza ebenso verwehrt wie etlichen israelischen, palästinensischen oder internationalen Mitarbeitern von Menschenrechtsorganisationen. *Human Rights Watch* hat dazu 2017 einen ausführlichen Bericht vorgelegt, aus dem hervorgeht: Das Reiseverbot gilt für beide Richtungen – aus Gaza heraus, nach Gaza hinein – und zwar schon seit 25 Jahren.[83]

Die in Polen geborene, israelische Anwältin Felicia Langer wanderte 1990, auch aus Frust über die israelische Justiz, nach Tübingen aus. 1996 wollte sie palästinensische Politiker und Menschenrechtsanwälte in Gaza treffen. Nach Einschalten einer israelischen Anwältin erfolgte die Zusage einer Reisegenehmigung, die sie per Fax erhielt. Anderntags fuhr sie per Taxi zum Übergang *Erez*. Stunde um Stunde wartete sie. Dabei sah sie »viele Menschen in das Checkpoint-Büro hinein- und hinausgehen mit besorgten und traurigen Gesichtern. Sie kamen, um zu erbitten, Gaza verlassen zu dürfen.«[84] Langer, die miterlebte, wie Passierscheine »unversehens ... offenbar ungültig« wurden, hätte diesen Menschen gerne geholfen, »aber ich konnte nichts tun, ich war selbst ein Opfer dieser Willkür.«[85]

Nach fünfstündigem Warten fuhr die damals 66-Jährige, 1990 mit dem Alternativen Nobelpreis geehrte Langer unverrichteter Dinge und Gespräche nach Tel Aviv zurück. Ihr Fazit: »Ich scheiterte daran, in dieses Gefängnis Gaza hineinzukommen, dessen Tore von einer Fernbedienung gesteuert werden, die nicht sehr weit entfernt ist. Aber der Aufenthalt in den ›Korridoren‹ dieses Gefängnisses hat mir im Verlauf dieser wertvollen Stunden seine Beschaffenheit verdeutlicht.«[86]

Wie viele Siedler im Gazastreifen kamen ums Leben?

Noa Dahan, selbst keine Siedlerin, wurde am 8. November 2000 in der Nähe der Rafah-Kreuzung durch scharfe Munition getötet, als sie im eigenen Wagen unterwegs war. Offenbar hatte sie jemanden in einer Siedlung besucht oder war dorthin unterwegs. Sie war im Gazastreifen das erste zivile israelische Opfer der gerade ausgebrochenen zweiten Intifada. Auch die letzten zivilen Opfer des zweiten Volksaufstands im Gazastreifen, das Ehepaar Kol aus Jerusalem, wurden bei einer Autofahrt erschossen. Dov (58) und Rachel (53) aus Jerusalem waren am 24. Juli 2005 auf der Heimfahrt von der Siedlung Kissufim, wo sie Verwandte besucht hatten. Drei weitere Personen wurden verletzt.

Insgesamt 39 getötete Zivilisten im Gazastreifen listet die israelische Menschenrechtsorganisation *B'Tselem* für den Zeitraum 2000 bis 2005 auf: 32 kamen durch Schüsse ums Leben, drei bei einer Explosion, zwei durch eine Messerattacke, jeweils eine Person durch eine Qassamrakete beziehungsweise durch ein Selbstmordattentat am *Erez*-Kontrollpunkt. Das jüngste Opfer war zwei, das älteste 79 Jahre alt. 16 wurden getötet, als sie unterwegs waren: im eigenen Pkw oder Lkw oder in einem Bus.[87]

Für die 13 Jahre von der ersten Intifada (9. Dezember 1987) bis zum Ausbruch der zweiten (28.9.2000) meldet *B'Tselem* 94 getötete israelische Zivilisten in allen besetzten Gebieten: Ostjerusalem, Westjordanland, Gazastreifen.[88]

Die *Jewish Virtual Library* erwähnt eine Tötung unmittelbar vor der ersten Intifada: »Juden und Muslime lebten mehr als ein Jahrzehnt zusammen, aber die Spannungen nahmen zu. Ein jüdischer Kunde wurde 1987 auf einem Markt in Gaza erstochen. Am nächsten Tag tötete ein israelischer Lkw-Fahrer unabsichtlich vier Araber, was die ersten Ausschreitungen auslöste, die dann zur ersten Intifada wurden.«[89]

Wie ist der rechtliche Status Gazas nach Abzug der Siedler 2005?

Die Redakteurin einer Kirchenzeitung interviewt mich im Oktober 2023 zum Hamas-Terror und dazu, wie es nun in Israel/Palästina weitergehen solle. Die Redaktion äußert Bedenken ob meiner Antworten. Im Telefonat mit dem Chefredakteur erläutere ich meine Sicht, berichte von meinen Gaza-Besuchen und erwähne die Forderung des israelischen Friedenslagers nach einem Ende der Besatzung. Er: Ich dachte, die Besatzung des Gazastreifens sei mit dem Abzug der Siedler beendet. Diese Ansicht überrascht nicht, wenn selbst der *WDR* behauptet: »Erst im September 2005 beendete Israel die fast 40-jährige Besatzung des Landstrichs und übergab die politische Kontrolle an die Palästinensische Autonomiebehörde.«[90]

Israelische Menschenrechtsorganisationen wie *B'Tselem*, *Gisha* oder *HaMoked* haben seither wiederholt betont, dass Israel weiterhin Verantwortung für die Bevölkerung des Gazastreifens trage. Im Januar 2007 publizierte *Gisha* mit Unterstützung der *Friedrich-Ebert-Stiftung* den 101-seitigen Bericht »Disengaged Occupiers: The Legal Status of Gaza« (Abgezogene Besatzer: Der juristische Status von Gaza). Darin erläutert die in Tel Aviv ansässige Organisation die sechsfache Kontrolle. Demnach kontrolliert Israel a) Bewegungen von Menschen und Waren über den Landweg aus und nach Gaza, b) gänzlich Gazas Luftraum und Küstengewässer, c) das Reisen innerhalb des Gazastreifens durch regelmäßige Invasionen und No-Go-Zonen, d) das palästinensische Bevölkerungsregister (vergleichbar mit Standes- und Einwohnermeldeamt, J. Z.), e) Gazas Steuersystem und »Fiskalpolitik«, f) die Palästinensische Autonomiebehörde und damit deren Fähigkeit, Einwohnern Gazas Dienstleistungen bereitzustellen.

Gisha, 2005 gegründet, schlussfolgert: »Die Lage in Gaza zeigt, dass Israel tatsächlich wichtige Lebensbereiche kontrolliert ... und daher nach internationalem humanitärem Besatzungsrecht den Einwohnern ... gegenüber Verpflichtungen hat.«[91]

Seitdem haben die 16 Mitarbeiter (darunter der Bereichsleiter für und in Gaza) Prospekte, Karten, Fact sheets, Grafiken und den 95-Sekunden-Film *Closed Zone* veröffentlicht, haben Webinare veranstaltet und vor Gerichten Bewegungsfreiheit zwischen Gazastreifen und Westjordanland eingeklagt. In allen Publikationen hält man an der 2007 geäußerten Position fest, auch wenn die Wortwahl variiert. 2019 empfiehlt *Gisha*, aus der sich im Kreis drehenden Debatte »Besetzt oder nicht?« auszubrechen und an die Verantwortung aller Parteien, auch der internationalen Staatengemeinschaft, zu appellieren. Denn: »Gaza ist das extremste Beispiel eines Prozesses, der sich im gesamten palästinensischen Gebiet seit 1993 abspielt: die Kontrolle behalten, ohne Verantwortung zu übernehmen, die damit einhergeht.« Das habe zu einer »›tödlicheren‹ Form der Kontrolle« geführt, da es Israel die Erlaubnis gebe, »massivere Gewalt gegen eine nach eigener Meinung feindliche Macht einzusetzen«, verglichen mit der Gewalt gegen eine Bevölkerung unter Besatzung, die Widerstand leistet.[92]

Im Sommer 2023, drei Monate vor dem Hamas-Überfall, liefert die Organisation eine aktuelle Analyse. Darin heißt es: »Viele Israelis glauben, dass Israel mit der Umsetzung des Abzugsplans 2005 die Last Gaza losgeworden ist und fortan keinen Einfluss, geschweige denn Verantwortung für das hat, was im Gazastreifen passiert.« *Gisha* führt Beispiele israelischer Kontrolle an, auch dieses: »Israel bestimmt, welche in Gaza hergestellten Waren außerhalb des Gazastreifens verkauft werden dürfen, wie viel davon, wann und wo.« *Gishas* Fazit: Das sei »kein Abzug«, sondern »remote control« – Kontrolle per Fernbedienung. Israel müsse Bewegungsfreiheit für Menschen und Waren erlauben und »Palästinensern im Gazastreifen ermöglichen, nicht nur ihre Grundrechte auszuüben, sondern Zugang zu allem zu gewähren, was für ein Leben in Würde erforderlich ist.«[93]

Wer darf schwerkranke Kinder nach Israel begleiten?

Im November 2020 kontaktierte A. K. aus Gaza, Mutter der sechsjährigen Leen, die israelische Organisation *Ärzte für Menschenrechte Israel* (Physicians for Human Rights – Israel, PHRI). Sie erbat Hilfe, um für ihre Tochter, seit dem dritten Lebensjahr an Schilddrüsenkrebs erkrankt, eine Ausreisegenehmigung zum Krankenhaus Tel-Hashomer in Tel Aviv zu erwirken. 2018 war Leen erstmals in diesem israelischen Krankenhaus, wo ihr die Schilddrüse komplett entfernt wurde. Sechs Monate musste sie stationär bleiben – ohne die Geborgenheit der Eltern, die keine Reisegenehmigung von den israelischen Behörden erhalten hatten. Großmutter und Tante waren abwechselnd an Leens Seite, da keine der beiden die gesamte Zeit erübrigen konnte.

Für weitere Behandlungen und Nachsorge musste das Mädchen auch 2020 ins etwa 80 Kilometer entfernte Tel Aviv fahren. Erneute Reiseanträge der Eltern wurden mit der bereits bekannten Antwort beschieden: »… wird noch geprüft.« Als sich Ende 2020 die *PHRI* einschaltete, »erhielt A. K. sofort eine Reisegenehmigung, um Leen zu begleiten – ein Beweis, dass der Passierscheinantrag willkürlich abgelehnt worden war und nicht wegen Sicherheitsbedenken«[94], erklären die *Ärzte für Menschenrechte*. Auch wenn die von *Brot für die Welt* oder der Schweizer Botschaft unterstützte Organisation Verbesserungen ausmacht, kann sie dies für den Zeitraum Januar bis September 2021 nicht vermelden: 32 Prozent der Ausreiseanträge von Minderjährigen »wurden entweder abgelehnt oder verzögert. Das ist ein dramatischer Anstieg in punkto Ablehnung.«

Ob Kinder oder Erwachsene: Alle müssen nach Antragstellung zittern und hoffen. Im September 2022 starben binnen einer Woche ein zehnjähriger Junge und eine 37-jährige Frau, nachdem Israel die Bearbeitung ihrer Anträge verschleppt hatte. *PHRI*: »Israels erbarmungslose Maßnahmen verletzen des Patienten Recht auf Leben und Gesundheit inklusive der Rechte von Kindern.«[95]

Herrschte zwischen den Gaza-Kriegen Normalität?

Gaza-Stadt, 2008: Ich stehe im Schutt. Das war einmal das Gebäude der Gewerkschaftsvereinigung. Papiere werden vom Frühlingswind aufgewirbelt. Auf einem steht »Krankenversicherung«. Ein anderes bezeugt Ahmed Mohammed H.s bestandenen Computerkurs. Fleißiges Hämmern ist zu hören. Zwanzig Meter vor mir klopfen Kinder und Jugendliche Fliesen aus dem Schuttberg. Abseits steht der Journalist Mohammed Mansour vom Hamas-Sender *Al-Aksa*, der das israelische Bombardement so kommentiert: »Sie wollen die Infrastruktur zerstören. Vielleicht dachten sie: Wenn wir das Gebäude der Gewerkschaften zerstören, dann stürzen die Arbeiter eventuell die Hamas.«[96]

Ein Schaden von 800.000 US-Dollar ist entstanden, der Radiosender der Arbeitervertretung, Akten, Computer und Mobiliar sind zertrümmert. Ohne Vorwarnung hat Israels Luftwaffe das zivile Ziel angegriffen. Fensterscheiben im Umkreis eines Kilometers barsten.

Seit Israels Militäroperation *Sommerregen* 2006 (Israel: 11 Tote; Palästina: 402) bis zum aktuellen Krieg (Operation *Eiserne Schwerter*) erschütterten sechs Kriege den Gazastreifen: 2008, 2012, 2014, 2021, 2022, Mai 2023. In den Zwischenzeiten herrschte jedoch keine Ruhe. Jeder Ort könne jederzeit zum Schlachtfeld werden, versicherte mir die Direktorin des Al-Ahli-Krankenhauses. Ich blättere in vier Berichten des *Palestinian Centre for Human Rights*, die ich seinerzeit ihrem Infoständer entnahm. Jeder vermeldet angeschossene oder erschossene sowie durch Splitter verletzte Palästinenser. Beispiel 9.2.2011: »Um 00.05 Uhr feuerte ein israelisches Kriegsflugzeug eine Rakete auf das … Gebäude der Plastikfabrik Hashem al-Hatus Söhne … Elf Bewohner des Viertels, darunter vier Kinder, wurden leicht verletzt.«[97] Oder: Am 27.11.2010 schossen israelische Soldaten auf palästinensische Arbeiter, die Wiederverwertbares aus Schutt klaubten. »Khaled Ashraf Abu Sitta, 21 …, wurde durch eine Kugel am linken Bein verwundet.«[98]

Gaza 2020: Ein »lebenswerter« Ort?

»Den Menschen von Gaza geht es schlechter als in den 1990er Jahren«, so ein UN-Bericht von 2012. Und weiter: »Die Gesamtarbeitslosigkeit liegt bei 29, die von Frauen bei 49 und die der 20- bis 24-Jährigen bei 58 Prozent. … Fischen darf man nur drei Seemeilen weit. … 71.000 Wohnungen fehlen. … 90 Prozent des Grundwassers sind ohne Behandlung nicht trinkbar. Für die meisten Menschen in Gaza steht daher sauberes Wasser nicht ausreichend zur Verfügung. Der durchschnittliche Verbrauch liegt pro Kopf und Tag bei 70 bis 90 Litern und damit unter dem WHO-Standard von 100 Litern. Der Aquifer, die grundwasserführende Schicht, könnte 2016 nicht mehr nutzbar und 2020 unumkehrbar beschädigt sein. … 90.000 Kubikmeter Abwässer werden, teils behandelt, teils unbehandelt, Tag für Tag im Mittelmeer verklappt. … Aktuell fehlen 250 Schulen. 85 Prozent der Schulen arbeiten im Zwei-Schicht-Betrieb; … mit durchschnittlich 36 Schülern pro Klasse.«[99]

2008, vier Jahre vor diesem Bericht, hatte mir der Wasseringenieur Rebhy El-Sheikh schon einige dieser Sorgen geschildert, hatte von hoher Nitratbelastung des Wassers, von ungeklärten Abwässern und davon gesprochen, dass für eine 100-prozentige Klärung eine ununterbrochene Stromzufuhr über 14 Tage unabdingbar sei. Das ist seit 2006, als Israel das einzige elektrische Kraftwerk im Gazastreifen bombardierte, utopisch. Weiteres Kopfzerbrechen bereitete und viel Zeit raubte ihm regelmäßig die Koordination mit israelischen Stellen, um Baumaterialien und Ersatzteile einführen zu dürfen, berichtete der an der Universität Liverpool ausgebildete Vize-Chef der palästinensischen Wasserbehörde PWA. Ein Beispiel: Für die erste Bauphase des Abwassersees in Beit Lahyia wurden 300 Tonnen Zement benötigt. Für die Genehmigung der ersten Lieferung waren monatelange Verhandlungen nötig. »Wenn wir 40 Tonnen Zement erst nach drei bis vier Monaten Koordinierung bekommen, dann sieht man, wie langsam der gesamte Prozess sein wird. Wenn das auch für alles andere gilt, werden wir in 100 Jahren nicht fertig sein«[100], meinte Rehby. Immer wieder scheiterte die Einfuhr im letzten Moment. Dann musste die Ladung zurück nach Israel gebracht werden, was die Kosten enorm verteuerte, laut Herrn El-Sheikh bis zum Zehnfachen des üblichen Preises.

Gaza – das ist wie ein Hinterherrennen hinter fünf oder zehn Jahre alten Problemen. So als repariere man 2024 das Problem von 2019. Dabei sind seitdem eine Unzahl weiterer Baustellen und Abertausende neuer Einwohner mit ihren Bedürfnissen dazugekommen. In der obigen Bestandsaufnahme der Vereinten Nationen von 2012 unternahm das UN-Länderteam (UNCT) den Versuch, aus einer miserablen Gegenwart in die Zukunft zu schauen. UNCT rechnete den vielfältigen Bedarf einer jährlich um 3,3 Prozent wachsenden Bevölkerung entlang dieser Frage hoch: Was würde der 2012 schon verarmte, beschädigte, blockierte, isolierte, überbevölkerte Gazastreifen in acht Jahren mit dann einer halben Million Menschen mehr benötigen?

Kurz gesagt: 60 Prozent mehr Wasser; 800 zusätzliche Krankenhausbetten, weitere 1.000 Ärzte und 2.000 Krankenschwestern; das Doppelte an Elektrizität; weitere 190 Schulen (zusätzlich zu den 250, die 2012 schon fehlten).

Der 20-seitige UN-Bericht Bericht »Gaza in 2020: A liveable place?« mit über 100 Fußnoten betont mehrmals, dass alles noch schlimmer werden könnte, sollte der aktuelle Status quo fortbestehen. Auf Seite 9 heißt es etwa: »Wenn die Wirtschaft keine Möglichkeiten bietet und die Auswanderung blockiert ist, können die Folgen negativ sein: soziale Spannungen, Gewalt und Extremismus dienen möglicherweise als Ventil für fehlende Perspektiven und Zukunftsaussichten. Das ist das Szenario für Gaza, wenn sich die politische und wirtschaftliche Lage nicht wesentlich ändert.«[101]

Im Übrigen lässt sich »liveable« auch mit »erträglich« übersetzen.

Warum hält Israel immer wieder Leichname von Palästinensern zurück?

»Wäre sie noch am Leben?«, fragte sich Mahmud 'Issa Hassan 'Abas, Vater von neun Kindern, aus Gaza-Stadt. Sein Sohn Hassan, 19, wurde am 9. Oktober 1994 bei einem Schusswechsel mit Israelis in Jerusalems Jaffa-Straße getötet. Danach bat er den palästinensischen Präsidenten Arafat, die Herausgabe des Leichnams von Israel zu erwirken, und schaltete das *Palästinensische Zentrum für Menschenrechte* ein. »Es war für mich emotional wichtig, den Leichnam zu erhalten und zu bestatten. Das Begräbnis würde meine Depression lindern und meiner Seele Trost spenden«, sagte sich der Vater. Doch es tat sich – nichts.

Seine Frau wachte nachts oft auf und »schrie sich die Seele aus dem Leib.« 1996 starb sie, voll Kummer und Schmerz – sie hatte den Sohn nicht zu Grabe tragen können. Erst 1997 gab Israel den Leichnam frei. Nach fast zweieinhalb Jahren konnte die Familie dem Sohn die letzte Ehre erweisen.

Israelische Politiker haben das Zurückhalten von palästinensischen Leichnamen, zeitweise waren es über 100, so begründet: Die Beerdigungen könnten Emotionen hochkochen lassen und zu Ausschreitungen führen; das Einbehalten sei Bestrafung oder diene als Faustpfand in einem möglichen Austausch mit israelischen Leichnamen.

Manche Familien glauben gar nicht an den Tod des Kindes, sondern meinen, dieses wäre in Israel inhaftiert. Zum Teil warteten Angehörige bis zu sieben Jahre auf den Leichnam des Kindes.

Die Menschenrechtsorganisationen *HaMoked* und *B'Tselem* erklären dazu: »Israels Weigerung, die Leichname getöteter Palästinenser an ihre Familien zurückzugeben, ist ein weiterer Tatbestand, wie Israel die Menschenrechte von Palästinensern in den besetzten Gebieten verletzt. [Diese] Politik Israels sowie andere Maßnahmen gegen Familien von Bombenattentätern wie Abriss oder Versiegeln des Hauses stellen eine Kollektivstrafe für Unschuldige dar. Diese Strafe ist unmoralisch.«[102]

Wie gefährlich ist es für Reporter im Gazastreifen?

Seit Jahr und Tag rangiert Israel bei der Rangliste von *Reporter ohne Grenzen (RoG)* im Mittelfeld. Zum Beispiel 2021: Laut *RoG* erfreut sich Israel unabhängiger Medien, »die weitgehend frei berichten und kommentieren können.«[103] Themen der nationalen Sicherheit unterliegen jedoch Zensur und Nachrichtensperren. So verbot etwa 2019 die israelische Militärzensur die »Veröffentlichung von über 200 Artikeln, 2.000 weitere wurden teilweise redigiert«, sprich abgeändert.[104] Waffengewalt der Armee gegen Journalisten in den Palästinensergebieten kommt häufig vor, besonders bei Demonstrationen. Kein Wunder, dass Israel 2021 unter 180 Ländern auf Platz 86 zwischen Gambia und Haiti rangierte, die palästinensischen Gebiete gar auf Rang 132. Dort kann die Recherche, das Interview oder die Schalte die letzte im Leben eines Reporters sein: »In den Palästinensergebieten schießt die israelische Armee häufig auf Demonstrant*innen und verletzt dabei auch Journalist*innen; 2018 wurden zwei getötet«, so *Reporter ohne Grenzen.*[105] Vom 7. Oktober 2023 bis zu 29. Februar 2024 sind über 100 dazugekommen.

»Mehr als drei Viertel der 99 Journalisten und Medienmitarbeiter, die 2023 weltweit getötet wurden, starben im Israel-Gaza-Krieg«, erklärt Kathy Jones vom *Commitee to Protect Journalists*, die meisten von ihnen Palästinenser. Dieser Konflikt hat »mehr Journalisten in drei Monaten das Leben gekostet als jemals zuvor in einem Land binnen eines Jahres umgekommen sind.«[106] Schon im Dezember 2023 hatte das Komitee sich »betroffen über ein offensichtliches Muster der israelischen Armee, auf Journalisten und ihre Familien zu zielen«, geäußert.[107]

Aktuell listet RoG Israel auf Platz 97, die palästinensischen Gebiete auf Rang 156.[108]

Warum wurde Berlanty Azzam nach Gaza abgeschoben?

Wir wissen nicht, was der 21-jährigen Berlanty Azzam am 28. Oktober 2009 durch den Kopf ging, als israelische Soldaten ihr am *Container-Kontrollpunkt* zwischen Ramallah und Bethlehem mitten in Palästina die Weiterfahrt verboten, die Hände fesselten und die Augen verbanden. Dachte sie an Besatzung und Widerstand, Frieden und Versöhnung oder Israels Sicherheit, Administrativhaft, Folter? Verspürte sie blanke Todesangst, die keinen anderen Gedanken aufkommen ließ? Konnte sie das Englisch der Soldaten verstehen? Denn sie selbst sprach sicher kein Hebräisch.

Wir wissen es nicht. Sicher dürfte eines sein: Der Traum vom Diplom an der Universität Bethlehem schien ausgeträumt, zwei Monate vor dem Abschlussexamen.

2005 war die 17-Jährige palästinensische Christin aus Gaza nach Bethlehem gekommen, mit einem »Fünf-Tage-Passierschein«, wie Gabi Fröhlich vom *Domradio Köln* in Erfahrung brachte.[109] Auch wenn es unerwähnt bleibt: Vermutlich hatten ihr israelische Stellen die Reisegenehmigung für die Weihnachtsfeierlichkeiten in Bethlehem erteilt. Berlanty Azzam blieb in der Geburtsstadt Jesu und schrieb sich für Betriebswirtschaft an der katholischen Universität Bethlehem ein, wohl wissend, dass sie ihre Familie für längere Zeit, vielleicht auf Jahre, nicht wiedersehen würde. Denn ein Besuch in der 80 Kilometer entfernten Heimat Gaza hätte unweigerlich dazu geführt, dass Israel ihr die abermalige Ausreise nach Bethlehem verboten hätte.

Das Militär begründete die Abschiebung nach Gaza damit, Azzams Wohnsitz befinde sich dort und sie halte sich illegal im Westjordanland auf. Dabei hatte sie wiederholt versucht, sich umzumelden. Israelische Stellen hatten dies Mal um Mal abgelehnt.

Die israelische Menschenrechtsorganisation *Gisha* schätzt, dass etwa 25.000 Menschen im Westjordanland leben, in deren Ausweisen Gaza als Wohnort steht. »Wie Berlanty sind sie allein deshalb in Gefahr, aus ihren Häusern ausgewiesen und von ihren Familien, Arbeitsstellen und Studienorten getrennt zu werden. Sie alle, manche leben schon seit Jahrzehnten im Westjordanland, sind in ihrem Radius extrem eingeschränkt, weil sie Angst vor Verhaftung und Abschiebung haben. … seit dem Jahr 2000 verbietet Israel Adressänderungen von Gaza zu Westjordanland.«[110]

Die US-amerikanischen La-Salle-Brüder (auch: Schulbrüder) der Universität setzten alle Hebel in Bewegung, um die Studentin nach Bethlehem zurückzubringen, schalteten Diplomaten des Vatikans sowie *Gisha* ein und forderten dazu auf, Protestbriefe an Botschaften und Regierungschefs zu schreiben. Der Universitätspräsident wandte sich an Joachim Kardinal Meisner, den damaligen Präsidenten des *Deutschen Vereins vom Heiligen Lande*, der den israelischen Botschafter in Berlin bat, »darauf hinzuwirken, dass Frau Azzam umgehend an ihren Studienort zurückkehren kann, um ihre Examina abzulegen.«

Der Kampf war vergeblich. Keiner der in Gang gesetzten Hebel wirkte. Am 9. Dezember 2009 urteilte der Oberste Gerichtshof Israels, vor den *Gisha* den Fall gebracht hatte, Azzam dürfe nicht nach Bethlehem zurückkehren, obwohl sie kein Sicherheitsrisiko darstellte.[111]

Per Telefon und Internet wurde die Verbannte auf die letzten Prüfungen vorbereitet, die Unterlagen erhielt sie per Fax und E-Mail. Sie bestand problemlos. Am 10. Januar 2010 reisten Nuntius Erzbischof Antonio Franco und Rektor Bruder Peter Bray mit Schulbrüdern der Universität zur katholischen Kirche *Zur Heiligen Familie* in Gaza-Stadt. Eine überwältigte Berlanty erklärte, sie hätte nie gedacht, dass ihre Abschlussfeier in einer Kirche Gazas ohne Mitstudenten stattfinden würde. Sie bekannte: »Ich bin traurig, weil ich die Abschlussfeier nicht mit meinen Kommilitonen in Bethlehem begehen kann. Aber immerhin konnte ich der Besatzung die Stirn bieten und heute mache ich meinen Hochschulabschluss an der Universität Bethlehem.«

Was war vor dem 7. Oktober 2023 über die israelische Armee in Gaza bekannt?

Israelische Organisationen wie *Breaking the Silence* (Das Schweigen brechen) oder *Yesh Gvul* (Es gibt eine Grenze) versuchen bis heute, ihren Landsleuten Fehlverhalten der Armee bewusst zu machen. Auch Journalisten weisen gelegentlich auf Misshandlungen durch die *Zava* (Israelische Armee, IDF) hin, die vielen Politikern wie Bürgern als die »moralischste« der Welt gilt.

Dalia Karpel thematisierte 2007 in der Zeitung *Ha'aretz* Misshandlungen während der ersten Intifada (1987-1991). Sie zitiert aus Interviews, die die Psychologin Nufar Ishai-Karin mit 21 Soldaten führte, die Ende der 1980er und Anfang der 90er Jahre im Gazastreifen eingesetzt waren. Soldat A. bekannte: »Wir beschlossen, eine alte Dusche als Gefängniszelle zu nutzen. Sie brachten einen Palästinenser herein, in Handschellen und mit Klebeband auf dem Mund, so dass er weder sprechen noch sich rühren konnte. Wir haben ihn dort drei Tage ›vergessen‹.«

Ein anderer Soldat gab zu: »Die Wahrheit ist: Ich liebe dieses Chaos. Es ist wie eine Droge. Wenn ich nicht mindestens einmal pro Woche nach Rafah kam, um irgendwelche Aufstände niederzuschlagen, wurde ich zum Berserker.« Soldat D. beschrieb den Dienst mit den Worten: »Sobald du in den besetzten Gebieten bist, bist du Gott.« Soldat E. lieferte ein Beispiel: »Wir fuhren in einem APC (einem gepanzerten Personentransporter) durch Rafah. Ein 25-jähriger Mann ging vorbei, tat nichts, warf keinen Stein, nichts. Völlig grundlos schoss X. ihm in den Magen. Wir ließen ihn auf dem Bürgersteig liegen.« Soldat F. erzählte: »Eine Frau warf eine Sandale nach mir. Darauf trat ich ihr in den Unterleib. Sie kann jetzt keine Kinder mehr bekommen.«

Schon damals brachen Soldaten spielenden Kindern die Arme, bezogen wegen der strategisch-günstigen Lage in palästinensischen Privathäusern Quartier, defäkierten, verwüsteten und plünderten nach Belieben und prügelten Menschen zu Tode. Die israelische Psychologin Ishai-Karin: »Einige der Unteroffiziere ermutigten die Soldaten sogar zu brutalem Vorgehen und gingen ihnen mit schlechtem Beispiel voran.«[112] Sie hält die Soldaten letztlich auch für Opfer. Seitdem hat sich offenbar in punkto Verhaltenskodex nichts geändert. Denn für die zweite Intifada liegen ähnliche, wenn nicht sogar schlimmere, Zeugnisse vor. Ein Soldat war 2002/03 in einer Pioniereinheit in der Philadelphi-Route, der Sicherheitszone zwischen Gazastreifen und Ägypten, stationiert. *Breaking the Silence* teilte er mit, dass es »galt, jedem, der auf der Straße herumläuft, auf die Körpermitte zu schießen.« Eine Warnung, die Häuser nicht zu verlassen, war nicht erfolgt. Man habe »ohne Ende« geschossen, bekennt der Soldat. Die Regeln für die Feuereröffnung beschreibt er so: »Schieße auf jeden, der nachts herumläuft. Schieße, um zu töten.« Und jeder, »den man auf der Straße erschoss, war ein ›Terrorist‹.«[113]

Ein 2008 im Gazastreifen eingesetzter Soldat der Givati-Brigade berichtet über das erwünschte Ende eines tödlich endenden Einsatzes: »Man geht zur Leiche, steckt den Gewehrlauf zwischen die Zähne und schießt.« Später hörte er, es sei »illegal«, derart eine Tötung sicherzustellen. Mittlerweile existiere dafür ein »sauberer Begriff: Neutralisierung sicherstellen.«[114]

Zehn Jahre später schildert Scharfschütze Eden den Wettbewerb um den »Knierekord«, um die meisten Knietreffer am Zaun zum Gazastreifen. Bei der dortigen palästinensischen Demonstration am Tag der Eröffnung der US-Botschaft in Jerusalem 2018 landete sein Zweierteam Schütze/Positionsgeber »die meisten Treffer: 42.«[115]

Breaking the Silence hat während des Gaza-Kriegs ab 2023 den Text von Benzion Sanders (2014 in Gaza) online gestellt, der als Gastbeitrag in der *New York Times* erschien: »Ich kämpfte für die IDF in Gaza. Deshalb kämpfe ich nun für den Frieden.«[116]

Familientrennung – oder: Womit kann die Verwehrung der Einreise nach Gaza begründet werden?

Die Menschenrechtsorganisation *HaMoked* in Ostjerusalem könnte sicherlich ein dickes Buch herausgeben, Titel: *Geschichten aus Absurdistan.* Eine solche ist diese aus den 2000er Jahren:

Aber Jubran und Ido Blum erläuterten mir, warum Familien getrennte Leben führen (müssen). Ido Blum: »Manchmal ist der Ehemann der Hauptverdiener und arbeitet in Israel. Wir haben den Fall eines israelischen Einwohners, der in Rehovot (unweit von Tel Aviv) lebt. Seine Frau und sein dreijähriger Sohn leben in Gaza. Er wollte Frau und Sohn dort besuchen. Sein Gesuch wurde abgelehnt mit der Begründung ›Sicherheitsmaterial‹«. Das heißt übersetzt: »Der Betreffende gefährdet möglicherweise die Sicherheit des Staates Israel.« *HaMoked* zog vor Gericht. Dieses verlautbarte, die Familienangehörigen des Mannes stünden mit Terroristen in Kontakt. Ido Blum wunderte sich: »Wir fanden heraus, dass sein Bruder auch mit jemandem aus Gaza verheiratet ist und ohne Probleme nach Gaza einreist.« *HaMoked* stellte Nachforschungen an, ob der Gaza-Besuch abgelehnt wurde, weil die Frau oder ihre Familie unter Terrorverdacht stehen. *HaMoked* fragte ihn: »Liegt es vielleicht an deiner Frau oder an deren Herkunftsfamilie?« Da lachte er und antwortete: »Meine Frau und die Frau meines Bruders sind Schwestern.«

Es handelte sich um dieselbe Familie. Woher dann die Ungleichbehandlung? *HaMoked* ging erneut vor Gericht. Dieses teilte mit, der Bruder des Verdächtigen habe aus Versehen eine Genehmigung bekommen. Man habe den Fehler schon bemerkt. Zum Zeitpunkt der Anhörung hielt sich besagter Bruder gerade in Gaza auf. Noch einmal Ido Blum: »Das Furchtbare war: Wir mussten ihm mitteilen, dass er, wenn er Gaza verlässt, wahrscheinlich nicht mehr zurückkehren kann.«[117]

Welche Appelle großer Menschenrechtsorganisationen enthielten die drei Apartheid-Berichte von 2021/22?

Ab Jahresbeginn 2021 erschienen binnen 13 Monaten drei Berichte renommierter Menschenrechtsorganisationen, die der israelischen Regierung »Apartheid« bescheinigen.

Den Anfang machte die Nichtregierungsorganisation *B'Tselem* aus Jerusalem, die sich seit 1989 mit Menschenrechtsverletzungen in den besetzten Gebieten befasst. In dem achtseitigen Report werden Facetten von Menschenrechtsverletzungen und Diskriminierung benannt, darunter »das Vorenthalten politischer Rechte«, die »Aberkennung der Aufenthaltsgenehmigung« in Abertausenden von Fällen oder die immensen Schwierigkeiten bei der Familienzusammenführung. *B'Tselem* urteilt: »Ein Regime jüdischer Vorherrschaft vom Jordan bis zum Mittelmeer: Das ist Apartheid.«[118]

Einige Monate später legte *Human Rights Watch (HRW)* einen 224 Seiten umfassenden Bericht vor, mit Falldarstellungen, Landkarten, Fotos, Luftbildaufnahmen und Grafiken. »Gaza« kommt darin 426 Mal vor. Empfehlungen, um das Leben in allen besetzten Gebieten spürbar zu erleichtern, richtet die Menschenrechtsorganisation mit Sitz in New York an über ein Dutzend Akteure: die PLO, die Palästinensische Autonomiebehörde, an den Internationalen Strafgerichtshof, an alle UN-Mitgliedsstaaten, an den US-Präsidenten, an das US-Außen- und Finanzministerium, an den US-Kongress, an die EU, an das Europäische Parlament, an alle Unternehmen und Firmen, die in Israel und den besetzten Gebieten Geschäfte tätigen. An den Staat Israel hat HRW 13 Empfehlungen, einige betreffen den Gazastreifen. »Beenden Sie das generelle Reiseverbot nach und aus Gaza und erlauben Sie Bewegungsfreiheit nach und aus Gaza, vor allem zwischen dem Gazastreifen und dem Westjordanland sowie ins Ausland …. Erlauben Sie Palästinensern aus dem Westjordanland und dem Gazastreifen, frei nach Ostjerusalem zu reisen.« Weiterhin ergeht der Appell an Israel, das »seit dem Jahr 2000 wirksame Einfrieren von Anträgen auf Familienzusammenführung im Westjordanland und Gazastreifen zu beenden.«[119] Der

Titel und damit das Gesamturteil des Reports lauten: »Eine Schwelle überschritten: Israelische Behörden und die Verbrechen von Apartheid und Verfolgung.«

Schon andere hatten, sollte der Status quo fortbestehen, vor Apartheid gewarnt oder diese bereits diagnostiziert, darunter hohe ehemalige Amtsträger wie Israels Premier Yitzhak Rabin, US-Präsident Jimmy Carter, US-Außenminister John Kerry oder UN-Sonderberichterstatter John Dugard.

Anfang 2022 legte *Amnesty International* den bislang umfassendsten Bericht vor: 280 Seiten lang. Er enthält neun Empfehlungen, damit deutlich mehr als die vorigen Reporte, an »israelische Behörden speziell für den Gazastreifen.« Die erste lautet: »Beenden Sie die Blockade des Gazastreifens und alle anderen Formen willkürlicher Beschränkungen der Bewegungsfreiheit von Menschen und Gütern, die auf Kollektivbestrafung hinauslaufen.« Weiterhin solle Israel allen Patienten, die eine Behandlung benötigen, die im Gazastreifen nicht verfügbar ist, die Ausreise aus Gaza gestatten sowie »nach Behandlungsende die Rückkehr erlauben und gewährleisten.« Israelische Behörden sollten zudem die Bearbeitung von Anträgen auf Familienzusammenführung von »ausländischen Ehepartnern und Familien von palästinensischen Einwohnern Gazas« erneut aufnehmen und »zügig und fair« bearbeiten. »Hören Sie sofort mit der Zerstörung von Häusern, Grundstücken und Eigentum auf, wenn es gemäß internationalem humanitärem Recht militärisch nicht absolut notwendig ist«, lautet eine weitere Forderung.[120]

Der Bericht ist überschrieben mit: »Israels Apartheid gegen Palästinenser: ein grausames System der Dominanz und ein Verbrechen gegen die Menschlichkeit.« 23 Tage nach dessen Erscheinen griff Russland die Ukraine an und für anderthalb Jahre sprach kaum noch jemand über Palästina.

Welche Namen hat man Gaza gegeben?

Niemand hat den Übergang *Erez* so anschaulich beschrieben wie der israelische Journalist Yoram Binur, der Mitte der 1980er Jahre, als Palästinenser getarnt, wochenlang im Gazastreifen lebte. »Nach einer rund halbstündigen Fahrt auf der Küstenstraße südlich von Tel Aviv trifft man auf den Schwanz einer langen Schlange von Fahrzeugen, die sich sehr langsam fortbewegt.« Dann beschreibt Binur die Straßensperre – damals war es noch kein terminalähnliches Kontrollgebäude wie heute. »In ihrer Mitte ragt bedrohlich ein Wachturm hoch, dessen Seiten mit einem Schutzwall an Sandsäcken gepolstert sind. Oben ist ein Maschinengewehr in Stellung gebracht.« Große Betonblöcke hindern die ankommenden Wagen daran, ihre Fahrt zu beschleunigen.« In Binurs Augen sind das »Abschreckungsmittel.« Für alle notwendigen Kontrolleinrichtungen »wurde die Straße an dieser Stelle verbreitert.« Aus der Vogelperspektive sähe das aus wie »eine Boa constrictor, die soeben ein Kaninchen verschlungen hat: ein schmaler Schlauch, der an einer bestimmten Stelle anschwillt und sich dann wieder zu seiner normalen Dicke verengt. Durch diese Schwellung reisen jeden Tag etwa fünfzigtausend Arbeiter aus Gaza, um die Grenze zu Israel zu überqueren. Nur wer besonders verdächtig wirkt, wird von der Grenzpolizei angehalten, da es unmöglich ist, alle und jeden zu kontrollieren.«[121]

Gut zehn Jahre später, 1997, besuchte der Journalist Peter Scholl-Latour den Küstenstreifen. »Ein ausgeklügeltes System von Betonklötzen und Kontrollposten« und die »weit gestreute Anlage« erinnerten ihn an die »frühere DDR-Passierstelle Dreilinden.«[122] Um die »letzte israelische Überprüfungsbaracke« zu erreichen, musste Scholl-Latour »ein weites, asphaltiertes Areal überqueren.« Als einziger Grenzgänger bewegte er sich und empfand sich als »potenzielle Zielscheibe irgendeines anonymen Mauerwächters« und in eine Romanszene bei John le Carré versetzt. »Wer Erez so passiert, fühlt sich ein wenig wie *Der Spion, der aus der Kälte kam.*«

Der Journalist (1924-2014) widerspricht dem einstigen israelischen Staatspräsidenten Shimon Peres, der versprach, aus Gaza werde ein neues Singapur. Scholl-Latour: »Der Vergleich mit Soweto wäre wohl angebrachter.« Auch israelische Soldaten mit Wurzeln in Südafrika haben diesen Vergleich gewählt.

Von Ministerpräsident Rabin ist das Zitat überliefert: »Meinetwegen könnte Gaza im Meer versinken.« Israels Umweltminister Sarid nannte Gaza 1993 einen »Dampfkessel.«[123] Gar »ein riesiges Konzentrationslager« sei der Küstenstreifen: Zu diesen Worten griff 2004 Giora Eiland, Israels nationaler Sicherheitsdirektor. Genau 20 Jahre später befürwortete er ein hartes Vorgehen der Armee: Alle Palästinenser im Gazastreifen seien »legitime Ziele« und selbst »eine schlimme Epidemie bringt uns dem Sieg näher.«[124]

2022 veröffentlichte *Human Rights Watch* den Bericht »Israels Freiluftgefängnis wird 15«[125] und einen siebenminütigen Film, in dem drei Menschen vorgestellt werden, die beruflich nicht weiterkommen, weil sie nicht einmal ins Westjordanland, geschweige denn nach Europa oder Nordafrika reisen können.

»Hamastan« oder »größtes Freiluftgefängnis« – diese Zuschreibungen benutzten viele Medien. Im März 2024 sagte der EU-Außenbeauftragte Josep Borrell: »Gaza war vor dem Krieg das größte Gefängnis unter freiem Himmel.« Und: »Heute ist es der größte Friedhof unter freiem Himmel.«[126] Dort seien Zehntausende Menschen und die wichtigsten humanitären Prinzipien zu Grabe getragen worden.

Ein Satz von Scholl-Latour geht mir nicht aus dem Kopf. Seiner Beobachtung zufolge läuft Israel »Gefahr, das Schicksal des biblischen Helden Samson zu erleiden – geblendet zu sein in Gaza.«[127]

Wie lange war Gazas Flughafen in Betrieb?

Zur Eröffnungsfeier landete US-Präsident Bill Clinton samt Gattin Hillary am 14. Dezember 1998 am *Gaza International Airport* (GIA) in Rafah im südlichen Gazastreifen. Der Präsident schwärmte von einer rosigen Zukunft, »in der Palästinenser direkt zu den entlegensten Orten der Welt reisen können. Eine Zukunft, in der es einfach wird, Material, Technologie und Fachwissen nach Gaza zu bringen und aus Gaza heraus.«[128]

Bereits drei Wochen zuvor hatten Tausende von Palästinensern die Eröffnung des ersten internationalen Flughafens in den palästinensischen Gebieten gefeiert. Am 5. Dezember 1998 gab es den ersten kommerziellen Flug, mit *Palestinian Airlines* nach Amman.

Nach nur einem Jahr Bauzeit war der von Deutschland, Spanien, Ägypten, Japan, Marokko und Saudi-Arabien finanzierte Flughafen nach dem Vorbild des Flughafens Casablanca betriebsbereit. Ausgelegt war er auf 700.000 Passagiere pro Jahr. Im ersten Betriebsjahr 1999 lag das Aufkommen jedoch nur bei 90.000 Passagieren – eine Anzahl, die der Flughafen Frankfurt in weniger als 24 Stunden abfertigt.[129]

Nach 25 Monaten Betrieb schloss Israel während der Zweiten Intifada im Februar 2001 den Flughafen, im Dezember desselben Jahres bombardierte die israelische Luftwaffe Radarstation und Kontrollturm, im Januar 2002 zerstörten Bulldozer die Landebahn. Laut *The Guardian* war das die Vergeltung für die Ermordung von vier Soldaten durch die Hamas.[130]

2006 wollte die Bundestagsfraktion Die Linke mittels einer »Kleinen Anfrage« an die Bundesregierung in Erfahrung bringen, in welchem Umfang EU-Projekte durch israelische Gewalt Schaden genommen hätten. Aus der Antwort: »Die Schadenssumme an Vorhaben der deutschen Entwicklungszusammenarbeit beläuft sich auf unter 1 Mio. Euro zuzüglich einem nicht bezifferten Teilschaden an der Warenhilfe in Höhe von 7,7 Mio. Euro für den Flughafen Gaza.«[131]

Wer erschoss Mohammed al-Durra?

Die Netzarim-Kreuzung ist blutgetränkt. Hier, südlich von Gaza-Stadt, kreuzen sich die Nord-Süd-Achse des Streifens und die in West-Ost-Richtung verlaufende Straße zwischen der jüdischen Siedlung Netzarim (ca. 400 Bewohner, 2005 geräumt) und dem Warenübergang Karni (2011 geschlossen). Dort ereignete sich am 30. September 2000 eine Tragödie.

Drei Tage vorher hatten palästinensische Scharfschützen einen israelischen Soldaten getötet. Tags darauf betrat Oppositionsführer Ariel Scharon, von Palästinensern »Bulldozer« genannt, den heikelsten Ort des gesamten Heiligen Landes, den *Haram ash-Sharif*, uns als Tempelberg bekannt. Die zweite Intifada – Volksaufstand – brach aus. Zwei Tage später gerieten Jamal al-Durra (auch Durrah) und sein Sohn Mohammed (Muhammad) an besagter Kreuzung zwischen die Fronten. Der Kurzfilm des für *France 2* arbeitenden palästinensischen Kameramanns Talal Abu Rahma ging um die Welt. Von Buenos Aires bis Bangkok konnte man die schmerzverzerrten Gesichter und das verzweifelte Winken (oder war es ein Abwehren?) des Vaters sehen. Der Betonquader links von ihm und sein über den Sohn gelegter Oberarm boten keinen ausreichenden Schutz. Der ohnmächtige Betrachter sah mit an, wie der 12-Jährige zusammenbricht und verstirbt. Er wird zur Symbolfigur der Intifada. Ihm zu Ehren werden Briefmarken herausgegeben – in Tunesien, im Irak und im Sudan. Im Gazastreifen wird ein Kinderkrankenhaus, andernorts werden Straßen und Parks nach ihm benannt.

Darauf bricht eine mediale Schlacht los: um den Wahrheitsgehalt des Films. Noch 2007 behauptete Daniel Seaman, Direktor des israelischen Regierungspressebüros (GPO), der Tod des Kindes sei inszeniert worden. Gleiches behauptete der französische Medienanalytiker Philippe Karsenty. 2013 wurde er wegen Verleumdung zu 7.000 Euro Geldstrafe verurteilt.[132]

Noch immer stehen zwei Behauptungen nebeneinander. Die beiderseits geforderte unabhängige internationale Untersuchung wurde bis heute nicht durchgeführt. Der Zuschauer bleibt ratlos zurück.

Warum machte sich Rachel Corrie 2003 auf den Weg nach Rafah?

Hätte sich die 23-jährige US-Amerikanerin Rachel Corrie möglicherweise nicht dem israelischen Bulldozer in den Weg stellen müssen, wenn die USA und Israel dem Vorschlag der Vereinten Nationen gefolgt wären, internationale Beobachter nach Gaza zu entsenden?

Jenen verhängnisvollen Tag beschrieb ihre Mutter fünf Jahre später so: »Am 16. März 2003 wurde Rachel brutal von einem IDF-Caterpillar D-9 zermalmt, … als sie zwischen dem Bulldozer und einem palästinensischen Haus stand, das vom Abriss bedroht war. Die Familie, der das Haus gehörte, zwei Brüder, … deren Frauen und fünf kleine Kinder beobachteten durch einen Spalt in der Gartenmauer, wie der Bulldozer näherkam.«[133] Von 2000 bis 2004 riss die israelische Armee allein in Rafah circa 1.500 palästinensische Häuser ab, um Platz zu machen für eine Stahlmauer entlang der ägyptischen Grenze. Gut zehn Prozent der Einwohner wurden obdachlos.[134]

Cindy und Craig Corrie beschreiben ihre Tochter als neugierig. Schon als Kind habe sie allem auf den Grund gehen wollen. Der 11. September war ein Wendepunkt für sie. Fortan engagierte sich Rachel in der Friedensbewegung und organisierte Veranstaltungen zu globaler Gerechtigkeit. Doch fühlte sie sich in den USA von der restlichen Welt abgeschnitten. 2002 vertraute sie ihrem Tagebuch an, dass sie sich zu Menschen aufmachen wolle, »die am direktesten die Folgen der US-Außenpolitik zu spüren bekommen.« Sie entschied sich für Rafah im südlichen Gazastreifen, in ihren Augen der »vielleicht isolierteste Ort der besetzten Palästinensischen Gebiete.«

Im Januar 2003 kam sie dort an, übernachtete mit Aktivisten von *ISM (International Solidarity Movement)* neben Brunnen, denen Zerstörung drohte, half Kindern bei den Englisch-Hausaufgaben und erlebte, wie Olivenhaine, Gärten, Gewächshäuser plattgewalzt wurden.

Cindy Corrie und ihr Mann sind überzeugt, »dass wir mit unseren eigenen Steuerdollars den Caterpillar D-9 bezahlten, der Rachel tötete.«

Wann wird es den einen ganz »normalen« Tag in Gaza geben?

19. April 2024: Das »Tagesgespräch« auf *Bayern 2* fragt: »Haben Sie schon mal eine längere Auszeit genommen?« Hörer sind eingeladen, von Sabbaticals zu erzählen oder dem Traum davon.

Sofort wandern meine Gedanken nach Gaza. Dort kennt man weder Sabbaticals noch einen »normalen« Jahresurlaub, nicht einmal ein entspanntes Wochenende. Mir fällt das Gedicht »Jeden Tag« des Musikers Marwan Abado ein, auf dessen Hochzeit im jordanischen Amman ich die Orgel spielte. Er, Sohn christlicher Palästinenser aus Galiläa, wurde in einem Flüchtlingslager im Libanon geboren, staatenlos. Auch seine Frau, Viola Raheb, kam als staatenlose Palästinenserin zur Welt. Aus politischen Gründen konnte die Hochzeit weder im Libanon noch in Palästina stattfinden. Israel erlaubte es auch nicht, dass die beiden sich in Violas Heimatstadt Bethlehem niederließen.

Sein Gedicht bringt zum Ausdruck, was sich wohl jeder Palästinenser in Gaza, Hebron oder Jenin erträumt: einen einzigen »normalen« Tag, ohne Razzien des Militärs, Ausgangssperren oder Angst vor Bombardierung; einen Tag mit genügend Wasser und Strom, an dem man die Ernte ohne Attacken jüdischer Siedler einbringen und ohne Beschuss der israelischen Marine fischen kann; einen Tag, an dem man im eigenen Auto in die Heilige Stadt Jerusalem fahren darf, jederzeit und ohne Passierschein, um in der Grabeskirche oder der Al-Aksa-Moschee zu beten. Oder den seit Jahren nicht mehr gesehenen Onkel zu besuchen. Marwan Abado wünscht sich einen Tag »ohne Heldenleben, ohne Märtyrer, ohne Verletzte, einen ganz langweiligen, banalen Tag, und dieser gewöhnliche Tag wird zum Festtag.«

Bei der Recherche für dieses Buch stieß ich in einem Magazinstapel auf den schlichten Wunsch des 16-jährigen Abd al-Karim aus Khan Yunis, der im Jahr 2002 während der zweiten Intifada sagte: »Ich will nur ein normales Leben, auch wenn es nur für einen Tag ist.«[135]

Wie stand es vor 2023 um die Nahrungsmittelsouveränität in Gaza?

Sechs größere parteinahe Stiftungen aus Deutschland sind in Israel/Palästina vertreten. Das Büro Tel Aviv der Heinrich-Böll-Stiftung widmet sich dem Thema Demokratie, die Kollegen in Ramallah (auch zuständig für Jordanien) den Menschenrechten. 2022 veröffentlichten sie Abu Shammalas Untersuchung »Status of Farmers in Border Areas in the Gaza Strip from a Food Sovereignty Perspective«[136], in der es um die Nahrungsmittelsouveränität im Grenzgebiet Gazas zu Israel geht. Die Studie, basierend auf elf Interviews, enthält Fotografien, Grafiken und Tabellen. Das Untersuchungsgebiet ist dreigeteilt in:

- zugangsbeschränktes Land: 100 m von der Grenze (Pufferzone),
- zugangsbeschränktes Land in Krisenzeiten: teilweise bis zu 800 m,
- Land, wo Landwirtschaft durch Angriffe der Besatzungsmacht bedroht ist: bis zu 2.000 m (nach anderen Quellen: 1.500 m).

»Das zugangsbeschränkte Gebiet ARA … hat die Aufmerksamkeit von Entscheidern und internationalen Organisationen erregt, da dort der Zugang seit dem Jahr 2000 meist eingeschränkt war. Der daraus resultierende Verlust für den Zeitraum 2000 bis 2014 wird auf jährlich 50 Millionen US-Dollar geschätzt, da diese Flächen nicht genutzt werden konnten.«[137]

Blättert man durch die Studie, stößt man häufig auf das Wort »challenge«. Der Bericht listet die finanziellen Verluste durch israelische Invasionen und Beschuss auf, nicht aber die gefährlichste »Herausforderung« für die Landwirte: die Gefahr für Leib und Leben. Laut einem Papier des *Al-Mezan-Zentrums für Menschenrechte* töteten israelische Soldaten 190 Menschen, darunter 11 Frauen und 47 Kinder, »im Grenzgebiet«: von September 2005 bis »zum Datum der Niederschrift«, das nicht klar benannt wird, höchstwahrscheinlich jedoch 2012/13 war.[138] Die Angaben zu den Tötungen und die Aussichten auf Nahrungsmittelsouveränität gehen zeitlich auf die Zeit vor dem Gaza-Krieg ab 2023 zurück, bevor also die Direktorin des Welternährungsprogramms (WFP), Cindy McCain, im Mai 2024 von einer »ausgewachsenen Hungersnot in Nord-Gaza« sprach.[139]

Wer hetzt auf und instrumentalisiert Kinder?

Vortrag bei einer Lehrerfortbildung, danach Diskussion. Die Palästinenser müssten endlich aufhören zu hetzen und ihre Schulbücher entsprechend ändern, meint ein Lehrer. Was würde ein Palästinenser aus Gaza antworten, dessen Haus zum zweiten Mal weggebombt wurde? Oder eine Frau aus Bethlehem, die nicht zur Beerdigung der Mutter nach Gaza fahren darf? Oder Manal Abu Tawahina aus Dir al-Balah, die Grafik und Webdesign im 145 Kilometer entfernten Nablus studieren wollte? Einen Studiengang, der im Gazastreifen nicht angeboten wird. »Manchmal habe ich das Gefühl, dass meine Zukunft kaputtgemacht wird, weil ich keine Reisegenehmigung für das Westjordanland bekomme«[140], sagte sie am Ende des verpassten ersten Semesters. Israel hatte den Passierschein nicht erteilt. Wer solches in Familie oder Nachbarschaft erlebt – muss der aufgehetzt werden, um negative Gefühle, schlimmstenfalls Hass, gegenüber Israel zu entwickeln?

Schon vor Jahrzehnten griffen israelische Politiker und Rabbiner zu Tiervergleichen oder sprachen von Auslöschung. Der frühere Stabschef Rafael Eitan nannte die Palästinenser »betäubte Kakerlaken in einer Flasche.«[141] Israels Verteidigungsminister Joav Galant ordnete nach dem 7. Oktober 2023 eine vollständige Belagerung des Gazastreifens an. »Kein Strom, keine Lebensmittel, kein Gas. Wir kämpfen gegen menschliche Tiere, und wir handeln entsprechend.«

Die israelische Medienwissenschaftlerin Michal Har'El vom Institut *Keshev* hat mehr als 4.000 Medienbeiträge während der zweiten Intifada untersucht. Ein Ergebnis: »Palästinensische Tote werden heruntergespielt.«[142] So erhielt der getötete Armeehund *Arkos* mehr Aufmerksamkeit als sechs getötete Palästinenser. Parteinahme, Weglassen von Details, Ausblenden der Gegenseite oder Hetze: Dies untersuchte *The Palestinian Human Rights Monitor* im selben Zeitraum auf beiden Seiten, in palästinensischen und israelischen Zeitungen: »Jeder weist auf Gräueltaten der Gegenseite hin und blendet die eigenen aus.«[143] Der Einsatz »starker Bilder« habe »Hardliner auf beiden Seiten aufgehetzt« und der Aussicht »auf Versöhnung geschadet.«

Selbst erlebte ich die Instrumentalisierung von Kindern bei einer Journalistenfahrt nach Gaza. Zwei Wochen nach Israels Militäroperation *Heißer Winter* (2008) mit über 100 Toten führte man uns an den Nachbau eines Ofens, darin eine Puppe mit Palästinensertuch, der *Kufija*, Blutspritzer waren angedeutet. Auf den Ofen hatte man die israelische Flagge gemalt, daneben das Hakenkreuz im selben Blau wie Israels Flagge. Kinder und Jugendliche hielten Poster in Arabisch und Englisch hoch: »Rettet Gazas Kinder vorm Holocaust.« – »Gebt uns unsere Kindheit zurück, die ihr gestohlen habt. Wenn nicht, holen wir sie uns zurück.« – »Israel und Nazis: zwei Seiten einer Medaille.« – »Das Blut der Kinder bezeugt den Holocaust der Neo-Nazis.« – »Es ist mein Recht, als Kind in Frieden zu leben. Warum verbrennt ihr die Unschuld der Kindheit.« – »Was für eine Welt der Unterdrücker! Was ist die Schuld eines zwei Tage alten Mädchens oder eines zwei Jahre alten Jungen?«[144]

Seiten- und Zeitenwechsel, Israel, 2023: »Binnen eines Jahres werden wir sie alle auslöschen und dann zu unseren Feldern zurückkehren, um zu pflügen.« Das sangen israelische Kinder im zweiten Monat des Gaza-Kriegs – zu Bildern von Explosionen, Trümmerlandschaften und sich aus Helikoptern abseilenden Soldaten. Urheber sind Ofer Rosenbaum und die *Civil Front,* ausgestrahlt wurde es auf Online-Plattformen des staatseigenen Senders *Kan News.* Das dreiminütige Video heißt *Friendship Song 2023* und wurde nach einem Sturm der Entrüstung entfernt. *nako 2604* schrieb auf dem Kurznachrichtendienst *X*: »Krank im Kopf. Wir erlauben euch nicht, die Kinder in Israel in Monster zu verwandeln.«[145] Drei Tage, bevor das Video online ging, hatte das *Palestine-Israel Journal* gewarnt: »Hetze gegen Araber passiert nicht nur in den besetzten Gebieten, sondern auch in Israel selbst, wo 20 Prozent der Bevölkerung palästinensische Araber sind.«[146]

III.
Die Blockade bzw. die Verschärfung der Blockade

Was fällt unter das Stichwort Blockade, was unter Besatzung? Und gehört nicht manches eher in das Kapitel zur Hamas? In diesem Konflikt, der immer wieder die Schwelle zum Krieg überschreitet, hängt nun mal fast alles mit allem zusammen. Fest steht: Die Blockade und ihre Auswirkungen sind umfassend.

Im Meer ertrunken – oder: Welche Folgen hatten ausgesetzte Zahlungen nach dem Wahlsieg der Hamas?

Israel erhebt Zölle und Steuern auf Waren, die für das Westjordanland und den Gazastreifen bestimmt sind und muss diese laut dem *Paris-Protokoll* von 1994 der Palästinensischen Autonomiebehörde überweisen. Diese Einkünfte machen bis zu zwei Drittel der palästinensischen Gesamteinnahmen aus; 2005, im Jahr vor dem Wahlsieg der Hamas, waren es 740 Millionen US-Dollar (lt. anderer Quelle: 814 Mio.). Nach diesem und der folgenden Regierungsbildung hielt Israel die Steuer- und Zolleinnahmen zurück. Zudem stellten Geberländer ihre Zahlungen an Palästina ein. Etwa 170.000 palästinensischen Angestellten konnte fortan kein Gehalt ausgezahlt werden: Lehrern an Regierungsschulen in Bethlehem, Ärzten an Krankenhäusern Jerichos oder Bademeistern an Gazas Küste.

Bei einer durchschnittlichen Haushaltsgröße von sechs Personen[147] waren damit über eine Million Menschen betroffen, unter ihnen Dr. Rafah Shehadeh, Orthopäde in Beit Lahiya. Er verdiente in einem Krankenhaus vergleichsweise gut, nämlich 3.800 Schekel (damals: ca. € 700) – bis 2006. Über ein Jahr später versicherte er: »Seit Februar 2006 haben wir unsere Gehälter nicht regelmäßig bekommen. Momentan erhalten wir alle zwei Monate eine Vorauszahlung von 1.000 bis 1.500 Schekel. Mein Leben hat sich komplett geändert. Ich habe einmal anständig gelebt. Nun lebe ich von Almosen.«[148] Konnte er früher einen Kredit zurückzahlen, den er für seine Hochzeit aufgenommen hatte, so war er nun zu einem neuen Darlehen gezwungen, »um Winterkleidung und Lebensmittel für meine Kinder kaufen zu können.«

Die israelische Menschenrechtsorganisation *B'Tselem* erklärte im September 2007: »Wenn Israel die Steuereinnahmen nicht weiterleitet, muss es für Gesundheit, Bildung und soziale Einrichtungen für die Palästinenser aufkommen.«[149]

Stadtverwaltungen im Gazastreifen fehlte das Geld, Bademeister und Küstenwachen einzustellen. Und Dutzende Menschen sollen in Gazas Meer ertrunken sein.

Welche Folgen hatte Israels Erklärung »Feindesgebiet« für Studenten?

Am 19. September 2007 erklärte das israelische Sicherheitskabinett den Gazastreifen zum »feindlichen Gebiet«. Dann drosselte es wegen andauernden Raketenbeschusses die Strom- und Treibstoffzufuhr. Ziel sei, die Hamas zu schwächen, erklärte Israels Verteidigungsminister Barak. Das Menschenrechtszentrum *PCHR* in Gaza-Stadt erklärte, die israelischen Besatzungsstreitkräfte hätten den Gazastreifen bereits zuvor als feindliches Gebiet behandelt, es erwartete jedoch »mehr Sanktionen gegen die palästinensische Zivilbevölkerung.«[150]

Die Vereinten Nationen und die Europäische Union riefen Israel auf, die Entscheidung rückgängig zu machen. Vergeblich. Am 25. September 2007 erklärte Israels größte Bank, die *Bank Hapoalim,* dass sie die Beziehungen zu Banken im Gazastreifen einstellen würde. Fortan waren zudem »mehr als 670 Studenten im Gazastreifen gefangen«[151], erklärte die palästinensische Kampagne *Recht auf Bildung.* Sie alle wollten im Ausland studieren, darunter welche mit Fulbright-Stipendien in den USA. Die strich das US-Außenministerium kurzerhand und setzte das Geld anderswo ein. Begründung: Israel könnte den Studenten die Ausreise verwehren, womit das Geld vergeudet sei.

Die israelische Menschenrechtsorganisation *Gisha* veröffentlichte dazu einen Bericht, den man so übersetzen kann: Israel untergräbt Hochschulbildung – und seine eigenen Interessen – in Gaza.[152]

Wissam Abuajwa, 30, mit Abschluss in Chemie, wollte ein Studium der Umweltwissenschaften draufsatteln, um später ein Institut in Gaza zu gründen. Die Ausreise zum zugesagten Studienplatz in Israel verhinderte dessen Regierung. Auch der zweite Versuch – Deutschland – scheiterte. Bei seinem vierten Versuch – eine Universität in England – sagte er: »Uns zum Studium ins Ausland reisen zu lassen, wird die Sicherheit Israels nicht beeinträchtigen. Israel will die Hamas bestrafen, aber wir bezahlen den Preis.«

Gaza: Ein mögliches »Singapur des Nahen Ostens«?

Nach der Siedler-Evakuierung soll der Gazastreifen über das Potenzial für ein zweites Beirut verfügt haben. Gemeint ist: ein blühender, weltoffener Landstrich. Der israelische Verteidigungsminister Lieberman versprach angeblich 2017, Gaza in »das Singapur des Nahen Ostens« zu verwandeln, durch Bau von See- und Flughafen, vorausgesetzt, die Hamas stimme der Entwaffnung und dem »Abbau des Tunnel- und Raketensystems«[153] zu. Die Hamas-Expertin Helga Baumgarten weiß davon nichts und verweist auf wiederholte palästinensische Forderungen nach einem Seehafen, die von Israel jedoch abgelehnt worden seien.[154]

Journalisten wie auch Leserbriefschreiber wiederholen gerne die Singapur-Vision. Zwei Beispiele: Karin Lorenz schreibt auf der Internetseite der israelfreundlichen *International Christian Embassy Jerusalem:* »Israel hat sich bereits 2005 vollständig aus dem Gazastreifen zurückgezogen. Mit den immensen Zahlungen aus aller Welt, die seither in den Gazastreifen geflossen sind, hätte längst ein zweites Singapur entstehen können. Tatsächlich gibt es in Gaza aber nicht einmal eine eigenständige Wasser- und Stromversorgung.«[155] Derweil kommentierte Arno Dittmer den *taz*-Artikel »Den Weg zurück ebnen« über die Zukunftsperspektiven Gazas: Anstatt die »Aber-Milliarden, die die Welt ihnen über die Jahre geschenkt hat«, für zivile Zwecke, für »Zukunft und Bildung zu investieren«, sei es für »Hass, Tunnel und Waffen verbraten« worden. »Die Palästinenser hätten aus Gaza ein zweites Singapur machen können«, behauptet auch er, und zudem »mit den Nachbarn Frieden schließen und Handel treiben können.« Nichts dergleichen hätten sie getan, »stattdessen die nächste Generation geboren und zu Hass erzogen.«[156]

Als der Auslandschef der *New York Times*, Thomas L. Friedman, 2023 zur 28. UN-Klimakonferenz nach Dubai flog, fragte er sich: »Was ist das Wesentliche, das Dubai hat und Gaza nicht?« Beide hätten die gleiche Ausgangslage: Sand und Meer an Knotenpunkten der Welt. Friedman findet in Dubais »visionärer Führung« eine erste Antwort. Er räumt ein, dass der Streifen »ein verarmtes Stück Sand und Meeresküste« gewesen sei. Trotzdem meint er: »Hätte Hamas Oslo akzeptiert und sich dafür entschieden, sein eigenes Dubai zu schaffen, hätte die Welt Schlange gestanden, um zu investieren.« Das hätte als »Sprungbrett« auf dem Weg zu einem palästinensischen Staat dienen können. Palästinenser hätten Israel und der Welt »beweisen können, wozu sie imstande sind, wenn sie ein eigenes Territorium haben.« Statt Dubai 2023 zu kopieren, habe sich die Hamas für »Hanoi 1968« entschieden, eine Anspielung auf den Vietnamkrieg, und das, obwohl Palästinenser »erstmals komplette Kontrolle über ein Gebiet«[157] gehabt hätten. Komplette Kontrolle?

Die Menschenrechtsorganisation *B'Tselem* hat 2021 im Bericht »Das ist Apartheid« festgestellt: »Die Militärbesatzung hat nicht geendet. Palästinenser im Westjordanland sind direkt Betroffene, während sie im Gazastreifen unter tatsächlicher, von außen ausgeübter Kontrolle, leben.«[158]

Der deutsch-jüdische Humanist Rolf Verleger (1951-2021) hat diese Kontrolle schon 2008 in einem Gleichnis anschaulich formuliert: Israel habe »vor drei Jahren dem Nachbarn die Schlüssel abgenommen«, sprich: Arbeit, Studium, Reisen von Gazanern sind von Israels Zustimmung abhängig. Zudem habe Israel Gazas Fabriken 2006 »zerbombt«, den Export verboten und damit »die Landwirtschaft ruiniert.«[159]

2005, nach fast 20-jähriger Abwesenheit, besuchte ich Gaza. Ich notierte: »Es bricht mir das Herz, wenn ich mir vor Augen halte, welche Welten zwischen diesem und meinem ersten Besuch 1986 liegen. Angesichts der Wunden, die man diesem Landstrich bis heute schlägt, frage ich mich mit großer Sorge: Werden die Gazaner dort je wieder an das Gute im Menschen glauben können? Was verwandelte Gaza in diese Hölle am Mittelmeer?« Das Luxusleben mancher Hamas-Funktionäre im sicheren Ausland ist nur ein Teil der Antwort.

Welche Nebenwirkungen hat der dauernde Stromausfall in Gaza?

Einmal lagen Nedal Tomans Mitarbeiter sechs Stunden auf der Erde und wichen israelischen Kugeln aus. »Wir dachten, sie wären tot«, erklärte mir der Ingenieur von GEDCO, Gazas Stromversorgungsunternehmen. Auf diese Antwort war ich nicht vorbereitet, als ich den in Indien ausgebildeten Palästinenser 2006 nach Folgen der israelischen Bombardierung von Gazas einzigem Elektrizitätswerk gefragt hatte. Dann zählte der Ingenieur weitere Sorgen auf, etwa die Instabilität der Stromstärke, die davon herrührt, dass GEDCO nicht weiß, welche Strommenge aus Israel im Gazastreifen tatsächlich ankommt. Diese selbst an der Grenze zu messen, war für seine Mitarbeiter ein Himmelfahrtskommando; manche wurden vom israelischen Militär angeschossen.

Dazu kommt ein Fragezeichen bezüglich der Rechnung. »Uns bleibt nichts anderes übrig, als der israelischen Seite zu glauben. Egal, welche Rechnung sie uns stellt: Wir haben zu zahlen. Wir können es nicht überprüfen.«

»Haben Sie dazu Presseerklärungen herausgegeben?«, fragte ich, da ich Derartiges noch nie gelesen hatte. »Wir vermeiden das, wir wollen nicht noch mehr Probleme mit den Israelis.« Verständlich, dass er zögerte, mir grünes Licht für den Abdruck dieses Interviews zu geben.

GEDCO war außerdem immer wieder zum Herunterfahren der Ladung bei Überlastung gezwungen, manchmal mussten binnen 30 Minuten Transformatoren händisch abgeschaltet werden. »Gelingt das nicht, schaltet sich alles ab.« Dann müsse ein Elektriker, und zwar ein israelischer, kommen, um es manuell einzuschalten. Das koste Zeit, zudem müssten Sicherheitsvorkehrungen getroffen werden, sprich: »Fünf Merkava-Panzer müssen ihn begleiten, damit das Arbeitsumfeld wirklich sicher ist. Dann erst kann er die Arbeit beginnen.«

Das manuelle Abschalten sei aus zwei Gründen höchst riskant, erklärte Toman. Landsleute versuchten auch die eigenen Mitarbeiter daran zu hindern, ja, hätten sie schon verprügelt und beschossen. Zudem berge der Abschaltvorgang Verbrennungsgefahr. Aktuell befänden sich zwei Mitarbeiter deshalb im Krankenhaus. Während der Winter- und Sommermonate sei man »vier- bis fünfmal am Tag, mitunter zehnmal« dazu gezwungen. Während dieser Antwort betrat ein Mitarbeiter den Raum, der sich Hand und Unterarm verbrannt hatte, und zeigte die Narben.

Manch Einwohner wird selbst aktiv, wenn GEDCO abschalten muss. Nedal Toman: »Wer kann, wenn eine Leitung Strom führt, einen Hausbesitzer daran hindern, sich wieder ans Netz anzuschließen?«[160] Sogar Kinder könnten das, nachdem sie oft GEDCO-Mitarbeitern zugesehen hätten.

Auch Jahre nach diesem Interview mussten zwei Millionen Menschen mit ständigem Stromausfall leben. 2017 erfreuten sich die Menschen im Gazastreifen durchschnittlich sieben Stunden Stroms pro Tag, 2020 waren es immerhin dreizehn.[161]

Zwischen September und November 2020 befragte das *Internationale Komitee vom Roten Kreuz (IKRK)* dazu 357 Männer und Frauen aus allen fünf Bezirken des Gazastreifens. 94 Prozent antworteten, »die andauernde Situation hätte ihre geistige Gesundheit beeinträchtigt.«[162] 82 Prozent waren außerstande, Lebensmittel zu kühlen. Manche sind gezwungen, »viel Geld auszugeben, um mittels Generatoren zusätzlichen Strom zu gewinnen.«

Fällt dieser aus, berichtete Mariam Hunaideq, Mutter von sechs Kindern, »fühlt es sich hier an wie auf einem Friedhof. Alles ist dunkel. Ich zünde die Öllampe an. Ich habe nicht immer genügend Öl für die Lampe, und das Licht reicht nicht, damit meine Kinder ihre Hausaufgaben machen können.«

Im Januar 2024 beschoss das israelischen Militär, ungeachtet klarer Absprachen, in Khan Younis ein Technikerteam von *Paltel* (Palestine Telecommunications); zwei Mitarbeiter wurden getötet. Der Journalist Yuval Abraham bezeichnet die Armee in Gaza als »schießwütig« und macht zudem die »weitverbreitete Gleichgültigkeit, zwischen militärischen und zivilen Zielen zu unterscheiden«, mitverantwortlich für diesen »verheerenden Tod«.[163]

Was spricht gegen die Ausfuhr von Kirschtomaten oder Schnittblumen aus Gaza?

Ich stehe an einem Werktag auf der Autobahnbrücke an der A3 zwischen Aschaffenburg und Goldbach: unter mir ein unablässiger Strom von Pkws und Lkws, die einen in Richtung Würzburg – Nürnberg, die anderen unterwegs nach Frankfurt – Köln – holländische Grenze. Ich zähle »drei – vier.« In diesen vier Sekunden wurde unter mir eine Warenmenge bewegt, die Israel 2008 in einem Monat aus dem Gazastreifen auszuführen erlaubte: zehn Tonnen an landwirtschaftlichen Produkten. Ich zähle nun fürs Jahr 2009, nein, brauche ich nicht, denn da lag der Wert bei 0; gar nichts durfte bewegt werden. Selbst für 2014 (93 Tonnen mtl.) benötige ich deutlich weniger als eine Minute; für die Menge, die aus Gaza in 43.200 Minuten ausgeführt werden darf. 93 Tonnen – dafür braucht man gerade einmal elf 18-Tonner.

Nach diesen sieben sehr mageren Jahren erlaubte Israel 2015 den Export von 1.082 Tonnen Tomaten und Auberginen. Selbst diese Menge wird in drei Minuten über die A3 transportiert.[164]

Die israelische Menschenrechtsorganisation *Gisha* hat auf ihre Internetseite ein Foto gestellt, das Kartons voller Gurken, sechs Arbeiter und einen Lkw zeigt. Bildunterschrift: »Eine der ersten Lkw-Ladungen vor dem Export aus dem Gazastreifen ins Westjordanland – nach siebenjährigem Verbot.«[165]

Wie haben die Landwirte sieben Jahre überlebt? In diesen durften sie ja nur minimale Mengen ins Ausland exportieren. Regelmäßig ist den Bauern tonnenweise Obst und Gemüse verfault, haben sie es zu Schleuderpreisen auf Gazas Märkten angeboten oder ans Vieh verfüttert. Manche waren so wütend, dass sie beispielsweise Tomaten, Schnittblumen oder Basilikum vor laufender Kamera vernichteten.

2013 berichtete die Nachrichtenagentur *Reuters*, wie Landwirte anfingen, »drei Tonnen an Kräutern zu vernichten, die angesichts der andauernden Grenzschließung nach Israel nicht mehr für den Export nach Europa geeignet waren.«[166]

Khalid Alatar hat längst Bankrott gemacht. Der Erdbeerbauer, einer von 6.000 im Gazastreifen, konnte 2007, im ersten Jahr der Blockade (bzw. der Verschärfung derselben) nur 16 Prozent seiner Ernte exportieren, erhielt jedoch nur 10 NIS pro Kilo, im Vergleich zu 25 im Vorjahr. Da ohne Einkommen, wurde der Schmuck der Ehefrau verkauft. Denn die nierenkranke Tochter Mariam benötigte eine kostspielige Behandlung. Am Jahresende (2007), da hatte er noch ein wenig Hoffnung, schilderte er seine Sorgen. Eine war, dass bei andauernder Grenzschließung Agrexco, Israels größter Abnehmer von palästinensischem Obst und Gemüse, sich nach anderen Zulieferern umschauen könnte. Eine Dauersorge war der Mangel an Treibstoff und Strom: Ohne Strom laufen weder die Bewässerungspumpen noch die Kühlhäuser, in denen Alatar die Ernte zu hohen Kosten bis zur – oft leider vergeblich ersehnten – Grenzöffnung lagern musste. Zwei weitere Hürden erwähnte er gar nicht: Das geforderte Umladen von Waren von einem palästinensischen auf einen israelischen Lkw und die daraus resultierenden Mehrkosten. Zudem erlaubt Israel nicht die benötigten Dünge-, Pflanzenschutz- und Insektenvernichtungsmittel, sondern nur solche in niedriger Konzentration, was den Ernteertrag um 25 Prozent mindert.[167] Über Gazas Warennadelöhr, den Grenzübergang *Karni* (nach dem Wahlsieg der Hamas 2007 bis auf Weiteres, 2011 für immer geschlossen), erklärte Erdbeerfarmer Alatar: »Wir können unter Besatzung überleben, aber nicht ohne die Öffnung von *Karni*. Selbst wenn die Staatengemeinschaft mit Nahrungsmitteln helfen will – für wie lange? Wir lehnen diese Art von Hilfe ab. Wir wollen uns selbst ernähren und uns im Schweiße unserer Arbeit Ehre und Würde bewahren.«[168]

Wer verdient am Tunnelgeschäft?

»Angeblich verdienen einige Teenager in Gaza 200.000 US-Dollar pro Woche im Tunnelgeschäft.« Den Satz im sogenannten Policy Paper »Gaza and the Two-State Solution«[169] des *Palestine-Israel Journal* las ich dreimal. Zweihunderttausend. Während die Mehrheit, so sie überhaupt Arbeit hat, allenfalls 100 Dollar verdient.

Das genannte Dokument bezeichnet die Stadt Rafah als »Verwalter« der Tunnel. Vor 2006 waren es etwa 400, drei Jahre später bereits rund 1.000. Für sie »vergibt die Stadtverwaltung Lizenzen und verlangt ›Gebühren‹.«[170] Tunnelbauer Saed bestätigte der Journalistin Tania Krämer: »Wenn ich einen Tunnel grabe, ohne dass die Hamas etwas davon weiß, dann wird er sofort zerstört.«[171]

Nahezu alles wird unterirdisch bewegt: Zigaretten, Käse, Geld und Teppiche, Toaster und Tee, Schafe und Motorräder, Kacheln und Auto-Ersatzteile, Benzin und Zement, Windeln, Spielzeug und Medikamente, Kühlschränke und Waffen. Filme belegen, dass Patienten ohne Reiseerlaubnis so nach Ägypten geschmuggelt wurden.

»Von etwa 4.000 möglichen Artikeln dürfen nur 63 grundlegende Lebensmittel nach Gaza hinein (z. B. sind Schokolade, Zucker und Kaffee verboten).«[172] Das genannte Strategiepapier beziffert unter Berufung auf Thinktanks den monatlichen Wert geschmuggelter Waren in Gaza auf »20 bis 25 Millionen US-Dollar.«[173] Rafah sei »mit über 40 Millionen US-Dollar auf dem Konto wohl die reichste palästinensische Kommune geworden.«[174]

Fest steht: Die von den Tunneln leben – das Papier nennt 6.000 Arbeiter, andere Quellen nennen fünfstellige Zahlen – haben ein Interesse, dass die Lage bleibt, wie sie ist: instabil.

Wann wurde Gazas Wirtschaft symbolisch zu Grabe getragen?

»Hauptfriedhof der Fabriken des Gazastreifens« stand in Arabisch und Englisch auf dem weißen Banner. Auf der Fläche dahinter ragten etwa 30 weiße Tafeln aus dem Sand. Vor jedem dieser »Grabsteine« lag eine palästinensische Flagge. Beim Gang durch die Reihen konnte man lesen, wer hier bestattet war. »Metallverarbeitender Betrieb: 300 Arbeiter verloren ihren Job« oder »Druckerei – 150 verloren ihre Arbeit.«

Die Märzsonne stach schon heftig, als ein Betriebsleiter nach dem anderen zu uns Journalisten sprach. Jamal al-Khoudari, Vorsitzender des Volkskomitees gegen die Abriegelung und Abgeordneter des palästinensischen Parlaments fasste die Folgen der damals neunmonatigen Blockade zusammen: »97 Prozent unserer Fabriken, das sind etwa 3.900 Betriebe, haben dichtgemacht. Mehr als 140.000 Arbeiter sind ohne Arbeit. Das ist Kollektivbestrafung und wider alle Genfer Konventionen.«

Dann ergriff Nasser al-Helou das Wort, Chef einer Fabrik für Stahlsicherheitstore mit 32 Mitarbeitern. Von Oktober bis Dezember 2007 lief sie nur mit 50-prozentiger Auslastung. »Dieser Friedhof«, erklärte er, »ist Symbol dafür, dass die palästinensische Wirtschaft bereits zu Grabe getragen worden ist. Er birgt Familien, die bei lebendigem Leibe begraben wurden, denn sie haben nichts, um ihre Kinder zu ernähren.«

Sa'ed Abu Al-Ouf trägt für 45 Menschen Verantwortung, die Toilettenpapier und Taschentücher herstellen. Weder die Produktionslinie aus Taiwan, für die er 100.000 US-Dollar bezahlt hat, kann die Abriegelung durchbrechen noch die dringend benötigten Rohmaterialien aus Ägypten, Israel und der Türkei. »Das hat nichts mit Sicherheitsgründen zu tun«, sagt er. Israel erlaube jedoch die Einfuhr von israelischem WC-Papier. »Das ist unfair.« Er und andere bitten dringend, Druck auf Israel auszuüben, etwa mittels der EU.

Es ist der 19. März 2008. Wer hätte damals gedacht, dass 15 Jahre später die Blockade immer noch die Wirtschaft erstickt?

Kamen durch Hamas-Raketen mehr Palästinenser als Israelis um?

100 Dollar für das Abfeuern einer Rakete! Von diesem Angebot berichtete mir vor Jahren ein australisch-jüdischer Psychologe, der in Gaza gearbeitet hatte. Überprüfen konnte ich das nicht. 2009 lag die Arbeitslosigkeit bei 45,7 Prozent[175] – unter Jugendlichen noch höher –, dann mit einem Abschuss fast ein halbes Monatsgehalt verdienen?

2001 schossen Palästinenser erstmals Raketen und Mörsergranaten gen Israel: vier. 2006 – da beginnt die Grafik des israelischen *The Meir Amit Intelligence and Terrorism Information Center* – waren es 974.[176] Viermal so viele (4.225) gingen 2014 auf den Süden Israels nieder, 90 Prozent davon während Israels 50-tägiger Militäroperation *Fels in der Brandung*. In den vergleichsweise ruhigen Jahren 2015-17 waren es nicht einmal hundert Raketen zusammen. Bis zum 7. Oktober 2023 hat eine Million Israelis im Süden des Landes mehr als 20.000 Raketen erlebt und erlitten.

2007 besuchte ich erstmals das »Raketenstadt« genannte Sderot. Eine Jugendliche berichtete, man gewöhne sich an die Raketen. Ehud, 29, Friseur, musste wiederholt seinen Salon schließen und im Garten schlafen. Der 60-jährige Salomon, 1958 aus Marokko eingewandert, schwärmte von der Stadt, die von iranischen, irakischen und nordafrikanischen Juden auf den Ruinen des palästinensischen Najd errichtet wurde. »Sderot ist ein wunderbarer Ort, die Menschen sind sehr warmherzig, hören zu und helfen dir.« Ein Jahr später war ich wieder in der 25.000-Einwohner-Stadt. Der 67-jährige Zion sah keine Lösung für den Raketenbeschuss. Damals hatte bereits jeder zehnte Einwohner die Stadt verlassen. Wer ausharrte, erhielt kaum Besuch – aus Angst vor Raketen. Über 5.000 Menschen waren wegen Schlafstörungen, Albträumen, Schweißausbrüchen oder Bettnässen psychiatrisch behandelt worden, jeder dritte Erwachsene und drei Viertel aller Kinder von Sderot hatten die Diagnose erhalten: Posttraumatisches Stresssyndrom. »Mit 14 Jahren in die Hose machen und bei den Eltern schlafen! Die Hamas hat unseren Alltag zerstört«[177], klagte Schula Sasson, Mutter von fünf Kindern, dem deutschen Nahost-Korrespondenten Thorsten Schmitz. Wie sieht heute – nach circa 10.000 Raketen mehr seit Oktober 2023 – die Zahl der Traumatisierten aus? Umgekommen durch Qassam-, al-Quds oder anders benannte Raketen sind zwischen 2000 und 2020 laut *Newsweek* 38 israelische Zivilisten[178]. Ohne das Abwehrsystem *Iron Dome* wäre es ein Vielfaches; 2010 wurde die erste Batterie installiert.

Hinter dem Beschuss stehen nicht nur die *Hamas* oder der *Islamische Dschihad*, sondern auch Gruppen wie PFLP (*Volksfront zur Befreiung Palästinas*), *Army of Islam* oder *Abdullah-Azzam-Brigaden*. Für sie verkörpert er Widerstand gegen die Besatzung oder Blockade. Die zum Teil aus israelischem Militärschrott zusammengebauten Raketen sind für manchen Palästinenser allenfalls Rohre, beim israelischen Militär heißen sie »fliegende Mülltonnen«[179]. Oft explodieren sie noch am Fertigungsort oder fliegen einem Bumerang gleich wieder in den Gazastreifen zurück. Allein im Mai 2021, so schätzt Alex Safian vom *Begin-Sadat-Center*, zündeten 680 Raketen fehl und töteten in Gaza 91 Palästinenser, »was 36 Prozent der angeblichen palästinensischen Todesopfer bedeutet.«[180]

Der Israeli Raz Zimmt vom *The Meir Amit Intelligence and Terrorism Information Center* erklärt unter Berufung auf iranische und libanesische Quellen sowie auf Israels Militär, dass der Iran die Hamas und den Islamischen Dschihad mit Waffen und Know-how unterstützt. Im nördlichen Gazastreifen hätte die Armee zudem Hinweise gefunden, dass Hamas-Leute »unter iranischer Anleitung lernten, Präzisionskomponenten und strategische Waffen herzustellen und zu bedienen.«[181] Unabhängig überprüfen lässt sich das nicht.

Ein Satz aus Sderot blieb hängen: Ein Einwohner forderte seinerzeit von seiner Regierung, »das Leben der Palästinenser wieder herzustellen. Wenn sie kein gutes Leben haben, dann wird es auch für uns nicht gut sein.«

»Zimt darf eingeführt werden, Koriander nicht« – oder: Was sind »dual use«-Güter?

Gaza ist der Inbegriff des Mangels. Mal sind es Milchpulver, Käse und Medikamente, die Israel nicht hineinlässt, mal Haushaltsgas, Glühbirnen und Seife sowie durchgehend Stahl, Holz, Zement. Als ich zwischen 2005 und 2008 regelmäßig von Jerusalem nach Gaza fuhr, baten mich Bekannte, Wischmobs und Druckerpapier mitzubringen.

Hinter »dual use« steht Israels Allzweckbegründung »Bitachon« (hebr. Sicherheit). Man könne doch nicht nach Gaza reinlassen, was sich auch für »militärische Zwecke« eigne. Die 2005 gegründete israelische Menschenrechtsorganisation *Gisha* (hebr. Zugang) hat sich der Bewegungs(un)freiheit von Menschen und Waren verschrieben. Für eine Pressekonferenz im Juli 2007 – ich war der einzige deutsche Journalist – hatte sie es tatsächlich geschafft, einen Keksfabrikanten aus Gaza nach Ostjerusalem zu bringen. Muhammad al-Talbani hatte einen Monat zuvor seine Fabrik *Al-Awda* schließen und 350 Arbeiter entlassen müssen. Das Kakaopulver war ihm ausgegangen und Israel ließ keinen Nachschub nach Gaza.[182]

Drei Jahre nach Beginn der Gaza-Blockade interviewte ich die Direktorin von *Gisha*, Sari Bashi, nochmals.[183] »Absurd« nannte sie die Folgen und zählte auf: »Zimt darf eingeführt werden, Koriander nicht; Margarine in Päckchen, aber nicht in Eimern, da dies die Keksproduktion erlauben würde. Klar ist: Das Einfuhrverbot von Koriander oder Spielwaren hat nichts mit Sicherheitsaspekten zu tun.«

Jahre später fand ich die von Verteidigungsminister Ehud Barak am 28. September 2008 unterzeichnete, zweiteilige *Defense Export Control Order (Controlled Dual Use Equipment transferred to Palestinian Civil Jurisdiction Areas).*[184] Auf dieser Liste stehen auch Wasserski, Nachtsichtgeräte, Uniformen oder Kaliumchlorid. Auch 2022 erklärte *Gisha*, dass Israel »die Einfuhr Tausender von Gütern ins Westjordanland und in den Gazastreifen einschränkt.«[185]

Wer stand hinter dem ›Great March of Return‹ von 2018?

»Die gemeinsame Fürsprache-Initiative lädt Sie in der Osterzeit ein, nicht nur auf der Via Dolorosa mit uns zu gehen, die für ein Leben unter 51 Jahren militärischer Besatzung steht, für 70-jährigen Siedlerkolonialismus und eine seit 11 Jahren bestehende Blockade des Gazastreifens, sondern … unserer Freiheit entgegenzugehen.« Diesen *Oster-Alarm-Appell* richtete der ehemalige lateinische Patriarch Michel Sabbah, von 1987 bis 2008 höchster römisch-katholischer Repräsentant des Heiligen Landes, vor Palmsonntag 2018 an seine Brüder und Schwestern weltweit. Während Sabbah die Via Dolorosa in Jerusalem im Blick hatte, begannen Menschen im Gazastreifen ihren *Großen Rückkehrmarsch* Richtung Israel bis an den Grenzzaun. In dem Küstenstreifen, kleiner als die Stadt Köln, ist nicht einmal ein Promille der Einwohner Christen. Der erste Tag des Marsches war ein Karfreitag – zufällig. Laut UNRWA, dem Flüchtlingshilfswerk der UNO für Palästina, war es das Ziel der Demonstrationen, »ein Ende der israelischen Blockade sowie das Rückkehrrecht der Flüchtlinge zu fordern«[186]. Bis zum *Nakba*-Tag Mitte Mai, dachten Kenner der Lage, würde der Protest andauern. Sie sollten sich irren; er währte vier Monate.

Im Juni erklärte Lea Frehse in der *Zeit,* der Protest »war keine Idee von Hamas«, sondern die von Bloggern und Idealisten, die sich einen Aufstand »ohne Gewalt«[187] vorstellten. Ihr Kopf war der palästinensische Journalist Ahmed Abu Artema. Ihn hatte Frehse schon im Mai interviewt. Dabei hatte der junge Mann auf den allgegenwärtigen Mangel, die darniederliegende Wirtschaft und die katastrophale Gesundheitsversorgung hingewiesen, weswegen Menschen stürben. Es gebe weder Arbeit noch Zukunft oder Hoffnung. »Wir können uns hier kein Leben aufbauen, aber weggehen können wir auch nicht. Es ist ein Gefängnis unter freiem Himmel.« Das ganze Unterfangen bezeichnete er als »friedlichen Massenprotest«; was seine Landsleute täten, bedeutete für ihn, »an den Gittern unseres Gefängnisses zu rütteln.«[188] Allerdings blieb es nicht friedlich, es gab zahlreiche Tote und Verletzte.

Freitag für Freitag machten sich mitunter 30.000 Menschen zu den inzwischen entstandenen fünf Zeltstädten entlang des Zaunes auf. Während die meisten friedlich demonstrierten, versuchten einige, den Zaun zu durchbrechen, andere warfen Steine oder Molotow-Cocktails, zündeten Autoreifen an oder ließen brennende Flugdrachen steigen, die Hunderte von Bränden in Israel verursachten.

Der August-Bericht der UN-Agentur *OCHA* dokumentiert die blutige Bilanz der viermonatigen Massenproteste: 164 tote Palästinenser, über 17.000 Verwundete; ein toter israelischer Soldat, neun verletzte Israelis. *OCHA* äußerte angesichts etlicher Toten durch scharfe Munition den Verdacht auf »übermäßige Anwendung von Gewalt seitens israelischer Truppen.«[189]

»Wie viele Menschen müssen getötet werden, damit die Blockade aufgehoben wird und wir ein normales Leben haben?«, fragte sich der Demonstrant H.S. Während er *Amnesty International* seinen Namen nicht nennen wollte, hatte Asmaa Abu Daqqa damit kein Problem. Tag für Tag werde die Blockade schlimmer, versicherte die Endzwanzigerin, »in den letzten elf Jahren habe ich meine Zukunft verloren.« Als palästinensische Frau habe sie das Recht zu demonstrieren, »um der Welt zu beweisen, dass ich existiere.« So wie jeder Mensch auf der Welt »glücklich und friedlich lebt, haben auch wir das Recht auf Leben.« Zur Abriegelung sagt sie klipp und klar: »Genug ist genug. Wir haben die Schnauze voll.«[190]

Ein Jahr nach Beginn des *Rückkehrmarsches* hatte das in Gaza ansässige Menschenrechtszentrum *Palestinian Centre for Human Rights* (PCHR) dessen Bilanz in einer bunten, fast schönen Grafik dargestellt. Die Daten jedoch hätten nicht hässlicher sein können: 196 tote Palästinenser, zwei getötete und 246 verletzte Journalisten, 110 getroffene und beschädigte Krankenwagen, 114 Amputationen (100 untere, 14 obere Gliedmaßen) – 25 davon bei Kindern.[191] Weitere acht Monate lang wurde getötet, verletzt, amputiert.

Was bedeutet Armut in Gaza?

Das Wort »redlich« habe ich an jenem Tag im Jahr 2009 verstanden. Wieder einmal war ich im Gazastreifen unterwegs. Da sah ich aus meinem Taxi einen jungen Mann, wie er seinen Esel an einen Mast am Straßenrand anbindet. Ich steige aus. Wir kommen ins Gespräch. Der rotblonde Palästinenser heißt Yousef und ist 26 Jahre alt. Er schlachtet die nahegelegene, turmhohe Wohnruine aus. Ich zähle 15 Stockwerke. Im Gaza-Krieg um die Jahreswende 2008/09 sei das Gebäude von zehn israelischen Raketen getroffen worden, erzählt Yousef, »weil es hoch ist.«

Yousef hat einen Karren dabei. Diesen wird nach getaner Arbeit sein Esel ziehen: hoffentlich beladen mit Steinen, Stahlstreben und allem, was er in den nächsten Stunden noch an Verwertbarem der Hochhausruine abringen wird. Schrottsammler – so könnte man seine Tätigkeit bezeichnen, die damals – aber auch davor und danach – aus einem der wenigen florierenden Gewerbe Gazas stammen dürfte. Wegen der israelischen Blockade gelangen keine Baumaterialien in den Küstenstreifen. Yousef schuftet – das ist das richtige Wort – bis zu zwölf Stunden, in Tag- oder Nachtschicht. Frau und fünf Kinder muss er damit ernähren. »Wie alt sind deine Kinder?« Yousef kann es nicht sagen. Er hat nie eine Schule besucht, ja kann nicht einmal zählen. Zu sechst leben sie in einem Zimmer. Für das plus Bad zahlt er im Monat 150 Schekel. Je nach Qualität seiner Beute bringt er zwischen 15 und 20 Schekel am Tag nach Hause (2009: ca. 4 Euro). Das reicht nicht für einen Kubikmeter Wasser von einem Wassertanklaster. Das Leitungswasser ist wegen extrem hoher Nitrat- und Chloridanteile längst ungenießbar. Der Stadtteil, in dem Yousef redlich sein Brot verdienen will, heißt El Karameh, »Würde« auf Deutsch. Würde – es ist zum Fremdwort in Gaza geworden, wo die Blockade 80 Prozent der Bevölkerung zu Almosenempfängern gemacht hat.

Armut und Gaza kleben seit Jahrzehnten aneinander. Yoram Binur, sozusagen der israelische Günter Wallraff, lebte Mitte der 1980er Jahre wochenlang als Palästinenser getarnt in einem Flüchtlingslager. Auch er beschrieb die erlebte Armut und Enge, »Schmutz und Elend.«[192]

Zu Beginn der 2000er Jahre erlebte Brigitta Böckmann eine besonders tragische Geschichte. Damals lebte die drei Jahre alte Hind aus Gaza schon fast zweieinhalb Jahre »im Caritas Baby Hospital in Bethlehem, ohne ihre Eltern und Geschwister gesehen zu haben.«[193] Das schrieb die deutsche Mitarbeiterin des *Ökumenischen Friedensdienstes für Palästina und Israel* (ÖFPI) am Ende ihres zweimonatigen Einsatzes in Gaza. Nach Ausbruch der zweiten Intifada im Herbst 2000 erlaubte Israel den Eltern nicht, den Gazastreifen zu verlassen. Diese besuchte Böckmann gelegentlich und traf auf eine »völlig verarmte Familie« mit leerem Kühlschrank: »Kein Ei, kein Gemüse, keine Milch, kein Obst, kein Brot.« Die Deutsche war sprachlos, mitanzusehen, »unter welchen Bedingungen Menschen in Gaza mitunter leben müssen.« Nicht einmal einen neuen Reißverschluss für die abgetragene Schuljeans konnten sich die Eltern leisten. Als die deutsche Friedensaktivistin das Thema Rückkehr ansprach, stieß sie bei den Eltern – sie hatten noch fünf Kinder – auf Zurückhaltung. Sie sahen sich außerstande, Hind ihren Bedürfnissen gemäß zu ernähren. Auch der behandelnde Arzt hatte Bedenken, sodass das Kind vom Krankenhaus ins SOS-Kinderdorf in Bethlehem wechselte. Ähnliches geschieht auch im Westjordanland: Familien geben schweren Herzens ein oder mehrere Kinder in ein Kinderdorf oder Waisenhaus, weil sie nicht die finanziellen Mittel haben, alle zu ernähren oder zu kleiden.

»Sollte der Krieg in Gaza noch einen zweiten Monat andauern«, schrieb UNDP Anfang November 2023, »wird die Armutsrate im Staat Palästina um 34 Prozent nach oben schnellen und weitere 500.000 Menschen in die Armut stoßen.«[194]

IV.
Die Hamas

Mitte 2024 lag ein einziges aktuelles Buch in deutscher Sprache zur Hamas vor: das von Joseph Croitoru (2024). Die Bücher von Helga Baumgarten und Khaled Hroub erschienen etwa 15 Jahre zuvor. Natürlich sind neuere, seriöse Analysen zu finden, etwa im *Palestine-Israel Journal* oder bei der *International Crisis Group*. Trotzdem bleibt manches unklar oder erscheint widersprüchlich. Das ist zum einen der Hamas-eigenen Verschwiegenheit geschuldet, zum anderen unterschiedlicher Positionen zwischen Hamas-Funktionären im Gazastreifen, im Westjordanland oder im Exil. Ein weiterer Grund für Kenntnislücken ist die schwierige, zeitweise unmögliche Einreise in den Gazastreifen. Auf den folgenden Seiten liefere ich zumindest einige Verständnisfacetten für die Lücke zwischen 2006 und 2024, zudem verschiedene O-Töne und Aspekte, die in der deutschen Berichterstattung kaum erwähnt wurden.

Die 2010 geäußerte Prognose von Khaled Hroub lässt vor der Folie des 7. Oktober 2023 manches in anderem Licht sehen: »Innerhalb Palästinas hängt es … weitgehend von der Politik Israels ab, ob sich die Hamas künftig mehr in die radikalere oder in die gemäßigtere Richtung entwickelt.«

Wie entstand die Hamas?

Eine positive Nebenwirkung zeitigte der Sechs-Tage-Krieg 1967, in dem Israel unter anderem den Gazastreifen und das Westjordanland eroberte. Fortan war etwas möglich, was knapp 20 Jahre undenkbar war: als Palästinenser jederzeit im eigenen Wagen von Gaza nach Bethlehem, Ostjerusalem oder Nablus zu fahren und umgekehrt. Mehr noch: Auch in israelischen Städten wie Tel Aviv oder Tiberias sah man nun palästinensische Autos, die eigens gekennzeichnet waren. Die neue Bewegungsfreiheit kam indes auch den Muslimbrüdern zupass.

1928 in Ägypten gegründet, engagierten sich die Muslimbrüder seit Anfang der 1940er Jahre in Palästina zunächst friedlich-zivilgesellschaftlich: in Bildung, Erziehung sowie der Weitergabe und Förderung ihres Glaubens. 1948, im ersten israelisch-arabischen Krieg, waren dann aber »knapp fünfhundert Muslimbrüder auf Seiten Ägyptens, Jordaniens und Syriens an den Kampfhandlungen gegen Israel beteiligt«, erklärt der Orientalist Michael Kreutz.[195]

Ab 1967 entdeckten sie eine weitere Aufgabe. »Neu«, schreibt die deutsche Politologin Helga Baumgarten, »war eine landesweite Initiative …, in der sich die Muslimbrüder intensiv auf den Bau neuer Moscheen konzentrierten.« Von 1967 bis 1987 stieg die Zahl der Moscheen im Westjordanland von 400 auf 750, im Gazastreifen verdreifachte sie sich von 200 auf 600.

Wie nun aus der ägyptischen Muslimbruderschaft im Zuge der ersten Intifada 1987/88 die palästinensische Hamas entstand, erklärt die in Jerusalem lebende Hamas-Expertin Baumgarten mit einem Zitat von David Shipler, einem ehemaligen Korrespondenten der *New York Times*. Ihm hatte der damals für Gaza zuständige israelische Militärgouverneur Yitzhak Segev anvertraut, dass er selbst die islamische Bewegung in Gaza »als Gegengewicht gegen die PLO und die Kommunisten finanziert«[196] habe. Eine Parallele zur US-amerikanischen Unterstützung der Taliban-Vorläufer in Afghanistan, der Mudschahedin?

Den israelischen Palästinakenner Danny Rubinstein (Jg. 1937) konfrontierte ich mit dieser These israelischer Hilfestellung bei der Geburt der Hamas. Als er Ende der 1960er Jahre als Journalist anfing, »waren überall in der Welt die marxistischen Organisationen der Feind.« Der Journalist führte die RAF an, »die den Palästinensern geholfen hat, das Flugzeug nach Uganda zu entführen« (1976) Er nannte den Anschlag der japanischen Roten Armee auf den Flughafen Tel Aviv (1972, 26 Tote), bevor er endlich die Frage aller Fragen beantwortete. »Es gab eine Art Zusammenarbeit zwischen Israel und den Frommen, den islamischen Organisationen. Sie waren vereint im antimarxistischen Block. Vor diesem Hintergrund unterstützte Israel, nein, das ist das falsche Wort, es ebnete der islamischen Bewegung den Weg. Vor dem Dilemma Islam oder Marxismus entschied sich Israel für den Islam.«[197]

Khaled Hroub, aus einem Flüchtlingslager bei Bethlehem stammender Journalist und Dozent an der Universität Cambridge, erwähnt in seinem 2010 verfassten Buch nichts von einer möglichen Rolle Israels bei der Entstehung der Hamas. Nüchtern schreibt er: »Formell wurde die Hamas am 14. Dezember 1987 mittels eines offiziellen Kommuniqués gegründet, mit dem die Organisation einige Tage nach Ausbruch der ersten palästinensischen Intifada am 8. Dezember an die Öffentlichkeit trat.« Mit der Gründung habe die Muslimbruderschaft auch auf Druck reagiert, so Hroub, und auf internen Streit wegen ihrer »passiven Haltung« gegenüber der israelischen Besatzung. »Mit Ausbruch der Intifada gewannen die Vertreter einer Konfrontationspolitik an Boden«, erklärt Hroub. Diese sahen »eine strategisch einmalige Gelegenheit, sich dem Aufstand nicht nur anzuschließen, sondern … eine Führungsrolle zu übernehmen. Genau dies tat sie mit der Gründung der Hamas.«[198]

Wie schildert Mosab Hassan Yousef die Entstehung der Hamas?

2010 erschien das Buch »Sohn der Hamas. Mein Leben als Terrorist« von Mosab Hassan Yousef. Darin schildert der 1978 bei Ramallah geborene Yousef seine Kindheit und seine Familiengeschichte, die Haftzeiten seines Vaters in Israel (dreizehnmal), seine eigene Zusammenarbeit mit dem israelischen Inlandsgeheimdienst *Schin Bet* und schließlich seinen Wandel: die Abkehr vom Islam, den Weg zum Christentum und in die USA. Er – israelischer Deckname *Grüner Prinz* – widerspricht in seinem auf Englisch, Spanisch, Italienisch, Niederländisch und Deutsch erschienenen Buch gängigen Darstellungen (z. B. der bei Wikipedia) zur Hamas-Genese. Deren Wurzel sei schon 1986 mit einem »geheimen, historisch bedeutsamen Treffen in Hebron«[199] gelegt worden – unter Teilnahme von sieben Männern:

- Der an den Rollstuhl gefesselte Scheich Ahmad Yassin, »der später der geistige Führer der neuen Organisation werden würde«
- Mohammed Jamal al-Natsheh aus Hebron
- Jamal Mansur aus Nablus
- Scheich Hassan Yousef (»mein Vater«)
- Mahmud Muslih aus Ramallah
- Jamil Hamami aus Jerusalem
- Ayman Abu Taha aus dem Gazastreifen

Nachdem sie in der Muslimbruderschaft jahrelang darüber debattiert hatten, ob und wie man gegen die Besatzungsmacht Israel kämpfen sollte, seien die sieben Männer 1986 »schließlich bereit zum Kampf«[200] gewesen, so der Autor. »Sie einigten sich darauf, mit einfachem zivilem Ungehorsam zu beginnen – Steinwürfe und verbrannte Reifen.«[201] Ziel sei es gewesen, das eigene Volk »wachzurütteln, zu vereinigen und zu mobilisieren. Das Volk sollte verstehen, dass es die Unabhängigkeit unter dem Banner Allahs und des Islams brauchte. Damit war die Hamas geboren. Und mein Vater erklomm einige weitere Sprossen auf der Leiter des Islam.«[202]

Wie verhielt sich Israel gegenüber der Hamas?

Die Politik Israels gegenüber der Hamas in den sechs Monaten nach deren Gründung charakterisiert Helga Baumgarten als »Politik der freundlichen Duldung.«[203] In dieser Zeit – die erste Intifada tobte – fanden Treffen zwischen israelischer Führung und Armee auf der einen Seite und Hamas-Mitgliedern auf der anderen statt. Im Mai 1988 lud beispielsweise Außenminister Shimon Peres die wichtige Führungsfigur Mahmoud al-Zahar ein, einen Monat später wurde letzterer von Verteidigungsminister Rabin eingeladen, ausgerechnet von jenem Mann, der in diesem Volksaufstand seine Soldaten aufforderte, den Steinewerfern die Arme zu brechen. Hamas-Offizielle wurden mehrfach von der israelischen Presse interviewt, das geistliche Oberhaupt und Hamas-Mitgründer Scheich Ahmed Yassin im September 1988 sogar live im israelischen Fernsehen.

Doch wenig später begann Israel, im großen Stil Hamas-Mitglieder zu verhaften, »fast unmittelbar nachdem die Armee Informationen über den Aufbau eines regelrechten bewaffneten Untergrundes durch die Hamas erhalten hatte.«[204]

Fortan kam es wiederholt zu Verhaftungswellen, die größte davon im Dezember 1992 nach etlichen Hamas-Anschlägen: 1.600 Aktivisten der Hamas und des Islamischen Dschihad wurden verhaftet, 415 weitere aus den Führungskreisen der beiden Organisationen wurden in den Libanon ausgewiesen und hausten dort ein ganzes Jahr in einem Zeltlager. »In Jerusalem, wo man die Friedensverhandlungen mit der PLO vorantreiben wollte, ging man davon aus, dass diese drakonische Strafmaßnahme die beiden Islamisten-Organisationen schwächen würde. Doch weit gefehlt«[205], erklärt der Historiker Joseph Croitoru.

Auch in den folgenden Jahren wurden Hamas-Leute verhaftet, wieder freigelassen, vom israelischen Auslandsgeheimdienst Mossad ins Visier genommen oder liquidiert. 1997 überlebte Khaled Meshal (auch Khalid Maschaal) einen James-Bond-gleichen Anschlag seitens des Mossad in Amman. Dessen Agenten hatten dem Chef des Hamas-Politbüros ein Nervengift ins Ohr gespritzt. Das Attentat schlug fehl, zwei der acht israelischen Agenten wurden festgenommen. König Hussein von Jordanien war schockiert, empört und verlangte ein Gegengift von Israels Führung, die das, wenn auch widerwillig, aushändigte. Meshal überlebte. Laut Khaled Hroub ließ Israel »keine Gelegenheit verstreichen, Hamas-Führer zu ermorden.«[206] Bereits ein Jahr zuvor war der Bombenbauer, das Hamas-Mastermind Yahya Ayyash, Spitzname »al-muhandis« (arab. Ingenieur), zu Tode gekommen: durch ein mit Sprengstoff präpariertes Mobiltelefon, angeblich lanciert vom israelischen Inlandsgeheimdienst.

2004 liquidierte die israelische Luftwaffe den erwähnten Hamas-Mitgründer Scheich Ahmed Yassin.

Das US-amerikanische Autorenduo Mearsheimer/Walt wies in seinem Buch »Die Israel Lobby« darauf hin, dass die drei Hellfire-Raketen, die Yassin direkt nach dem Morgengebet in einer Moschee trafen, aus den USA stammten. »Das wurde allgemein als ernster Schlag gegen die Position der USA im Nahen Osten angesehen – nicht nur wegen der Waffen aus den USA, sondern auch, weil man in der arabischen Welt vielfach glaubte, die Regierung Bush habe Israel grünes Licht gegeben, einen gelähmten Mann im Rollstuhl zu töten.«[207] Nicht einmal einen Monat später tötete Israel den politischen Führer der Hamas, al-Rantisi. Die Nahostexpertin Margret Johannsen vom *Institut für Friedensforschung und Sicherheitspolitik* in Hamburg meint, die gezielte Tötung von Hamas-Führern habe Israel nicht mehr Sicherheit gebracht. »Sie wurden als tickende Bombe bezeichnet. Damit hat Israel ihre völkerrechtswidrige Liquidierung begründet, aber weitere Anschläge nicht verhindert.«[208]

Der israelische Friedensaktivist Uri Avnery hatte bereits früh auf eine andere Dimension der Tötung des Scheichs hingewiesen, dessen Bedeutung weit über das Geschehen im Gazastreifen hinaus kaum überschätzt werden kann: Er nannte die Tötung »nicht nur ein Verbrechen, sondern einen Akt der Dummheit«. Denn sie hebe den Konflikt von der Ebene eines nationalen und lösbaren Konflikts auf die Stufe eines religiösen, der naturgemäß unlösbar sei.

Wie ist die Hamas strukturiert?

»Den genauen ›Kommando- und Kontrollmechanismus‹ zwischen der politischen Führungsspitze und dem militärischen Flügel *Izzedin al-Qassam* hält die Hamas bewusst unpräzise«, erklärt Khaled Hroub.[209] Der Begriff »politischer Flügel« oder Politbüro taucht selten in den Medien auf, vom bewaffneten Arm (seit 1992 *Brigaden des Märtyrers Izzedin al Qassam*) ist bei Raketen- oder Mörserbeschuss auf Israel die Rede, das die Hamas nur »das zionistische Gebilde« nennt.

Die Brigaden gebärden sich wie eine reguläre Armee und verfügen laut Joseph Croitoru, Autor des Buches »Die Hamas«, über eine Elite- und Raketeneinheit samt Drohnen (»Luftwaffe«) sowie ein Marine-Kommando.[210] Zu Propagandazwecken lassen sie regelmäßig vermummte Infanteristen aufmarschieren oder in Pick-ups vorfahren. Die Brigaden verfügten 2009 über 7.000 Kämpfer und 2018 über doppelt so viele. Vor dem 7. Oktober 2023 sollen es 30.000 gewesen sein, wovon ein Drittel laut israelischer Armee bis April 2024 angeblich eliminiert wurde.

Selbst für Croitoru ist bei der Hamas manches bis heute geheim und undurchsichtig: etwa die Struktur der Brigaden oder die Besetzung der *Schura/Shoura,* des Rates, den Hroub »Konsultativrat« nennt. Dieser ernennt die Mitglieder des Politbüros, das aus Gründen von Kontaktmöglichkeiten und Finanzierung teils im Ausland angesiedelt ist.

Gut sichtbar und zugänglich waren von Anfang an dagegen die sozialen und karitativen Einrichtungen in und um die Moscheen, etwa Suppenküchen, Schulen und Sportvereine. Hroub nennt es »Wohltätigkeitsarbeit an der Basis«[211], ein Erbe der Muslimbrüder, aus denen die Hamas hervorgegangen ist.

In punkto Ziele gibt es oft Spannungen zwischen politischem und militärischem Arm, ebenso bezüglich der Verwendung von Spenden. Um das zu vermeiden, wurde nach Meinung von Croitoru »2017 mit Jahia Sinwar zum ersten Mal ein Angehöriger der Qassam-Brigaden zum politischen Chef der Hamas im Gazastreifen ernannt.«[212]

Wann griff die Hamas erstmals zu Gewalt?

Den ersten palästinensischen Selbstmordanschlag verübte 1974 die *Volksfront für die Befreiung Palästinas – Generalkommando*.[213] Sie tötete in der Kleinstadt Kirjat Schmona nahe der libanesischen Grenze 18 Israelis, darunter acht Kinder, während der jüdischen Pessachfeiertage – über zehn Jahre vor der Gründung der Hamas. Doch wann griff diese erstmals zur Gewalt? Die Recherche gestaltet sich schwierig.

Die Angaben von Michael Kreutz auf der Seite der *Bundeszentrale für politische Bildung* sind irreführend: Der Politologe schreibt unter Berufung auf eine US-amerikanische Quelle, die Hamas habe »in den 1980ern Anschläge auf Kinos, Bars und Kasinos«[214] verübt und mit dem Waffenschmuggel begonnen. Der in England lehrende Palästinenser Khaled Hroub, Autor eines Buches über die Hamas, liefert korrekte Fakten, aber nicht die ganze Wahrheit: »Die Hamas wurde 1987 gegründet, die Selbstmordattentate … begannen jedoch nicht vor 1994. Zur ersten Welle von Selbstmordattentaten kam es als Vergeltung für das im Februar 1994 verübte Hebron-Massaker, bei dem ein fanatischer israelischer Siedler in der Ibrahim-Moschee in Hebron 29 betende Palästinenser tötete.«[215]

Croitoru indes datiert das erste Selbstmordattentat auf den 16. April 1993: Da fuhr »der erste Todesfahrer der Hamas« mit einer Sprengladung in seinem Fahrzeug zwischen zwei Busse vor einem Imbisslokal im Jordantal: Ein dort angestellter Palästinenser mit israelischer Staatsangehörigkeit und der Attentäter verloren das Leben, acht Menschen, mehrheitlich Soldaten, wurden verletzt.[216]

Enthielt sich die Hamas davor sechs Jahre lang der Gewalt?

Beim Sender *Al Jazeera* findet sich das fehlende, leider auch nicht vollständige Puzzleteil. Auf deren Internetseite hat Danylo Hawaleshka die cartoonartig bebilderte Hamas-Geschichte mit kurzen Bildunterschriften versehen. Beim sechsten Bild heißt es: »1989 führte die Hamas ihren ersten Angriff auf Israel aus, indem sie zwei Soldaten entführte und tötete; das führte zur Verhaftung von Yassin«[217], also dem spirituellen Oberhaupt Scheich Ahmed

Yassin. Einzelheiten liefert der langjährige Herausgeber Hawaleshka nicht. Die findet man selbst auf der Seite des israelischen Außenministeriums nicht, jedoch auf der der israelischen Armee IDF (Israeli Defence Forces). Klar wird schnell: Beide Opfer standen am Straßenrand, um per Anhalter zu fahren. »Zwei Hamas-Terroristen, als religiöse Juden verkleidet, kidnappten Sergeant Avi Sasportas im September 1989. Israelische Ermittler gehen davon aus, dass die Täter ihn brutal ermordeten, kurz nachdem er ins Auto eingestiegen war. In einem ähnlichen Fall später im selben Jahr entführten Hamas-Terroristen den Corporal Ilan Saadon. Obwohl er sich zur Wehr setzte, erschossen sie ihn und warfen die Leiche auf einen Müllplatz.«[218]

Bei *Wikipedia* finden sich dazu bei identischer Schilderung der Tötungsumstände unterschiedliche Zeitangaben: Februar beziehungsweise Mai 1989.[219]

Auf der IDF-Internetseite listet diese für die eineinhalb Jahre von 1. Januar 2013 bis Juni 2014 genau 64 Entführungsversuche durch palästinensische Terroristen auf, »in einigen Fällen war Hamas erfolgreich.«[220]

Was steht in der Hamas-Charta von 1988?

Hamas ist zweierlei: als Akronym die Abkürzung für ***Harakat al-muqawama al-islamiyya,*** Islamische Widerstandsbewegung. Zum anderen bedeutet das arabische Wort *hamas* »religiöser Eifer und Begeisterung.«

Die Gründungscharta der Hamas von 1988 erklärt als Ziel, »die Fahne Allahs über jedem Zoll von Palästina aufzuziehen« (Art. 6). Palästina dürfe, da islamisches Heimatland, niemals Nicht-Muslimen überlassen werden. Es sei »eine islamische Schenkung (waqf), geheiligt für zukünftige muslimische Generationen bis zum Tag des Gerichts« (Art. 11). Deshalb dürften weder Präsidenten noch Könige einen Teil davon abgeben.

Als Fernziel gilt die Errichtung eines islamischen Gottesstaates. Der Dschihad, der Heilige Krieg, sei Pflicht für jeden Muslim. Friedensinitiativen oder »sogenannte friedliche Lösungen« widersprechen den Überzeugungen der Hamas, erklärt Artikel 13 der Charta.

Artikel 31 von insgesamt 36 befasst sich mit den monotheistischen Religionen Judentum und Christentum. Diese könnten unter dem »Flügel des Islam in Frieden und Ruhe miteinander koexistieren.«

Der genannte Autor Khaled Hroub, an der Cambridge University für das *Arab Media Project* verantwortlich, nennt als Hauptthema der im August 1988 verfassten und »voreilig und ohne ausreichende Beratung« veröffentlichten Charta, »dass Palästina ein arabisches und muslimisches Land ist, das von der Herrschaft des Zionismus befreit werden muss.«[221] Hroub ist der Hinweis wichtig, »dass dem Dokument in einem Großteil der Anti-Hamas-Literatur eine übertriebene Bedeutung beigemessen wird.« Der Vorwurf, die Charta rufe zur Vernichtung Israels oder gar zur Ausrottung der Juden auf, ist laut Hroub »nicht haltbar.« Wegen der Rhetorik sowie der »zügellosen Verallgemeinerungen« mit daraus folgendem Imageschaden wolle die Hamas die Charta »einen stillen Tod sterben«[222] lassen.

Was hat Rabbi Menachem Froman mit der Hamas zu tun?

Ein Israeli, der wiederholt mit Hamas-Führern redete, war Rabbi Menachem Froman. Er, der seine ganze Familie in der Shoa verloren hatte, lebte mit Frau und zehn Kindern in der jüdischen Siedlung Tekoa, am Fuße der Besichtigungsstätte Herodion, unweit von Bethlehem.

Mehrmals traf er den Hamas-Gründer Scheich Yassin zwischen 1989 und 1997 im Gefängnis. Nach dessen Entlassung sahen sich die beiden in Gaza wieder. Vor Hunderten seiner Anhänger und der Presse erklärte der seit seiner Jugend gelähmte Scheich: »Dies ist der Rabbi, mit dem ich mehrere Gespräche während meiner Haft hatte. Er hat immer einen Waffenstillstand auf religiöser Basis vorgeschlagen. Und ich stimme einem solchen zu.«

Nachdem Scheich Yassin 2004 von der israelischen Luftwaffe getötet worden war, setzte sich Froman mit anderen Hamas-Vertretern wiederholt an einen Tisch, nachweislich bis 2008. Mehr als einmal soll er aus deren Mund den Satz gehört haben: »Mit dir würden wir in fünf Minuten Frieden schließen.« Ließe die israelische Regierung Rabbiner bei Friedensverhandlungen zu, dann »würde uns vielleicht Frieden mit dem Islam geschenkt«[223], glaubte Froman.

Als er 2013 im Alter von 68 Jahren einer Krebserkrankung erlag, schrieb *Israelnetz*, »eine der schillerndsten Figuren Israels« sei gestorben, »der Gründer der Siedlerbewegung, Friedensaktivist, Freund von Jasser Arafat und des geistigen Führers der Hamas-Bewegung, Scheich Ahmed Jassin.«[224] Eine von Fromans Überzeugungen lautete, das Heilige Land sei das Land Gottes. »Die ganze Welt, besonders das Heilige Land, gehört Gott. Man kann deshalb nicht sagen, ein Mensch nehme dem anderen Land weg. Denn die Menschen sind nicht die Eigentümer dieses Landes, weder der Jude noch der Araber oder der Christ. Wir sind alle nur Gäste im Lande Gottes.«[225]

Wie begegnet die Hamas der winzigen Christenschar im Gazastreifen?

»Diese Pfarrei ist nicht wie andere Pfarreien in der Welt. Es ist Gaza«, erklärte mir 2006 in Gaza-Stadt der damalige römisch-katholische Pfarrer Manuel Musallam, ein aus dem Westjordanland stammender Palästinenser. Fragt man ihn nach der Zahl seiner Schäfchen, antwortet er: »Wir sind 1,3 Millionen Menschen. Von ihnen sind nur 3.000 getauft, die anderen sind es nicht, gehören aber zu meiner Pfarrei.« Dann versicherte der Gründer des christlich-islamischen Forums: »Wir leben im Evangelium und Koran zusammen. Wir respektieren und lieben sie und sie [die Muslime] uns.«[226]

Ehrliche Worte? Die ganze Wahrheit?

Nach der Wahl 2006 riss die Hamas im Gazastreifen die Macht an sich und etablierte rasch ein islamistisches Regime. Ein Jahr später verwüsteten Maskierte Konvent und Kapelle der Rosenkrankenschwestern, demolierten das Mobiliar, stahlen Computer und verbrannten Heiligenbilder und Bibeln. Abuna Manuel (arabische Anrede für katholische Pfarrer) verurteilte die Tat als »barbarisch«[227], weigerte sich aber von Christenverfolgung zu sprechen. Die Täter wollten die Christen »in den Kampf zwischen Hamas und Fatah hineinziehen«, urteilte er und betonte die nach wie vor »hervorragenden Beziehungen« zwischen Christen und Muslimen. Zwei Hamas-Minister hätten den Konvent besucht und versprochen, den Schaden reparieren zu lassen.

Drei Monate später, am 8. Oktober 2007 wurde Rami Ayyad, Vertriebsleiter der Palästinensischen Bibelgesellschaft, tot aufgefunden. Bereits 2006 war ein Sprengsatz vor der Buchhandlung in Gaza-Stadt explodiert. Man hatte ihn gewarnt, keine christliche Literatur mehr zu verbreiten. Vor der Tat hatte der protestantische Christ Morddrohungen erhalten. Wer war der oder waren die Täter?

Die Hamas kondolierte Ayyads Witwe mit einer hochrangigen Delegation und verurteilte die Tat.

Mutter und Geschwister des Ermordeten zogen aus Gaza weg. Das tat auch die Witwe mit ihren Kindern, kehrte aber später nach

Gaza zurück. Als ich Maher, den Cousin des Ermordeten, dazu befragte, erklärte er: »Sicher weiß die Hamas, wer ihn umgebracht hat, aber sie schweigen.« Das christlich-muslimische Verhältnis bezeichnete er als »ganz normal, problemlos.« Ein anderer Christ versicherte mir dagegen, es gebe »keinen einzigen guten Muslim.« Mancher wies anerkennend darauf hin, dass die Hamas nicht, wie befürchtet, eine Kopftuchpflicht für Christen eingeführt habe. Man lebe »im Großen und Ganzen gut zusammen.«

Auch Khaled Hroub attestiert in der 2010er Auflage seines Buches über die Hamas dieser eine »außerordentliche Sensibilität gegenüber den palästinensischen Christen.«[228] Er verweist auf freundschaftliche Beziehungen von Hamas-Mitgliedern zu Christen, diagnostiziert aber, dass »viele Christen die wachsende Bedeutung der Hamas als bedrohlich empfinden.« Damit gehe eine religiös geprägte Atmosphäre einher, »die für die Christen und weniger religiösen Muslime zweifellos ein unbehagliches Klima« schaffe. Manch ein Christ sei letztlich ausgewandert.

2011 wandte sich die Italienerin Mara Bizzotto, Mitglied des Europäischen Parlaments, an die Kommission: Seit die Hamas die Macht gefestigt habe, gebe es »wiederholt Gewalt« gegen Gazas Christen. »Fehlende Ermittlungen oder Verhaftungen legen nahe, dass die Hamas nicht beabsichtigt, diese Christenverfolgung zu stoppen.« Laut Bizzotto sollen Hamas-Mitglieder »christliche Gräber entweiht und Leichen exhumiert« haben, um palästinensischen Boden »zu entgiften.« Sie fragt die Kommission, was diese zu unternehmen gedenke, damit die Gewalt gegen Christen aufhört.[229]

Die Christen und die Hamas: Ein klares Bild ergibt sich nicht. Es wird noch verwirrender, wenn man auf den Christenverfolgungsindex der Organisation *Open Doors* blickt: Die gesamten palästinensischen Gebiete haben sich seit 2007 von Rang 42 auf 60 verbessert.[230]

Wer unterstützte die Hamas vor den Wahlen 2006?

»Die Hauptstärke der Hamas liegt ... in ihrem großen Rückhalt und am hohen Ansehen, das sie in der Bevölkerung wegen ihres geleisteten sozialen und nationalen Beitrags genießt. Denn obwohl die Hamas den Kampf gegen Israel zu einer religiösen Pflicht erklärt hat, lässt es ihre sozialpolitischen Interessen nicht außer Acht«, schreibt Usama Antar 2004 in seiner Dissertation an der Universität Münster. Primär sei die Organisation im »sozialen Sektor« aktiv und stelle »den von der israelischen Besatzung am härtesten Betroffenen Sozialleistungen kostenlos zur Verfügung.«[231] So nimmt es nicht Wunder, dass ihre Anhängerschaft vor allem aus ärmlichen Milieus und Flüchtlingslagern stammt. Khaled Hroub erklärt, dass sich die Mitglieder auch aus der Mittelschicht rekrutieren; Unterstützung käme auch »von vielen wohlhabenden Palästinensern, vor allem in Städten wie Hebron und Nablus, die für ihre konservative Haltung bekannt sind.«[232]

Würde sich diese Unterstützung in den Wahlen zum palästinensischen Autonomierat am 25. Januar 2006 niederschlagen?

Israel war gegen, die Vereinigten Staaten waren für eine Teilnahme der Hamas. Das palästinensische Meinungsforschungsinstitut NEC befragte im Januar 2006 in der ersten landesweiten Telefonumfrage über 1.200 Palästinenser, welcher Partei sie ihre Stimmen zu geben beabsichtigten. 54 Prozent wollten für die Fatah-Liste stimmen, 34 Prozent für die der Hamas, die mit dem Motto *Reform und Wandel* antrat. Nahezu identische Werte ergaben sich bei der Frage, welcher Partei sie am meisten trauten. 56 Prozent der Befragten nannten Fatah, während sich 35 Prozent für die Hamas aussprachen. Die folgende Tabelle zeigt die regionalen Unterschiede zwischen Westjordanland, Gazastreifen und Ostjerusalem.

	Westjordanland	Gazastreifen	Ostjerusalem
Fatah	49 %	67 %	50 %
Hamas	37 %	28 %	50 %

Die fast doppelt so hohen Werte für die *Hamas* in Ostjerusalem, verglichen mit Gaza, mögen manchen überraschen. Weiterhin versicherten 84 Prozent der potenziellen Fatah-Wähler, den Friedensprozess zu unterstützen; bei den Hamas-Sympathisanten waren es immerhin 54 Prozent.[233]

Helga Baumgarten verweist auf eine andere, angeblich die letzte Umfrage (15.1.2006) vor den Wahlen, wobei diejenige von NEC nachweislich später stattfand. Die von Baumgarten namentlich nicht genannte Umfrage ergab: Fatah 42 bzw. Hamas 35 Prozent der Stimmen »auf der nationalen Liste, während in den Wahlbezirken bei der Direktwahl ein Patt erwartet wurde.«[234]

Neun Tage vor der Wahl teilte mir Mahdi F. Abdul Hadi, palästinensischer Historiker und Gründer von *PASSIA* (Palästinensisch-Akademische Gesellschaft zum Studium internationaler Angelegenheiten) seine Prognose mit: »Die Fatah hat gegenwärtig eine Führungskrise, ist deshalb schwach und kopflos. Daneben existiert mit der Hamas eine islamische, starke, vereinte Bewegung. Sie hat eine Vision, Mission und Führung. Die Menschen werden gegen Fatah, gegen Chaos und korrupte Greise stimmen und für die, die für medizinische Versorgung, Kindergärten und Schulen sorgen können.« Israel dränge sie förmlich zu diesem Abstimmungsverhalten, nachdem es der Hamas den Wahlkampf in Ostjerusalem verboten hatte. »Damit sagt Israel doch den Menschen: Unser Feind ist *Hamas*. Daher werden die Wähler für den Feind Israels stimmen.«[235]

Abdul Hadi sollte Recht behalten. Alle Umfragen dagegen, auch die auf israelischer Seite, lagen falsch. Im für die *Hamas* besten Umfrageszenario war ihr ein Patt mit der Fatah vorausgesagt worden; einen Sieg hatte kein Institut auf dem Zettel.

Wer wählte die Hamas?

Eine Podiumsdiskussion in einem Ostjerusalemer Hotel, kurz nach den Wahlen 2006: Hanna Siniora, palästinensischer Christ und Friedensaktivist, bekennt, dass seine (christliche) Frau auch die Hamas gewählt habe. Sie habe, deutet er an, der Fatah einen Denkzettel verpassen und der Hamas eine Chance geben wollen.

Diese gewann deutlich: 74 der 132 Sitze. Der palästinensische Kommentator Hani al-Masri schrieb in der *Palestine Times*, dass die Hamas unvorbereitet an die Macht gekommen sei und allenfalls gehofft habe, starke Oppositionspartei zu werden. Eine Position, die auch Khaled Hroub teilt. Der Psychiater Dr. Sarraj aus Gaza hielt Frauen für wahlentscheidend, mir erklärte er: »Frauen stimmten für die Hamas. Denn sie wurden wegen des israelischen Bombardements von Städten und Dörfern militanter als Männer.«[236] Der libanesische Journalist Rami G. Khouri identifizierte drei Gründe für den unerwarteten Erfolg: »Hamas … ist die natürliche Antwort vieler Palästinenser auf eine dreifache Last: Das Scheitern der von Fatah angeführten Elite, die andauernde, aggressive Politik Israels und der Vereinigten Staaten sowie Uneinigkeit und Verfall der palästinensischen Gesellschaft.«[237] Für die *New York Times* endete damit die 40-jährige Dominanz von Arafats Partei. US-Präsident George W. Bush erklärte, sein Land würde nur dann mit einer Hamas-geführten Regierung sprechen, wenn sie das Existenzrecht Israels anerkenne.

Nahezu alle Kommentatoren führten den Wahlsieg auf das vielfache Versagen der Palästinensischen Autonomiebehörde zurück: Sie hatte trotz Zugeständnissen an Israel den Menschen weder Freiheit noch Frieden bringen können, nicht einmal eine spürbare Verbesserung des Alltags unter der Besatzung. Nach wie vor wurden Menschen verletzt oder erschossen, wurde Land enteignet oder die Fahrt von A nach B mittels Kontrollpunkten, Betonquadern, Toren oder Gräben verunmöglicht oder erschwert; selbst die jahrzehntelang einsitzenden palästinensischen Häftlinge hatte die Fatah nicht freibekommen; in den Augen vieler Palästinenser war sie selbstverliebt, korrupt und egoistisch. Weitgehende Einigkeit herrschte darüber, dass die Abstimmung ein Denkzettel für sie war. Doch gab es auch einen praktischen Grund: Die Hamas stellte – im Gegensatz zur Fatah – nur so viele Kandidaten auf, wie Plätze zu besetzen waren. Aufgrund des Mehrheitswahlrechts neutralisierten sich damit viele Stimmen der Fatah und waren letztlich wertlos.

Khalil Shikaki von *PCPSR*, dem *Palästinensischen Zentrum für Politik- und Meinungsforschung*, gab sich überzeugt, dass »die zunehmende Unterstützung für Hamas keine zunehmende Unterstützung von deren Einstellung zum Friedensprozess bedeutet.« Bei einer Umfrage in allen palästinensischen Gebieten zwei Monate nach dem Wahlsieg gaben 75 Prozent der Befragten an, »eine von Hamas geführte palästinensische Behörde soll mit Israel verhandeln, sollte das Land Friedensgesprächen zustimmen.«[238]

17 Jahre später und wenige Tage nach dem Hamas-Massaker von 2023 erhielt Lara Friedman, die US-amerikanisch-jüdische Präsidentin der Stiftung *Foundation for Middle East Peace*, bei *X/Twitter* den »Faktencheck: die Mehrheit der Palästinenser in Gaza wählten Hamas mit dem Wahlprogramm *Tötet alle Juden!*« Sie entgegnete dreierlei: Die Palästinenser, die gerade verletzt oder getötet würden, hätten noch nie gewählt. Hamas sei mit dem Programm *Wandel und Reform* angetreten und nicht unter dem Motto *Tötet die Juden!* Dann fasste sie die Wahl in einem Satz zusammen: »Für die meisten Wähler war eine Stimme für die Hamas eine gegen die Fatah.«[239]

Übrigens: Von den fünf Wahlbezirken des Gazastreifens gewann die Hamas 2006 nur einen![240] Da gegenwärtig etwa die Hälfte der Bevölkerung des Gazastreifens unter 18 Jahren ist, hat nur ein Bruchteil der 2,2 Millionen Gazaner jemals für die Hamas gestimmt.

Wie reagierten die Israelis auf den Wahlsieg der Hamas?

Die britische Zeitung *The Guardian* erinnerte in einem Artikel über den Wahlsieg 2006 daran, dass »Hunderte von Israelis in fast 60 Hamas-Selbstmordattentaten gestorben«[241] sind. Wie reagierten deren Angehörige und Freunde, wie der Otto-Normal-Verbraucher in Israel auf das Wahlergebnis?

In der »gemeinsamen israelisch-palästinensischen Umfrage Nr. 19« von März 2006 gaben »nur 42 Prozent der Israelis an, die Bedrohung für Israels Sicherheit hat zugenommen.«[242] Die Hälfte hielt den Grad der Bedrohung für unverändert. 58 Prozent glaubten jedoch, dass die Hamas-Führung »letztendlich den Staat Israel erobern und einen beträchtlichen Teil der jüdischen Bevölkerung auslöschen« wolle. 55 Prozent hielten die Chancen für »klein oder sehr klein, dass die Hamas sich mäßigt.« Allerdings wünschten 62 Prozent, Israel solle mit der Hamas reden, »wenn man damit ein Abkommen mit den Palästinensern erreichen« könne.

Einer der besten Palästinakenner Israels, der Journalist Danny Rubinstein, beteuerte in einer Diskussionsrunde, die Hamas könne den Staat Israel nicht zerstören. Wenig später fuhr er in den Gazastreifen. Seinen Besuch bei Premierminister Ismail Haniyeh schilderte er mir so: »Direkt nach dem Wahlsieg wollte er durch mich diese Botschaft an die Israelis senden: ›Seid nicht hysterisch, verfallt nicht in Panik. Wir sind keine Monster, sind nicht Al-Qaida. Wir sind bereit, mit euch ins Geschäft zu kommen. Wir werden euch nicht anerkennen, werden formell keinen Frieden mit euch schließen, sind aber zu einem langen Waffenstillstand bereit, sprich von zehn Jahren. Aber alle zehn Jahre verlängert er sich.‹«[243]

Uri Avnery, Israels zeitlebens bekanntester Friedensaktivist, versicherte: »Es war eine gute Sache, dass Hamas gewählt worden ist. Wenn man sich mit Hamas verständigt, dann verständigt man sich mit dem ganzen palästinensischen Volk.«[244]

Wann schlug die Rivalität zwischen Hamas und Fatah erstmals in Gewalt um?

Palästinenser töten Palästinenser. Davon hatte man bis 2006 nur bei Selbstjustiz wegen mutmaßlicher Kollaboration mit Israel gehört. Wegen dieses Verdachts töteten Palästinenser allein zwischen dem 9. Dezember 1987 und dem 30. November 1993 nach Angaben eines israelischen Armeesprechers 942 Landsleute; die Nachrichtenagentur *AP* nennt mit 771 eine niedrigere Zahl für diese Zeit der ersten Intifada. »Hamas, die größte der islamischen Organisationen in den Gebieten, ist für den Tod von mindestens 150 mutmaßlichen Kollaborateuren verantwortlich«[245], erläutert die israelische Menschenrechtsorganisation *B'Tselem* die genannten Zahlen.

Auch durch behördlich vollstreckte Exekutionen verloren Palästinenser ihr Leben. Die Palästinensische Autonomiebehörde verhängte bereits kurz nach ihrer Gründung 1995 das erste Todesurteil, drei Jahre später wurde es vollstreckt: Die Brüder Raed und Mohammed Abu Sultan wurden von einem zehnköpfigen Kommando in Gaza erschossen.

Offene, teils brutale Kämpfe zwischen Palästinensern waren jedoch bis 2006/07 unbekannt. Nach dem Wahlsieg im Januar 2006 bildete die Hamas im März die Regierung; die Fatah hatte sich einer Regierungsbeteiligung verweigert. Westlicher Finanzboykott und internationale Isolationspolitik gegenüber der Hamas-Regierung machten den ohnehin harten Alltag in den besetzten Gebieten für viele zu einem Existenzkampf.

Laut Joseph Croitoru kam es schon ab Frühjahr 2006 zu wiederholten »Feuergefechten zwischen den Milizen der beiden verfeindeten Organisationen, wobei die Hamas immer gewalttätiger vorging.«[246] Der Sender *Al-Jazeera* spricht von »Gewalt auf den Straßen Gazas«[247] erst im September. Zu diesem Zeitpunkt ging längst die Angst um, Palästina könne in einem Bürgerkrieg versinken.

Laut Croitoru starben zwischen April 2006 und Januar 2007 über 60 Palästinenser bei Kämpfen der verfeindeten Lager. Doch sollte es noch schlimmer kommen. Ab dem 11. Juni 2007 überrannte die

Hamas die unvorbereiteten Fatah-Milizen und ergriff die Kontrolle über den Gazastreifen. Medien nannten es Putsch, Umsturz oder blutigen Handstreich. *Al-Jazeera* berichtet von über 100 Todesopfern, Croitoru dagegen von über 140 allein zwischen dem 11. und 14. Juni.

Die Hamas verkündete die »Befreiung Gazas«. Der palästinensische Präsident Abbas, der in Ramallah im Westjordanland residiert, löste die Koalition mit ihr auf, setzte Ministerpräsident Ismail Haniyeh ab und rief den Notstand aus, »was der Autonomiebehörde nun erlaubte, alle bewaffneten Hamas-Aktivisten in der Westbank zu verhaften.«[248]

Wurden in den Kämpfen möglicherweise offene Rechnungen beglichen? Der österreichische Politologe Harald Haas, der sechs Jahre in Gaza-Stadt gelebt hat, erinnerte mich an eine solche aus den 1990er Jahren: »Die Sicherheitsdienste Arafats haben unter Beiziehung israelischer Sicherheitsdienste die Führer der Hamas, Mahmoud al-Zahar und Abd al-Aziz Rantisi, gemeinsam gefoltert.«[249] Damals wurden, vor allem nach Selbstmordattentaten, durch Arafats Geheimdienst laut Haas über 2.000 Hamas-Mitglieder verhaftet, einige überlebten ihr Verhör nicht. Croitoru dagegen nennt weder Zahlen noch scheint er von einer Beteiligung israelischer Geheimdienste zu wissen. Ein Satz genügt ihm dazu: »Obgleich damals die palästinensische Polizei mit aller Härte einschließlich Folter gegen die Hamas-Aktivisten vorging, war in Israel der radikale Meinungsumschwung nicht mehr aufzuhalten.« Für ihn begann die gewaltsame Rivalität zwischen Fatah und Hamas spätestens 1990. Da sei es im April und Juni in Tulkarem und Nablus, beides Städte im Westjordanland, »zu blutigen Zusammenstößen«[250] gekommen.

Wie erlebten Palästinenser den Juni 2007 in Gaza?

Abed Shukry ist zum denkbar schlechtesten Zeitpunkt in seine Heimat Gaza zurückgekehrt – nach 17 Jahren in Deutschland. Maschinenbau hatte er in Darmstadt, Biomedizintechnik in Berlin studiert. Dank eines Stipendiums der Heinrich-Böll-Stiftung konnte er promovieren.

Fünf Jahre nach dem letzten Heimatbesuch machte er sich 2007 mit Frau und zwei Töchtern via Ägypten nach Gaza auf. Da Ägypten den Grenzübergang Rafah gerade geschlossen hielt, verbrachten die vier zwei Nächte an diesem Übergang. Nach der Öffnung kam die Familie die erste Nacht bei Abeds Eltern unter, die zweite bei den Schwiegereltern. Dann brach der blutige Hamas-Fatah-Bruderkrieg aus. Von 6 bis nach 20 Uhr hätten sich Kämpfer der rivalisierenden Gruppen beschossen, berichte Shukry. »Wir haben 14 Stunden im Gang verbracht«, schilderte er die langen und bangen Stunden auf der Suche nach Deckung. Er fragte sich ernsthaft: »Werden wir nochmal besetzt oder befreit?« Die Straßen seien voller maskierter Männer und die Lage »nicht ungefährlich«[251] gewesen, erzählte er lapidar. Da scheint er zu verharmlosen. Andere Gesprächspartner im Gazastreifen haben diese Tage ganz anders dargestellt. Tenor: Solche Grausamkeit hatten wir noch nie gesehen.

Eyyad Sarraj, Gazas damals bekanntester Psychiater, beschrieb die Gräueltaten so: »Menschen wurden aus dem 15. Stock in die Tiefe gestoßen. Verwundete wurden in Krankenhäusern erschossen. Hunderte haben ihre Knie verloren, weil man in die Kniescheibe schoss.« Dann hob er an, es sei traurig, um sich sogleich zu verbessern: »Nein, es ist nicht traurig, es gehört auch zu unserer Menschlichkeit, dass wir zugeben: Die Israelis waren nicht so bösartig und brutal zu uns, wie wir es selbst waren.« Als ich den Arzt fragte, ob diese Aggression sich letztlich gegen die Besatzungsmacht Israel richtete, bejahte er: »Auf jeden Fall.«[252]

Etwa 500 von Hamas gesuchte Personen der Fatah-Elite konnten sich nach Ramallah retten. Israel hatte für sie den Grenzübergang geöffnet.

Die palästinensische Bloggerin Lana (z. T. auch Lama) Hourani war richtiggehend niedergeschlagen und verzweifelt ob der inneren Gewalt. Ihr Sohn wollte nicht mehr vor die Tür und nur noch zu Hause bleiben. Sie selbst hatte eine Art Schreibblockade, fragte sich aber, was sie den Menschen außerhalb des Gazastreifens schreiben sollte; in den Sinn kam ihr: »Dass wir uns nun gegenseitig umbringen, dass wir dabei sind, unsern Traum mit unseren eigenen Händen zu zerstören.«

Plünderungen in Regierungsgebäuden und Privathäusern erinnerten sie an Bagdad und den Zusammenbruch von Saddam Husseins Regime. Sie hatte es nicht für möglich gehalten, dass das in Palästina geschähe. Dann, etwa eine Woche nach dem Bürgerkrieg, wie manche ihn nannten, verfasste sie einen Text, ausgelöst durch ihre Niedergeschlagenheit, der über E-Mail viele erreichte. »Warum ich mich entschied zu schreiben, ist die Tatsache, … dass ich den ganzen Tag weinte. … Ich fühle mich schlecht, weil ich entdeckte, dass wir nicht das ›Supervolk‹ sind, wie ich dachte.« Sie musste feststellen, dass die Palästinenser »ganz normale Menschen« sind, wo doch viele »Freiheitskämpfer« weltweit ihr Volk als eines erachtet hatten, »das nicht besiegt werden kann, als Freiheitskämpfer, die versuchen, ihre Freiheit zu erlangen und in Würde zu leben.« Nun musste sie feststellen, »dass wir genau wie andere Völker sind, wild, brutal und Plünderer. Wir sind ganz normale Menschen, die zu Wilden werden, wenn man sie in einen Käfig mit einem Minimum zum Überleben einsperrt.«[253]

Wann schrieb die Hamas US-Präsident Obama einen Brief?

Die Hamas: Ein *Arte*-Film nennt sie »Monster.« Dazu passt die monströs anmutende Aussage von Yuval Bitton, Geheimdienstmitarbeiter in jenem Gefängnis, in dem Yahya Sinwar einsaß. Der Hamas-Führer im Gazastreifen, mehrfach inhaftiert, verbrachte insgesamt 24 Jahre in israelischen Gefängnissen und kam 2011 im Rahmen eines Gefangenenaustauschs (1 Israeli / 1.027 Palästinenser) frei. Yuval Bitton, dessen Neffe beim Massaker vom 7. Oktober 2023 getötet wurde und der Sinwar auch zahnärztlich behandelte, habe diesen einmal gefragt: »Ist es das wert, wenn 10.000 unschuldige Menschen im Gazastreifen sterben?« Sinwar soll geantwortet haben: »Sogar 100.000 sind es das wert.«[254]

Von der Hamas hat man auch schon völlig konträre Töne vernommen. Einen Waffenstillstand von zehn oder mehr Jahren könne man sich vorstellen, ja sogar Verhandlungen mit Israel. Während manche den »zionistischen Feind« weiter bekämpfen wollen, würde sich das ein oder andere Hamas-Mitglied mit einem Staat in den Grenzen von 1967 zufriedengeben. Um das Bild noch widersprüchlicher zu machen: Hamas berief in seine Regierung eine Christin. Gleichzeitig gaben Mitglieder Sätze wie diesen von sich: »Juden, weicht zurück, wir haben bereits die Gräber für euch gegraben.«

Das Bild mag noch paradoxer werden, wenn man erfährt, dass die Hamas am 3. Juni 2009 einen Brief[255] an US-Präsident Obama sandte. »Sehr geehrter Herr Präsident, wir begrüßen Ihren Besuch in der arabischen Welt und die Initiative Ihrer Regierung zur Beilegung von Differenzen mit der arabisch-muslimischen Welt.« Ein seit langem bestehender Grund für Spannungen sei der ungelöste israelisch-palästinensische Konflikt. Daher sei es »bedauerlich, dass Sie auf Ihrer Nahostreise nicht auch Gaza besuchen und dass weder Ihre Außenministerin noch George Mitchell zu uns gekommen sind, um sich einmal mit uns zu unterhalten.« Der Brief, den der stellvertretende Außenminister Ahmed Jussef unterzeichnete, führt dann Untersuchungsergebnisse von *Amnesty International* und *Human Rights Watch* zum »brutalen 22-tägigen israelischen Angriff« an: »Ohne die von den USA gelieferten Waffen und ohne das Fließen US-amerikanischer Steuergelder wäre es weder zu dem Verlust an Menschenleben noch zu den Verwüstungen gekommen.« Jussef stellt Obama die Frage: »Sollten Sie sich nicht selbst einmal ansehen, was Israel mit Ihren Rüstungsgütern und Ihrem Geld angerichtet hat?«

Der Brief verweist dann auf das Gutachten des Internationalen Gerichtshofs von 2004, bekräftigt das auch von Menschenrechtsorganisationen unterstützte Recht der palästinensischen Flüchtlinge auf Rückkehr und Entschädigung und gelangt dann zur UNO. »Wir von der Hamas-Regierung streben eine gerechte Konfliktlösung an, die in keinem Widerspruch zu den Vorstellungen der internationalen Gemeinschaft und jener aufgeklärten Meinung steht, die vom Internationalen Gerichtshof, von der Generalversammlung der Vereinten Nationen und von führenden Menschenrechtsorganisationen formuliert wurde. Wir sind bereit, auf der Basis gegenseitigen Respekts und ohne Vorbedingungen mit allen Parteien zu sprechen.« Die Wählerschaft brauche allerdings »Beweise für einen umfassenden Paradigmenwechsel.« Dafür seien laut Jussef die Aufhebung der Gaza-Blockade und ein Siedlungsbaustopp im Westjordanland notwendig. »Wir laden Sie nochmals ein, nach Gaza zu kommen. Dann könnten Sie unseren *Ground Zero* selbst in Augenschein nehmen.« Ein solcher Besuch könnte zudem »die Position der USA stärken und es Ihnen erlauben, gegenüber allen Parteien mit einem größeren Maß an Glaubwürdigkeit und Autorität aufzutreten.«

Zu welchem Urteil gelangte 2015 der Folterbericht von *Amnesty International*?

»Mein Vater war auf unglaubliche Weise gefoltert worden. Es war grauenhaft. Beide Arme waren gebrochen. Auf einem Ofen hatten sie ihm Verbrennungen zugefügt. Sein Körper war zerbrochen. Ich war der Einzige, der diesen Anblick ertragen konnte.«[256] Das versicherte eines der elf Kinder von Sabir al-Zain, der 2014 zu Tode gefoltert wurde, gegenüber *Amnesty International* (AI). Auf einem Foto sind Narben zu sehen, die möglicherweise durch Schüsse hervorgerufen wurden.

Es waren Hamas-Leute, die den Palästinenser Sabir al-Zain aus Jabalia im nördlichen Gazastreifen während Israels 50-tägigem Krieg (Militäroperation *Mivza Zuk Eitan,* dt. sinngemäß *Fels in der Brandung*) verschleppt, verhört, gefoltert und ermordet hatten, ebenso wie zahlreiche andere Palästinenser. Auch M.S. und sein Bruder wurden entführt: »Interne Sicherheitsoffiziere« schlugen ersteren mit Metallstangen und Schläuchen, hängten ihn mit den Füßen nach oben an die Decke, übergossen seine Hände mit Säure und steckten ihm eine Gasleitung in den Mund. »Die Anklage lautete: Verwendung von und Handel mit dem Schmerzmittel Tramal und Haschisch sowie Zuhälterei.«[257] Außerdem warf man ihm vor, einem Bruder, der im Westjordanland beim Geheimdienst arbeitet, Informationen weiterzuleiten. Nachdem er die ganze Nacht geschlagen worden war, gestand M. S. Später wurde er freigelassen.

Während des Krieges nahmen Hamas-Kräfte vor allem Landsleute fest, die sie der Kollaboration mit Israel verdächtigten; die Tathergänge legen nahe, dass es sich eher um Kidnapping handelte als um Verhaftungen. Sie erschossen sie ohne Gerichtsprozess, manche davon standrechtlich und zum Teil in aller Öffentlichkeit. Attar Najjars Bruder war unvorbereitet, als ein Freund ihm mitteilte: »Dein Bruder wurde getötet und auf den Katiba-Platz geworfen.« Dieser, ein Polizist, war bereits 2009 von einem Hamas-Gericht zu 15 Jahren wegen Kollaboration mit Israel verurteilt worden. An seinem Leichnam, mittlerweile ins Leichenkühlhaus des al-Schifa-

Krankenhauses transferiert, fand der Bruder etwa 30 Einschüsse vor, dazu gebrochene Arme und Beine sowie Messerspuren im Nacken; der Hinterkopf enthielt keine Gehirnmasse. Außerdem bemerkte er, dass die Kühlung ausgeschaltet war. »Das war ein Akt der Unterdrückung und Aggression. Warum peinigt man ihn noch im Tod? Das zeigt doch, dass dies die Tat einer Bande war und nicht einer ordnungsgemäßen Behörde.«[258]

Im selben Krankenhaus, in leerstehenden Räumen, darunter die Ambulanz, wurden die Opfer festgehalten, verhört und gefoltert.

Amnesty International – Israel hatte die Einreise der Organisation in den Gazastreifen untersagt – musste anderweitig recherchieren und nachforschen und wurde dabei von einem einheimischen Mitarbeiter vor Ort unterstützt. Interviewt wurden Angehörige Getöteter, Menschen, die Folter überlebt hatten oder Augenzeugen von Misshandlungen geworden waren, ebenso Menschenrechtsaktivisten und Journalisten. *AI* sah auch Arztberichte ein, Erklärungen der Hamas, Berichte von UN-Agenturen sowie von israelischen und palästinensischen Nichtregierungsorganisationen (NGOs). Übrigens: Auch Ägypten hatte die Grenzpassage nicht erlaubt.

Der 46-seitige *AI*-Bericht kommt zu diesem Urteil: »Hamas-Truppen (forces) in Gaza, darunter die Abteilung für Interne Sicherheit und die al-Qassam-Brigaden, haben ernsthafte Verletzungen internationalen Rechts begangen, indem sie verschleppt, gefoltert und rechtswidrig getötet haben.« Die Menschenrechtsorganisation kritisiert zudem das Fehlen transparenter, fairer Prozesse in den Hamas-Gerichten und das grundsätzliche Verhängen der Todesstrafe. »Folter sowie standrechtliche Hinrichtungen bei Menschen in Gefangenschaft, auch bei verdächtigten ›Informanten‹ oder ›Kollaborateuren‹, sind im Rahmen eines bewaffneten Konflikts ernste Verletzungen internationalen humanitären Rechts und stellen Kriegsverbrechen dar.«[259]

Wurde schon einmal wegen Verfolgung durch die Hamas Asyl gewährt?

Das Leben von G. H., laut Bescheid des »unabhängigen Bundesasylsenats« Österreichs der »Berufungswerber«[260], ist schnell erzählt. Er gehört der »palästinensischen Volksgruppe an, ist am 00.00.1956[261] in einem Flüchtlingslager im Gazastreifen geboren und hat dort bis zu seiner Ausreise gelebt.« Er ist beim palästinensischen Flüchtlingshilfswerk UNRWA registriert und hat eine ihrer Schulen besucht. Seine Familie lebt nach wie vor im Flüchtlingslager.

1993 gründete G. H. mit einem Freund eine Firma, welche an israelische Bauherren Handwerker für Baustellen vermittelte. Daher hielt sich »der Berufungswerber« wiederholt tageweise in Israel auf. »1996 führte die ›Hamas‹ verstärkt Bombenanschläge in Israel durch, [worauf] nach jedem Anschlag seitens der israelischen Behörden die Grenze zum palästinensischen Autonomiegebiet jeweils für ein bis drei Monate gesperrt [wurde], sodass der Berufungswerber seinen Auftragsarbeiten in Israel nicht nachkommen konnte. Der Berufungswerber nahm als Mitorganisator an fünf Demonstrationen zwischen 00. und 00. 1996 im Gazastreifen gegen die Hamas teil. Im 00. 1996 erhielt der Berufungswerber einen Drohbrief von Hamas-Anhängern, in welchem ihm Verrat mit der Folge des Todesurteils mitgeteilt wurde.«

Bis zum Jahresende 1996 suchten Hamas-Leute nach seinen Angaben circa 15 Mal nach ihm, fanden ihn jedoch nicht, da er sich bei seinen Geschwistern versteckt hatte. »Von Jänner 1997 bis Oktober 1997 lebte und arbeitete der Berufungswerber illegal in Israel und kehrte nach diesem Zeitpunkt wiederum in das Flüchtlingslager zurück, wobei er sich bis 00. 1998 neuerlich bei Geschwistern versteckt hielt.« Aufgrund der Größe des Lagers (der Name wird nicht genannt, wohl um seine Familie zu schützen) von mindestens 50.000 Menschen konnte G. H. seine Rückkehr in den Gazastreifen vor der Hamas geheim halten.

In der folgenden Zeit erfuhr er, dass einige in Israel tätige Bauarbeiter »von der Hamas gelyncht wurden«, was ihn »in Furcht und

Unruhe« versetzte. Das Ritual der Hamas bestand darin, Zettel anzubringen, auf denen zu lesen war: »auf den Müll mit diesen Verrätern« oder »Misthaufen der Geschichte«[262]. Unklar bleibt, wo diese Botschaften befestigt waren: an den Leichen selbst? An ihren Häusern? An Strommasten?

Im Dezember 1998 flüchtete der »Berufungswerber«.[263] Seine Familie ist zu diesem Zeitpunkt in ihrem Umfeld »fast isoliert«, seine Kinder werden als »Kinder des Hamas-Verräters« bezeichnet.

Am Tag seiner Einreise, am 7.12.1998, stellte G. H. einen Asylantrag. »Er wurde hierzu am 11.01.1999 niederschriftlich im Beisein eines Dolmetschers der arabischen Sprache befragt. Mit Bescheid vom 28.04.1999, Zl. 98 12.787-BAE, wurde der Asylantrag gemäß § 7 AsylG abgewiesen und festgestellt, dass die Zurückweisung, Zurückschiebung oder Abschiebung nach Israel gemäß § 8 AsylG zulässig ist.«

Dagegen legte er am 19. Mai 1999 Berufung ein.

Durch das Mitglied Dr. Ilse Fahrner entschied der unabhängige Bundesasylsenat gemäß § 66 Abs. 4: Der Berufung wird stattgegeben »und G. H. gemäß § 7 AsylG Asyl gewährt.« Damit kommt ihm »kraft Gesetzes die Flüchtlingseigenschaft« zu.

Leser werden sich fragen: fünf Demonstrationen gegen die Hamas 1996? Gab es mehr? Wie ging die Hamas damit um oder dagegen vor?

2019 protestierten Tausende in Gaza unter dem Motto »Wir wollen leben« gegen von der Hamas verhängte Steuern auf Zigaretten und Gemüse sowie gegen hohe Lebenshaltungskosten. Hamas-Sicherheitskräfte schlugen Demonstranten und verhafteten wie schon in der Vergangenheit »willkürlich« mehr als tausend Menschen, darunter auch Journalisten und Menschenrechtsverteidiger. *Human Rights Watch* hatte vorher schon festgestellt, dass »Hamas oft für kurze Zeit, manchmal nur Stunden, Menschen festhält, verhöhnt, bedroht, schlägt und foltert, um Kritiker zu bestrafen und sie vor weiterem Aktivismus abzuschrecken«[264].

Wie finanziert sich die Hamas?

Am 9. November 2023 hatte der Schweizer *Tages-Anzeiger* unter anderem diese Schlagzeile: »Hamas-Finanzierung aus der Schweiz? Fedpol schlägt Alarm wegen möglicher Hamas-Finanzierung: Schweizer Banken werden angewiesen, wie sie verdächtige Gelder aufspüren.«[265] Vier Monate später schrieb dieselbe Zeitung: »Wie die Hamas Milliarden scheffelt. Das Volk verarmt, aber die Terrororganisation schwimmt im Geld.«[266]

Zur Finanzierung der Hamas finden sich weder bei Helga Baumgarten noch bei Joseph Croitoru nennenswerte Angaben. Letzterer berichtet lediglich von einem Treffen im Sommer 1996 in Teheran auf Initiative der dortigen Regierung. Dabei sei es auch um »inakzeptables Verhalten prominenter Hamas-Mitglieder aus den Palästinensergebieten« gegangen, wozu offenbar auch der wichtige Funktionär Mahmoud al-Zahar gehörte. Als die Delegation »mit einem vom Chef der Revolutionsgarden überreichten Scheck über sieben Millionen Dollar im Gepäck heimkehrte« und von den Ergebnissen berichtete, warf just al-Zahar wiederum »der Auslandsführung vor, sich in Fünf-Sterne-Hotels herumzutreiben und keine Ahnung von der tatsächlichen Lage in den Palästinensergebieten und dem Leben unter der Besatzung zu haben.«[267] Die Auslandsführung lebte (und tut es teilweise immer noch) in Damaskus und Doha, Amman und Algier, Beirut, Khartoum und wohl auch in Istanbul.

Der *Arte*-Kurzfilm »Die Milliarden der Hamas« zeichnet ein ähnliches Bild wie al-Zahar. Hamas-Führer Ismail Haniyeh verfüge demnach über ein »Immobilienimperium in Gaza.« Udi Levi, ehemaliger israelischer Geheimdienstoffizier und Mitarbeiter des *Jerusalem Institute for Strategy and Security (JISS)*, behauptet: »Fast das ganze Geld, das nach Gaza floss, ging in die Villenviertel der Hamas-Führung, deren Luxusautos, in den Bau der militärischen Tunnelanlagen und in die Beschaffung von Kriegsarsenal.«[268] Fast nichts sei beim palästinensischen Volk angekommen. Levi nennt zwei große Geldquellen: den islamischen Wohltätigkeitsverband des Emirats Katar und an zweiter Stelle den Iran.

Die Hälfte der Gelder – Gesamtsumme: 1 Milliarde US-Dollar jährlich – ist offenbar legal nach Gaza geflossen, aus den USA, europäischen Geberländern sowie aus Katar. Damit wurden unter anderem die Gehälter der 40.000 Angestellten der palästinensischen Behörde im Gazastreifen bezahlt.

In etlichen Quellen findet sich die Summe von einer Milliarde Dollar Einnahmen pro Jahr. Sehr wenig davon befinde sich jedoch in Gaza, meint *The Economist*, der Großteil »dagegen in befreundeten Ländern.« Das Magazin zählt zu den Einnahmequellen der Hamas auch »Geldwäsche und Bergbauunternehmen.«[269]

Einige der Länder behauptet Jonathan Schwarzer zu kennen. Dann nennt der ehemalige Finanzanalyst für Terrorismusbekämpfung im US-Finanzministerium den Sudan und Algerien. Dort lebende Hamas-Mitglieder und -Finanziers seien »Gäste der Regierungen«, weswegen es keine Bemühungen gab, »sie zu kontrollieren, aufzuhalten oder zu verhaften.« Dass die Hamas imstande war, den Anschlag am 7. Oktober zu verüben, sei auch zum Teil darin begründet, dass die USA und ihre Verbündeten sie gewähren ließen, »an diesen Orten zu operieren. Wir haben mehr als ein Jahrzehnt lang die Augen vor diesen Aktivitäten verschlossen.«[270]

Auffallend ist, dass sich zu diesem Thema keine palästinensischen Stimmen finden. Traut sich niemand? Oder können nur Außenstehende mit Reisefreiheit so recherchieren, dass ein seriöses Ergebnis zu erwarten ist?

Warum brach ein langjähriger inoffizieller Kontakt zwischen einem Israeli und einem Hamas-Vertreter ab?

Die israelische Führung und die Armee pflegten Kontakt zur Muslimbruderschaft und in den Anfangsmonaten der ersten Intifada zur Hamas-Führung. »Scheich Ahmed Yassin, Abd al-Aziz Rantisi, Mahmoud al-Zahar wurden regelmäßig von der Armeeführung vorgeladen, sie haben Shimon Peres, Yitzhak Rabin getroffen und man hat mit ihnen verhandelt, während man gleichzeitig jeden Kontakt mit Fatah und der PLO absolut abgelehnt hat«[271], erklärt die Politologin Helga Baumgarten.

Im Sommer 2006 griff die Hamas den Übergang *Kerem Shalom* an, tötete zwei israelische Soldaten und entführte einen dritten, Gilad Shalit. Danach rief ein Hamas-Mitglied, ein Wirtschaftsprofessor, bei Gershon Baskin an, einem prominenten Befürworter eines Friedensprozesses im Nahen Osten. Ein halbes Jahr vorher hatten sie sich kennengelernt. Der Hamas-Vertreter: »Gershon, die Lage hier ist die Hölle. Wir haben kein Wasser und keinen Strom und wir werden bombardiert. Lasst uns einen Kommunikationskanal zwischen beiden Seiten herstellen.«[272] Nachdem kurz vorher ein Cousin von Baskins Frau durch die Hamas ermordet worden war, schwor er bei der Beerdigung, »alles Menschenmögliche zu tun, um Gilad lebend zurückzubringen.« Nach fünf Jahren an Gesprächen kam Shalit im Gegenzug für 1.027 palästinensische Häftlinge frei. Baskins Hauptansprechpartner bei der Hamas war Ghazi Hamad, der stellvertretende Außenminister. Seitdem blieben sie in »engem Kontakt.«

Seit dem ersten Kriegstag im Oktober 2023 tauschten sie sich aus; Baskin als Privatmann. Bevor er einen am Dialog teilhaben lässt, stellt er klar: »Wegen der Brutalität und der Verbrechen gegen die Menschlichkeit, die diese Terroristen begingen, ist die Hamas kein Partner für einen langfristigen Waffenstillstand oder ein Friedensabkommen mehr.«

»Gaza wird dafür einen hohen Preis bezahlen«, lautete Baskins erste Nachricht. Hamad antwortete: »Wir fürchten uns nicht.« »Das solltet Ihr aber«, hielt Baskin dagegen, »und ihr solltet Mitleid mit allen unschuldigen Opfern beider Seiten haben.« Hamad: »Ich habe dir oft gesagt, dass die Besatzung das Grundübel ist.« Baskin stimmte zu. Am nächsten Tag fragte er Hamad, ob er wohlauf sei, da er von der Bombardierung seines Hauses erfahren hatte. Dann schlug Baskin vor, erst die Frauen und Kinder freizukriegen. Hamad: »Zuerst muss das Töten in Gaza enden. Das sind Massenmord und Massaker gegen Zivilisten, ganze Familien wurden ausgelöscht. Wir werden erst dann über die Gefangenen reden können, wenn diese Aggression gegen Gaza aufhört.« Am 12. Oktober 2023 appellierte Baskin an Hamad, »das Moralische zu tun und Frauen, Kinder, Alte freizulassen. Dieser Krieg ist das Ende der Hamas in Gaza. Sei der Mensch, den ich kenne. Hilf', diese unschuldigen Opfer heimzubringen.« Selbst wenn Israel »Hunderttausend tötet, werden wir uns nicht ergeben«, antwortete Hamad.

Fortan ging es um Details eines Gefangenen-Geisel-Austauschs. Erneut appellierte Baskin an die Menschlichkeit und erinnerte an die lange »Beziehung miteinander«. Baskin: »Wir vertrauen einander.« In weiteren Gesprächen – manche kurz, manche über Stunden – ging es um die Rolle Katars und Ägyptens sowie um Treibstofflieferungen in den Gazastreifen. Die letzte Nachricht, die Hamad öffnete, war die vom 26. Oktober. Baskin erklärte, dass er bei Kriegsbeginn in Europa war und es trotz Flugstreichungen schaffte, nach Israel heimzureisen. »Das musste ich doch, wo mein Volk im Krieg war. Warum bist du nicht bei deinem Volk?« (Es bleibt unklar, wo Hamad sich aufhielt.) Einige Tage später sah Baskin, wie Hamad vom libanesischen Fernsehen interviewt wurde und den Terrorangriff rechtfertigte und »einige mehr versprach – bis zur Auslöschung Israels.« Anderntags schrieb Baskin Ghazi Hamad nochmals. Baskin brach den Kontakt ab: »Nach mehr als 17 Jahren Kontakt ist der Mann, den ich kannte, nicht derselbe, der nun sein Volk in Gaza im Stich gelassen hat und im Krieg offizieller Sprecher der Hamas ist.«

Wie hat sich Netanjahu zur Hamas geäußert?

»Jeder, der die Errichtung eines palästinensischen Staates vereiteln will, muss die Hamas stärken. Dies ist Teil unserer Strategie, die Palästinenser im Gazastreifen von denen in Judäa und Samaria (Westjordanland, J. Z.) zu isolieren.«[273] Das erklärte der israelische Premierminister Netanjahu bei einer Sitzung seiner Likud-Partei 2019, zitiert in dem Artikel »Das Ende der Netanjahu-Doktrin« des Journalisten Meron Rapoports, der zwei Tage nach dem Hamas-Massaker erschien. Laut Rapoport stimmte Netanjahu 2018 zu, dass Katar jährlich Millionen von Dollar zur Finanzierung der Hamas-Regierung nach Gaza transferiert. Damit lag er ganz auf der Linie des ultrareligiösen Abgeordneten Smotrich (aktuell Finanzminister und außerdem zuständig für den Siedlungsausbau im besetzten Westjordanland), der 2015 äußerte: »Die Palästinensische Autonomiebehörde ist eine Last, Hamas ein Gewinn.«[274]

Rapoport liefert noch einen Beleg für Netanjahus Haltung. 2019 schrieb Galit Distel Atbaryan, damals Unterstützerin und nun seine Informationsministerin, dass der Premier »die einfachste Sache in fast unvorstellbarer Zurückhaltung« vermeide: Hamas zu Fall zu bringen. Die Antwort gibt sie selbst: »Sollte die Hamas zugrunde gehen, könnte Abu Mazen (Ehrenname des palästinensischen Präsidenten Abbas, J. Z.) den Gazastreifen regieren.« Dann würden die Linken zu Verhandlungen und einer politischen Lösung mit dem Ziel eines palästinensischen Staates aufrufen. »Das ist der wahre Grund, warum Netanjahu den Hamas-Chef nicht ausschaltet. Alles andere ist Schwachsinn.«[275]

Seit dem 7. Oktober 2023 redet Netanjahu eine andere Sprache. Bundeskanzler Scholz erinnerte bei seinem Besuch zehn Tage nach dem Hamas-Überfall sofort an »die Nazi-Verbrechen am jüdischen Volk vor 80 Jahren«, um dann die Brücke zum Hier und Jetzt zu schlagen. »Hamas – das sind die neuen Nazis. Hamas ist IS und teilweise schlimmer. Und so wie die Welt sich zusammenschloss, um die Nazis … und den IS zu besiegen, so muss sie vereint hinter Israel stehen, um die Hamas zu besiegen.«[276]

V.
Vom widerständigen Alltag in Gaza

Not macht erfinderisch: Menschen im Gazastreifen suchen nach Auswegen, gehen kleinen Träumen nach, protestieren auf kreative Weise, machen irgendwie »ihr Ding«. Weitgehend unbeachtet von den Medien. Auch ich staunte bei der Recherche. Die folgenden Skizzen betreffen die Zeit bis Oktober 2023, in der »nur« galt, einem Alltag unter Blockade zu trotzen.

Bekommt man in Gaza Bier oder Wein?

Würden Sie es wagen, eine Brauerei zu gründen, wenn die Religion nur einem Prozent der Landesbevölkerung erlaubt, Alkohol zu konsumieren? Wenn zusätzlich der Export in Nachbarländer schwierig bis unmöglich ist? Auch ohne ein Semester Betriebswirtschaft kommt man zu dem Schluss: Nein und nochmals nein.

1994 kehrten, euphorisiert vom Oslo-Friedensprozess, die palästinensisch-christlichen Brüder Nadim und David Khoury aus Boston/USA in das Dorf ihrer Kindheit, Taybeh bei Ramallah, zurück und gründeten eine Brauerei. Wenig später erließen muslimische Gelehrte in Jerusalem eine Fatwa, die den Biergenuss ächtete. »Meinem« Taxifahrer Maher in Gaza, einem Christen, brachte ich daher wiederholt Bier aus Jerusalem mit, als ich seine Dienste ab 2005 in Anspruch nahm.

Ein Jahr später wurden Gazas Alkoholkonsumenten erstmals gewarnt: In der Silvesternacht jagten Maskierte, mutmaßlich Islamisten, Gazas *Beach Club* in die Luft. Dort hatten sich jahrelang UN-Mitarbeiter und palästinensische Kollegen abends auf ein Bier oder einen Gin getroffen.[277] Als die Hamas 2007 die Regierung übernahm, verschärfte sich die Lage. Augenblicklich wurden am Hamas-Checkpoint (hinter dem Übergang *Erez*) Schilder angebracht, die Einreisende warnten: Entdeckter Alkohol werde vor den Augen des Besitzers vernichtet, um keinen Verdacht aufkommen zu lassen, die Grenzer nähmen den beschlagnahmten Tropfen an sich.

Sehr erstaunt las ich 2010 im *Spiegel* von Hobbywinzern im Gazastreifen: »Unter größter Gefahr keltern einige Wagemutige trotzdem heimlich Wein.«[278] Alkohol gelte dort »schlimmer sogar noch als Haschisch oder Ecstasy«, versicherte Feierabendwinzer Mohammed der *Spiegel*-Autorin Ulrike Putz. Bei 50 Litern pro Saison betrinke man sich nicht, versicherte Mohammed, sondern man gönnt sich ab und an ein Gläschen, »weil ein Schluck von unserem Wein wie ein Schluck Freiheit ist.«

Was verbirgt sich hinter *We are not numbers*?

Gaza war bis zum 7. Oktober 2023 aus den deutschen Medien weitgehend verschwunden – trotz erstickender Blockade, trotz ständiger Stromausfälle, einer Arbeitslosigkeit von zeitweise 54 Prozent und immerwährender Angst vor israelischen Militäroperationen.

Das Wegschauen der r/westlichen Welt wollte 2018 das Buch »We Are Not Numbers« durchbrechen. Das andauernde Schreibprojekt war die Idee der US-amerikanischen Journalistin Pam Bailey, die direkt nach dem Krieg um die Jahreswende 2008/09 (*Operation Gegossenes Blei)* erstmals in Gaza gearbeitet hatte. Wieder in den USA, betreute sie den Anglistikstudenten Ahmed beim Schreiben eines Essays über seinen im Krieg getöteten Bruder Ayman. Nicht nur ihn hatte er verloren, auch einen Cousin und drei seiner besten Freunde. Angesichts düsterster Zukunftsaussichten drohte Ahmed damit, »sich dem bewaffneten Widerstand anzuschließen.« Als westlich-liberale Frau war Bailey geneigt, ihm andere Möglichkeiten des Widerstands aufzuzeigen. Aber dann ging ihr auf, »dass ich ihm keine Alternative bieten konnte. Das war die Geburtsstunde von *We Are Not Numbers.*«

Das Projekt ist auf Menschen zwischen 17 und 29 Jahren zugeschnitten. »In diesem Alter haben die jungen Leute das größte Potenzial, ihr künftiges Leben zu formen – natürlich innerhalb der engen Grenzen, die ihnen Belagerung und geknebelte Wirtschaft setzen«, schreibt Bailey in der Einleitung des 170-seitigen Buches. In dem Alter seien sie jedoch auch »höchst anfällig für lähmende Niedergeschlagenheit oder neigen aufgrund ihres Frusts, der aus enttäuschten Hoffnungen … resultiert, zu unbedachten Handlungen.«

Jedem angehenden, auf Englisch schreibenden Autor Gazas wird ein Schriftsteller, Journalist, Blogger oder Lehrer aus einem englischsprachigen Land zur Seite gestellt. »So lernen die Autoren Meister ihres Fachs kennen und gewinnen Freunde in der Welt.« Gleichzeitig können sich Leser von Argentinien über Nigeria bis Zypern ein differenzierteres Bild von Gaza machen.

Das ungeschönte Buch versammelt knapp 20 Texte, den Anfang macht das 2017 verfasste Gedicht *Verwunderland* von Basman Derawi. »Beim Betrachten alter Fotos wundere ich mich, dass ich noch lebe« – lautet der erste Satz, und der letzte: »In diesem Verwunderland kann jeder Gang mein letzter sein, mein Leben in den Händen Israels.«[279] Trauer, Verlust, Verzweiflung und Tod, aber auch Träume, Sehnsüchte und Liebe sind Themen der Gedichte und Geschichten. Derawi bekennt, dass ihn die erfahrene Unterstützung motiviert, »die Gefühlswelten anderer kennenzulernen, nachzufragen und mich in sie hineinzuversetzen – was mich wohl zu einem besseren Menschen macht.« Nun fühlt er sich nicht mehr so isoliert und glaubt, dass durch das Projekt Menschen weltweit eine Verbindung zu Gaza aufbauen können.

Bei Veröffentlichung des Buches 2019 waren etwa 200 junge Menschen am Projekt beteiligt. Mittlerweile haben über 350 Frauen und Männer 1.100 Texte verfasst, dank 150 Mentoren. Und tun es weiter – auch jetzt, mitten im Krieg. Schon im zweiten Kriegsmonat beschrieb die junge Nowar Diab den Verlust von allerbesten Freunden. Ihr Text ist betitelt: »Ich wache auf. Ich bin noch am Leben. Ich frage mich: Ist das was Gutes?«[280]

Drei Monate später, im Februar 2024, bekennt der 20 Jahre alte Abubaker, dass es ihm das Herz brach, als sein geliebter Fußballclub Chelsea sich auf die Seite Israels stellte. Der junge Mann mit Klubschal um den Hals ist schwer enttäuscht von der Twitter-Nachricht seines Vereins. »Nach zwölf Jahren der Liebe und Hingabe hätte ich nie gedacht, dass mein Verein mich töten will.«[281]

Wie gelangte der verletzte Nidal Bulbul aus Gaza in ein israelisches Krankenhaus?

In alten Aufzeichnungen stieß ich auf ein Zitat des palästinensischen Journalisten Nidal Bulbul zum Raketenabschuss aus Gaza. Die Quelle hatte ich nicht notiert, erhoffte mir aber Hilfe via Google. Ein Irrtum! Bei der Recherche fand ich den Gesuchten auf der Seite »1000DreamsProject – about refugees, by refugees«. Wohin war er geflüchtet? Wie war er dem Käfig Gaza entkommen?

Das in der Corona-Zeit geführte Interview enthält grammatikalische Fehler, auch fehlen Wörter, manches bleibt missverständlich. Trotzdem entsteht ein roter Faden.

Nidal Bulbul, 35, wurde – wie, erklärt er nicht – verwundet. Als Mitarbeiter der Agentur *Reuters* wurde ihm die Fahrt von Gaza nach Jerusalem gestattet. Am flughafenähnlichen Grenzkontrollgebäude *Erez* – er nennt es »really tough« – musste er in einen israelischen Krankenwagen umgeladen werden *(ich habe solche Szenen miterlebt).* Er schildert das in holprigem Englisch so: »Die medizinischen Kerle aus Gaza müssen mich in einer bestimmten Zone absetzen, bis das israelische Medizinteam ankommt und mich übernimmt. Es war Dezember und sehr kalt. Ich durfte keine Kleidung am Körper tragen. Mein Bein war verwundet und blutete. Ich war dort von 14 Uhr bis zum nächsten Tag Mitternacht, bis mich die israelischen Sanitäter abholten« *(meinte er denselben Tag, den er schon zum nächsten zählt?).* Da war aber die israelische Reisegenehmigung – für sieben Stunden ausgestellt – bereits abgelaufen. Letztlich hatte er Glück, erreichte ein Krankenhaus in Jerusalem und flog nach der Amputation eines Beines nach Deutschland.

Die positive Einstellung des Mannes mag überraschen. »Ja, natürlich hat man ein Bein verloren. Aber das Leben gibt dir im Gegenzug so viel anderes, dass man dankbar sein muss. Daher ist es sehr wichtig für jeden, zufrieden und glücklich mit der Person zu sein, die man gerade ist.«[282]

Was geschah auf der Mavi Marmara?

Am Donnerstag, dem 1. Juni 2010, blickt der schwedische Bestsellerautor Henning Mankell auf die letzten 35 Stunden zurück und stellt fest: »Der Mythos vom tapferen, untadeligen israelischen Soldaten ist zerstört.«[283] Drei Tage zuvor war er in Nikosia an Bord gegangen, so wie zeitgleich in anderen Häfen Hunderte Freiwillige aus 40 Ländern auch: Schüler, Aktivisten und Anwälte, Ärzte und Künstler, Journalisten, Feuerwehrmänner und Abgeordnete aus Israel, Ägypten, Schweden sowie zwei des Bundestags. Alle Schiffe waren in den Häfen, aus denen sie ausliefen, auf Waffen durchsucht worden. Ergebnis: Fehlanzeige.

Die *Freedom Flotille*, bestehend aus der *Mavi Marmara* und sechs kleineren Schiffen, war der neunte und umfassendste Versuch, die Blockade Gazas zu durchbrechen; sechs Missionen waren erfolgreich gewesen. An Bord befanden sich 10.000 Tonnen Hilfsgüter, »die allesamt verzweifelt gebraucht wurden und deren Einfuhr durch Israels Blockade des Gazastreifens unmenschlicherweise verweigert wurde«, erklärt der Journalist Moustafa Bayoumi, der ein Buch darüber redigierte. Allein 150 Tonnen Eisen für den Wiederaufbau Gazas, 98 Stromaggregate, 50 Fertighäuser und 16 Ausstattungspakete für Kinderspielplätze befanden sich auf einem der kleineren Schiffe, der türkischen *Defne-Y.*

Laut Mankell sollte die Welt an die Existenz der Palästinenser und ihr »Elend« unter »illegaler Blockade« dadurch erinnert werden, »dass wir ein paar Schiffe mit den Dingen beladen, die sie am dringendsten benötigen: Medikamente, Entsalzungsanlagen für Trinkwasser, Zement.«[284]

Angesichts israelischer Ankündigungen, die Flotille aufhalten zu wollen, befassten sich die Blockadegegner mit Szenarien der Konfrontation. »Auf Handgreiflichkeiten, vielleicht auch Festnahmen waren wir vorbereitet, nicht aber auf das, was wir erleben mussten: konfrontiert zu sein mit tödlicher Gewalt«[285], so erklärt der Frankfurter Arzt Matthias Jochheim den »Piratenakt auf hoher See.«

Um 4.30 Uhr am 31. Mai 2010 griffen israelische Soldaten auf schwarzen Gummibooten, flankiert von Hubschraubern, den Konvoi noch in internationalen Gewässern an. Mit Farbkugelgewehren, Rauch- und Aufschlaggranaten, Gummimantelgeschossen und scharfer Munition töteten sie neun Menschen und verletzten Dutzende. »Innerhalb von 20 Minuten verloren vier Menschen um uns herum ihr Leben«[286], bezeugte der Schiffsarzt Mevlüt Yurtseven. Die Kommandosoldaten konfiszierten oder beschädigten persönliche Gegenstände wie Pässe, elektronische Geräte und Geld, verwehrten den Friedensaktivisten über Stunden den Toilettenbesuch und misshandelten sie.

Jochheim erinnert sich an Szenen, »wie erregt schreiende Helfer blutüberströmte Opfer des israelischen Überfalls die Treppe zu unserem Zwischendeck herunterschleppen«, ebenso das Bild von »eng gefesselten, in knieende Position gezwungene Menschen, von vermummten, mit Maschinenpistolen bewaffneten Soldaten in Schach gehalten.« Das »Gefühl der Ohnmacht und des Ausgeliefertseins« sei durch das »infernalische Knattern und die Vibrationen« eines über ihnen stehenden Hubschraubers verstärkt worden. Jochheim, der sich bei der deutschen Sektion von *Internationale Ärzte für die Verhütung des Atomkriegs/Ärzte in sozialer Verantwortung (IPPNW)* engagiert, entdeckt im Vorgehen der Soldaten »Sadismus als Machtdemonstration.«[287] Die Journalistin Lamis Andoni erinnert daran, dass dies nicht das erste Beispiel dafür war, »dass gewaltlosem Widerstand seitens der Palästinenser und ihrer Freunde mit Gewalt begegnet«[288] wurde.

Die damalige Bundestagsabgeordnete Annette Groth, selbst an Bord, erachtet es als entscheidend, »Konsequenzen für die Verantwortlichen und Wiedergutmachung für die Betroffenen einzufordern«.[289]

Mankell, wieder zurück in Schweden, schrieb am 2. Juni 2010: »Alles bleibt noch zu tun, damit wir das Ziel nicht aus den Augen verlieren, die brutale Blockade Gazas zu beenden.« Wenn das geschehen sei, warte bereits ein neues Ziel: »Ein Apartheidsystem zu zerstören, dauert lange. Aber es dauert keine Ewigkeit.«[290]

Wie wurde aus einem Esel ein Zebra?

Der Zoodirektor in Gaza lässt Streifen auf zwei Esel malen – und schon kann er seinem Publikum Zebras präsentieren. Gaza ist eben nicht nur Langeweile und Stillstand. Es ist auch Ideenreichtum, Improvisationsgabe und Beweis für das Sprichwort *Not macht erfinderisch.* Von der Eselei erzählte mir Christian Sievers vom *ZDF.* Als er 2009 seinen Dienst in Tel Aviv angetreten hatte, bat ich ihn um ein Interview.

Auf die Frage nach seinem ersten Beitrag als Nahostkorrespondent schilderte Sievers besagte Eselsgeschichte des Zoos. »Durch den Gazakrieg hat er einen Großteil seiner Tiere verloren, will jetzt aber den Kindern von Gaza etwas bieten. Große Tiere importieren geht nicht, da Gaza von Israel und Ägypten abgeriegelt wird. Also ist Phantasie gefragt: Die Zooleute haben zwei Esel genommen – davon haben sie genug in Gaza – und mit einem deutschen Haarfärbemittel angemalt und zu Zebras gemacht.«[291]

Nach dem Interview recherchierte ich dazu. Die österreichische Tageszeitung *Der Standard* schrieb nichts von im Krieg gefallenen Tieren, lieferte jedoch ein Zitat des 39 Jahre alten Zoodirektors Imad Qassim: »Der Zoo hatte kein Zebra. Da war es doch eine clevere Idee, einem Esel das Fell zu scheren und ihn wie ein Zebra anzumalen. Ich sage Ihnen: Niemand kann einen Unterschied feststellen.«[292]

Sievers begleitete mit seinem *ZDF*-Team Schülerinnen einer Mädchenschule, »die zum ersten Mal im Leben Zebras sehen wollten.« Der Beitrag lief im *heute journal.* Das bewegte einen Zuschauer aus München derart, dass er eine Spende für den Kauf eines echten Zebras zusagte. Für Sievers drückt diese »kleine Geschichte viel über den Konflikt« aus.

Wer sind die Wallrunners oder Parkour-Freerunners?

Mein Wohnort Goldbach (Kreis Aschaffenburg) hat circa 10.000 Einwohner. Für die Kinder hat die Marktgemeinde über die letzten Jahrzehnte 16 Spielplätze errichtet. Einen öffentlichen Spielplatz sah ich bei meinen circa 30 ein- bis zweitägigen Besuchen im Gazastreifen nie. Nicht einen.

Kinder und Jugendliche, es sind dort etwa eine Million, spielen auf Straßen oder an deren schmutzigem Rand, auf Höfen oder am Strand. Regelmäßig kommen manche durch Blindgänger und nicht gezündete Sprengkörper früherer Kriege zu Schaden oder gar zu Tode. Wie im Juni 2021 der 8-jährige Obaida Salahuddin Salman al-Dahdouh, für den jede Hilfe zu spät kam; sein 16-jähriger Bruder überlebte verkrüppelt.[293]

Um das Jahr 2005 begannen junge Leute mit »Parkour«, einem Hindernislauf in der Stadt: Sie rennen über Plätze, klettern auf Hausruinen oder Rohbauten, springen auf Nachbardächer und über Mauern, Saltos und Schrauben inklusive. Nicht allen Gazanern gefiel das. So wichen die jungen Leute auf einen Friedhof aus, wie die zwei Protagonisten des Kurzfilms »Wallrunners of Gaza« erzählen. An dessen Anfang rennen mehrere, sich dabei überschlagend, durchs Bild, während im Hintergrund ein mächtiges Feuer lodert und ein neuer Einschlag zu hören und sehen ist.

»Parkour ließ mich alle Hindernisse meines Lebens überwinden«, erklärt Mohammed. Sieht er eine Mauer, dann steht fest: Über diese Mauer, dieses Problem springe ich einfach drüber. »Ich versuche es ein-, zwei-, dreimal, bis ich es schaffe. Parkour gibt mir Hoffnung.«[294]

2012 erhielten er und Ahmad Sport-Visa, um in fünf Ländern an Wettkämpfen teilzunehmen. Doch brauchten sie auch ein ägyptisches Visum, um von Kairo aus nach Europa fliegen zu können. Vier Tage mussten sie mit Tausenden an der Rafah-Grenze warten, bis sie an der Reihe waren und ausreisen konnten. Nun leben die beiden in Schweden, wo sie Kinder in Parkour unterrichten. Sie träumen davon, eines Tages eine parkourgerechte Sporthalle mit Geräten in Gaza zu errichten.

Im 2017 gedrehten Film hechten sie auf schwedischen Dächern über Hindernisse, aber auch über Autos. »Wow, jetzt bin ich frei«, hört man Mohammed freudig-ungläubig ausrufen. »Die Freiheit ist wirklich seltsam«, bekennt Ahmad dagegen.

Ihre Kameraden trainierten bis zum Ausbruch des jüngsten Krieges bei dem seit 2005 aktiven *PK Gaza Team*. Dieses hat 22.000 Abonnenten bei *Youtube* und ist nach eigenen Angaben »das erste Parkour-Team in Palästina und eines der ersten weltweit.«[295] Abdallah al Qassab erklärte seinerzeit, dass er sich nicht wie im Gefängnis fühle, sondern dass er in einem solchen ist. Er glaubt an sein Recht, nach Jaffa oder Jerusalem zur Al-Aksa-Moschee reisen zu dürfen. »Das sollte normal sein, ist aber im Moment ein Traum.« Parkour half ihm, mit der schwierigen Lage zurechtzukommen. Das Training »lässt uns wie Vögel fühlen, die fliegen und frei sein wollen.«[296]

Die *Spiders Parkour Group*, eine andere Mannschaft, hat auch während des Krieges ab Oktober 2023, bei dem sie fünf Kameraden verlor, inmitten von Kriegsruinen trainiert. »Dadurch sagen wir der Welt, dass uns nichts aufhalten oder zwingen kann, unseren Traum, unseren Sport, unsere Identität aufzugeben«, versichert Mohamed Fawzy[297], vor einem Schuttberg sitzend.

Seit wann darf man kein Obst aus Gaza ausführen?

»Diese Artikel, ohne Genehmigung eingeführt, werden konfisziert und vernichtet; der Ordnungssünder wird mit einem Bußgeld belegt und/oder strafrechtlich verfolgt.« Diese Warnung steht auf einem postkartengroßen, auf Englisch und Arabisch abgefassten Faltblatt des israelischen Landwirtschaftsministeriums. Davor listet dieses über 30 Artikel auf, darunter Gemüse, Obst und Fleisch, Honigwaben, Insekten, Bakterien und Pilze, Sand und Erde, Haustiere, Federn und Pelze, Pestizide, Pflanzen und Setzlinge.[298]

Einmal – wir waren zu dritt einen halben Tag in Gaza – schenkte uns ein Erdbeerbauer voller Stolz drei Kilogramm Erdbeeren, direkt vom Feld. Da ich um die Schwierigkeiten mitgebrachter Lebensmittel wusste, wollte ich das Geschenk zunächst nicht annehmen. Die palästinensische Gastfreundschaft duldet jedoch kein »Nein«. Diese Erdbeeren waren in unseren Augen so wertvoll, weil im Vorjahr die israelische Armee fast die gesamte Erdbeerernte Gazas bei einer Militäroperation plattgewalzt hatte.[299] Umso stolzer waren die Erdbeerbauern auf die so reiche aktuelle Ernte.

Am *Erez*-Übergang erwartete uns erneut das Labyrinth aus Metalldrehkreuzen, Gängen, Toren und Röntgengeräten. Dann stand nur noch die Passkontrolle bevor. Doch wo blieb das Gepäck? Das wird auf ein Fließband gelegt und in einen Bereich transportiert, zu dem der Reisende keinen Zutritt hat. Als der »Erdbeer«-Rucksack endlich auf dem Förderband erschien, fanden sich darin zwar die Wasserflaschen und drei aus Israel mitgebrachte Orangen, die Erdbeeren jedoch fehlten.

Wir verlangten, einen Verantwortlichen zu sprechen. Als der Hüne, in Zivil, etwa Mitte Dreißig, endlich erschien, teilte er uns mit, dass es verboten sei, Lebensmittel aus Gaza nach Israel einzuführen. Man habe die Erdbeeren entsorgt. Unseren Ärger konnten wir kaum verbergen. Ohne ein Wort zu wechseln, stand unser Entschluss fest, um die Erdbeeren zu kämpfen. Es ging weniger um das kostbare Obst als vielmehr um die Bauern. Sie hatten hart gearbeitet. Sollten wir kampflos zulassen, dass man ihre Erdbeeren einfach wegwarf?

Meine Frau erwiderte, es stehe nirgends geschrieben, dass man keine Lebensmittel aus Gaza ausführen dürfe. Das sei richtig, gab der israelische Beamte zu. »Ihr könnt ja nach Gaza zurückfahren und so viele Erdbeeren essen wie ihr wollt«, schlug er vor. Dann folgte ein verbissen geführter Schlagabtausch. Der Israeli sprach von »Sicherheit« und »Sprengstoff« und erklärte: »Wir Israelis wollen leben.« Ihre Sicherheit sei wohl kaum durch Erdbeeren gefährdet, gaben wir zu bedenken. Außerdem sei die Kontrolle nicht konsequent gewesen, die Orangen befänden sich nach wie vor im Rucksack. Wir ließen nicht locker. Schließlich versprach der Beamte, mit seinen Mitarbeitern zu sprechen, und verschwand. Keine fünf Minuten später kehrte er mit der schwarzen Plastiktüte voller Erdbeeren zurück und händigte sie uns aus.

Wir lächelten ungläubig, gingen aus dem Kontrollterminal hinaus und ließen erst dann unserem Jubel freien Lauf. Wider Erwarten hatten wir unseren Einsatz für die Erdbeeren und Bauern gewonnen. Angesichts der Tatsache, dass aus Gaza gar nichts leicht herauskommt, fühlten wir uns wie große Gewinner.

Welche Botschaft sollte das jüdische Boot ›Irene‹ (griech. ›Frieden‹) Gaza überbringen?

Edith Lutz freut sich fast über ihre Arbeitslosigkeit. Nun kann sie sich ganz der Organisation des »jüdischen Bootes« widmen, sagte sie mir im Juni 2010.[300] Das war kurz vor ihrem Aschaffenburger Vortrag »Gefängnis Gaza – Eine andere Sicht auf Israels Blockadepolitik« und einen Monat vor der Abreise. Der Starthafen müsse geheimbleiben, zu groß sei die Angst vor israelischer Sabotage. »Die Manipulation ist ja auch an beiden Booten der Freiheitsflotte geschehen«, erklärte die Friedensaktivistin frühere Versuche mutmaßlich israelischer Agenten, Schiffe mit Kurs Gaza zu beschädigen oder am Auslaufen zu hindern.

Für Lutz, Gründerin des Vereins *Abrahams Töchter*, und andere deutsche Jüdinnen und Juden war Israels zweiter Libanonkrieg 2006 ein Schlüsselerlebnis. »Die gewaltigen Angriffe auf den Libanon« haben sie gegen die Politik Israels demonstrieren lassen. Dabei ist Lutz mit der Gruppe *Jüdische Stimme für gerechten Frieden in Nahost* in Kontakt gekommen. Auf Rolf Verlegers Vorschlag hin forderten über 60 Jüdinnen und Juden in der *Berliner Erklärung Schalom 5767* (jüdische Jahreszahl) die Bundesregierung auf, sich endlich für Frieden und Gerechtigkeit einzusetzen.

Noch hatten Edith Lutz und ihre Mitstreiter die benötigten 90.000 Euro für das Boot nicht gänzlich eingeworben. Dieses bot Platz für 14 Passagiere sowie Medikamente, Schulbücher, Musikinstrumente. Eine zweifache Botschaft reise mit, so Lutz: Israel solle »die fatale Politik« beenden und »die Tore nach Gaza« öffnen. Die angekündigte Lockerung der Blockade geht Edith Lutz nicht weit genug. Das bedeute, »ein bisschen mehr Futter in den Käfig zu bringen«, dieser müsse aber ganz abgebaut werden. Denn: »Wir wollen den Menschen in Palästina ein menschenwürdiges Leben ermöglichen.« Denen soll das Boot sagen: »Es kommen nicht Juden mit Kriegsinstrumenten, sondern mit Musikinstrumenten.«

Kam die ›Irene‹ in Gaza an?

September 2010: »Wir sind Friedensaktivisten«, ruft Itamar auf Hebräisch und Englisch den Soldaten zu. Er sei für mögliche Gewalt persönlich verantwortlich, falls die Besatzung nicht gehorchen sollte, antworten sie übers Megaphon. Dann seien sie zum Entern »gezwungen.« Itamar verliest die vorbereitete Erklärung: »Wir sind ein Boot der europäischen Organisation *Jews for Justice for Palestinians* (JJP). Wir sind unbewaffnet, gewaltfrei und entschlossen, den Hafen Gazas zu erreichen. Ihr übt eine illegale Blockade aus und wir sprechen euch das Recht dazu ab. Auf diesem Boot sind Friedensaktivisten verschiedenen Alters, Überlebende der Shoa, Hinterbliebene, sprich Angehörige von Opfern des israelisch-palästinensischen Konflikts, und Israelis, die sich weigern, mit der illegalen Besetzung Palästinas zu kooperieren.«

Israelische Schiffe und Boote, einige mit Kanonen ausgestattet, umringen das 9,70 Meter lange, 40 Jahre alte *Boot der Solidarität,* wie es auch heißt. Über ihnen dröhnen Hubschrauber. Vom Solidaritätsboot schallt es zurück: »Wir fordern euch auf, die Befehle eurer Vorgesetzten zu verweigern. Die Besetzung Gazas ist illegal nach internationalem Recht. Ihr riskiert, vor internationalen Gerichtshöfen angeklagt zu werden. Blockade und Besatzung sind unmenschlich und widersprechen internationalen und jüdisch-ethischen Werten. Hört auf euer Gewissen! Bedenkt unsere eigene schmerzvolle Geschichte! Weigert euch, an der Blockade mitzuwirken! Weigert euch, Palästina zu besetzen!«

Sogleich sind schwer bewaffnete Soldaten an Bord. Zwei zerren Kapitän Glyn vom Steuerrad weg, ein dritter steht drohend mit einem Taser bereit. Dann werfen sie den Briten zu Boden und stoßen ihn in die Kabine. Lillian schreit: »Seht, was sie mit dem armen Glyn machen!« Yonatan bedeutet Reuven, auf der Mundharmonika zu spielen. Edith stimmt *We shall overcome* an. Sie schaffen es bis zur zweiten Strophe. Rami Elhanan und Yonatan umarmen sich, so fest sie können. Ein Offizier befiehlt, die Umarmung zu lösen, andernfalls werde er schießen. Er greift nach seiner Elektroschockpistole.

Rami will Yonatan schützen, wird aber von Soldaten niedergerungen. Reuven ruft: Rami ist kein Verbrecher! Er ist Vater einer bei einem Terroranschlag getöteten Tochter. Der Offizier macht ernst und schießt zweimal auf Yonatans rechte Schulter. Dann zieht er dessen Rettungsweste zur Seite und drückt erneut ab, diesmal auf die Brust. Yonatan, früher selbst Pilot in Israels Luftwaffe, verliert die Kontrolle, krümmt sich vor Schmerzen, stößt einen spitzen Schrei aus. Dann wird er auf eines der Schiffe gebracht. Rami, der es mitansieht, nennt es später »grausam.«

Soldaten nehmen dem israelischen Reporter von *Kanal 10* die Kamera ab. Reuven, der Shoa-Überlebende und mit 82 Jahren der Älteste an Bord, ist kaum zu beruhigen. »So dürfen sich israelische Soldaten nicht aufführen«, ruft er immer wieder. Er muss mit ansehen, wie Gepäck und Medikamententasche auf ein Marineschiff geschleudert werden, und mitanhören, wie die ihm aus der Hand geschlagene Mundharmonika unter den Soldatenstiefeln knirscht. Edith hat Angst, dass seine Erregung die Atmosphäre aufladen und zur Eskalation führen könnte. »Er ist nervös, er ist Holocaust-Überlebender«, sagt sie dem danebenstehenden Soldaten, der hilflos wirkt. »Ein Hauch von Verständigung«, so wird sie später den Blickkontakt zum Soldaten beschreiben. Da sieht sie Itamar: Gekrümmt und in Handschellen liegt er auf dem Deck eines Militärbootes. Rami Elhanan urteilt rückblickend, die »Übernahme geschah mit unnötiger Gewalt.«

Die Fahrt, die in Zypern begonnen hatte, endet nicht in Gaza, sondern in Aschdod, einer Stadt zwischen Tel Aviv und Gaza: mit Verhör, Anklage, intimer Leibesvisitation, Gefängniszelle, Deportation; Lillian Rosengarten erhält ein 10-jähriges Einreiseverbot.[301] Die Broschüre, in der diese Fahrt ohne Happy End beschrieben wird, beginnt mit dieser Notiz: »Das Boot wurde von der israelischen Marine aufgebracht und – anders als die Medien wiedergaben – Teilnehmenden extreme Gewalt angetan.«[302]

Was ist der »Klub der Gaza-Dichter«?

»Es gibt kein Outlet in Gaza außer der Poesie«[303], versichert die 22-jährige Maha Jaraba. Outlet – das meint in Gaza nicht ein Geschäft mit preiswertem Fabrikverkauf, sondern eher ein Ventil, einen Weg nach draußen. Frei übersetzen könnte man es mit: In Gaza ist Poesie das Einzige, was Gedanken reisen und Träume fliegen lässt. Maha drückt es so aus: »Sie ist das einzige Medium, das unsere Seelen dorthin trägt, wohin auch immer wir reisen möchten.«

Das sagte sie 2021 Mohammed Moussa vom *Klub der Gaza-Dichter* (*Gaza Poets Society*). Dieser hatte drei Klubmitglieder gefragt, wie sie sich nach Israels Bombardement von Samir Mansours Lebenstraum, einer Mischung aus Buchgeschäft und Bibliothek, fühlten. Diese über 20 Jahre bestehende Institution in Gaza war kurz vorher, während Israels elftägiger Militäroperation *Wächter der Mauern*, durch Luftangriffe schwer getroffen worden. Maha lebte zu diesem Zeitpunkt im 80.000 Einwohner zählenden al-Nusairat-Flüchtlingslager in Deir al-Balah im Zentralgazastreifen und studierte BWL. »Wir sind mitten im Dunkel und in der Trostlosigkeit«, beklagte sie. Es gebe nur ein »kleines Fenster, durch das Licht dringen« könne. Das Einzige, »was uns von den Sorgen des Krieges entlasten kann, ist Poesie. Wenn die Bomben fallen, schreibe ich.«

Sie glaubt nicht, dass sie, wäre sie woanders zur Welt gekommen, eine Dichterin geworden wäre. Nur in Gaza, wo »allein das schwärzeste und trostloseste Leben existiert«, fühle man sich wie nirgendwo sonst, »und diese Gefühle haben uns zu Dichtern werden lassen.«

Auch ihr Klubkollege Omar Moussa, damals 23, spricht von einem »Fenster«. Literarisches Schreiben ermögliche einem »zu atmen.« Habe man dann etwas zu Papier gebracht, »fühlt es sich an wie locker werden.« Aber selbst durchs Dichten könne man Gaza nicht entkommen, behauptete er, der Palästinas Nationaldichter Mahmoud Darwish, den Chilenen Pablo Neruda und die Ägypterin Amal Dunqul zu seinen Lieblingsautoren zählt.

Durchaus als »Fluchtventil« empfindet Nadine Murtaja das Schreiben von Gedichten »in Kriegszeiten.« Damals erklärte die 18-Jährige, dass »Dichten eine Flucht für mich ist«, und zwar in eine eigene Welt, »weit weg von der Welt, in der ich lebe.« Während des Mai-Krieges 2021 schrieb sie:

»Hier schläft der Tod nicht weit von uns,
wir gehen der Freiheit, der Hoffnung entgegen,
wir gehen auf zerbrochenem Glas unserer zerborstenen Fenster,
wir gehen auf Steinen, die einmal ein Haus waren,
Geschichten und Geheimnisse bergend,
wir gehen mit den Schreien der Kinder,
dem Stöhnen und Seufzen der Mütter,
das unaufhörlich in unseren Ohren pulsiert.«

2018 hatte Mohammed Moussa, Student der englischen Literatur, den Klub gegründet. Gedichtet wird in zwei Sprachen, Arabisch und Englisch. An die 30 überwiegend junge Leute in ihren 20ern schlossen sich an, »um Gedanken und Ideen auszutauschen, sich ihre Werke vorzustellen und sich mit Dichtern in anderen Teilen der Welt zu vernetzen.« Bilder zeigen die Dichter am Strand mit einer Gitarre oder in einem Saal bei der Veranstaltung *Hymns of Peace;* ein junger Mann macht mit seinen Fingern das ›V‹, englisch für Victory, Sieg.

Mittlerweile hat der Klub über 7.000 Follower auf *Facebook*, auf *Twitter* sind es weniger. Dort, inzwischen in *X* umbenannt, haben die Dichterinnen und Dichter über 3.200 Posts eingestellt. Einer stammt vom Klubgründer Mohammed Moussa selbst:

»Ich weiß nicht, was ich jetzt bin.
Vielleicht ein geschlachteter Morgen oder
eine Stadt, jeden Lebens entleert
Ich weiß nicht mal, wie ich mich fühle.
Ich bin vielleicht ein leeres Land, ein unbunter Himmel, eine kinderlose Kindheit, ein grabloser Friedhof, eine Tasse, in der nichts bleibt, grenzenloser Schmerz, eine Stadt im Chaos.
Alles scheint auf das Ende hinauszulaufen oder
zum Beginn von allem Möglichen.«[304]

Hatten Israelis Kontakt zu Menschen in Gaza?

Es muss 2007 oder 2008 gewesen sein. Ich saß bei dem Rechtsanwalt und ehemaligen Parlamentsabgeordneten Farraj Bishara Sarraf, einem Christen, in Gaza-Stadt. Da läutete das Telefon. Ein Israeli aus Tel Aviv am Apparat? So viel war schnell klar. Ich war wirklich erstaunt. Und erstaunt über mein Erstaunen. Offenbar hatte ich einen solchen Kontakt für nicht (mehr) möglich gehalten.

Vor der ersten Intifada (1987-1991) fuhren Israelis vor allem aus dem Süden des Landes nach Gaza, um günstig einzukaufen, ihr Auto reparieren oder sich die Zähne machen zu lassen. Zahlen darüber, wie viele den Schritt über die mentale Grenze wagten, existieren nicht. Kontakte zwischen Palästinensern (von jüdischen Israelis nur »Araber« genannt, hebr. HaAravim) und israelischen Juden (für Palästinenser »Juden«, arab. Il Yahud) ergaben sich zwangsläufig in den 21 jüdischen Siedlungen im Gazastreifen, in denen Palästinenser aus dem Küstenstreifen als billige Gastarbeiter vergleichsweise gut verdienten: als Maurer, Klempner, Fliesenleger, Elektriker.

Nachdem 1987 der israelische Jude Shlomo Takal[305] in Gaza-Stadt erstochen worden und die erste Intifada ausgebrochen war, kam es kaum noch zu Begegnungen zwischen Israelis und Palästinensern im Gazastreifen. Drei Jahre später fuhr der Israeli Amnon Pomeranz – laut *taz* »entgegen den Vorschriften«[306] – mit einem Privatwagen in das al-Bureij-Flüchtlingslager. Als er wenden wollte, verletzte er zwei palästinensische Jungen schwer, worauf das Auto mit Steinen beworfen und angezündet wurde. Der Soldat verbrannte.

1999 fuhren der US-stämmige israelische Jude Yossi Klein Halevi und ein weiterer israelischer Jude zum religiösen Gedankenaustausch mit einem Sufi-Scheich in den Gazastreifen. Er, Journalist, Sympathisant des Friedenslagers und religiös, hatte »vor Gaza gewaltige Angst.«[307] Als Reservesoldat 1991 im Flüchtlingslager Nuseirat stationiert, war er von Jugendlichen mit Steinen und Glas beworfen worden und hatte mit »nutzlosem Hinterherrennen und Salven von Tränengas« reagiert. Ständig musste er damals an Pomeranz denken, der wenige Monate vor diesem Einsatz »einmal falsch abgebogen und sofort von einem Mob umringt worden war, der ihn erschlagen und verbrannt hatte.«[308] Nun, 1999, war Klein Halevi ausgerechnet in dieses Lager zurückgekehrt. Als er zum offenen Markt kam, wo er damals von einem Stein getroffen worden war, musste er sich, »unbewaffnet und schutzlos, anstrengen, das Atmen nicht zu vergessen.« Er dachte: »Wenn diese Leute wüssten, wer ich bin, würden sie mich bei lebendigem Leib verbrennen.«[309]

Die Begegnung und das theologische Gespräch mit Scheich Abdul-Rahim mündeten dann in ein ekstatisches Gebet – etwa ein Dutzend Männer nahm daran teil. Klein Halevi versuchte dabei, seine »Panik in die Gebetsbewegung umzusetzen.«[310] Ein Gespräch über Gott und die Propheten schloss sich an. Klein Halevi empfand den Scheich dabei als penetrant, ja, hatte den Eindruck, er wolle ihn bekehren. Trotzdem begab er sich einige Zeit danach – unklar bleibt, ob noch 1999 oder erst ein Jahr später – noch einmal zu diesem palästinensischen Mystiker, begleitet vom Siedlerrabbi Menachem Froman (Fruman) und – wegen dessen Kippa auf dem Kopf – mit noch mehr Angst vor Gaza. Klein Halevi wurde sie nicht los und betete »um Gottes Schutz«.[311] Unversehrt verließen die beiden Gaza.

Nicht lange danach brach im Herbst 2000 die zweite Intifada aus. Mit den Palästinensern, »mit denen ich gefeiert und gebetet hatte«, führte Klein Halevi einige kurze, aber »unbefriedigende Telefonanrufe«, dann riss der Kontakt zu ihnen ebenso ab wie der zu christlichen Gemeinschaften. Klein Halevi (Jg. 1953) resümierte melancholisch-wehmütig: »Ich hatte am Eingang des Gartens Eden gestanden und kurz einen Blick hineinwerfen dürfen, aber das war alles gewesen.«[312]

Überraschendes im Gazastreifen

Müsste man nicht – traurigerweise – sagen: Gaza hat mich immer wieder überrascht. Etwa der heimliche Hobbywinzer oder Jugendliche, die auf Arabisch rappen. Auf dem Rückflug von Tel Aviv nach Frankfurt fand ich im Sommer 2017 die *New York Times* vor. Zu meiner Verblüffung fand ich einen Artikel über Gaza. Die wurde noch größer, als ich die Überschrift las: »A Gaza Dating Site, For Multiple Wives.« Eine Online-Plattform zum Kennenlernen? In Gaza? Für die Zweit- oder Drittfrau?

Er hoffte auf eine kinderlose Witwe, zwischen Mitte 20 und 30, aus dem südlichen Gazastreifen, deren Mann im Kampf gegen Israel gefallen war. *Sie* suchte einen verheirateten Mann. Nun sind Majdi und Ghada Abu Mustafa ein Paar. – So beginnt der Artikel, den ich später auch im englischen *Independent* fand. Abu Mustafa, 34 und Mathelehrer, wollte durch die Eheschließung einer Witwe »Würde« zurückgeben.

In den ersten drei Monaten, erklärte Hashem Sheikha, der Gründer der Plattform *Wesal* (arab. Verbindung), hätten 160 Paare geheiratet. »Unsere Männer kämpfen und sterben. Frauen bleiben am Leben. Deshalb unterstützt mein Projekt Polygamie.« Gleichzeitig bekämpfe es die traditionelle Überzeugung, der zufolge geschiedene Frauen kein zweites Mal heiraten sollten. Nutzer müssen unter anderem diesen Satz unterschreiben: »Ich schwöre bei dem Großen Gott, dass ich keine falschen Angaben mache und diese Internetseite nicht zur Unterhaltung/zum Spaß nutze.«

Nicht nur auf Sympathie stößt die Kontaktbörse, sondern auch auf heftige Kritik. Lina Zein, 25 und Single aus Gaza-Stadt, findet die Internetseite »abstoßend.« Frauen seien doch »kein Sack Zwiebeln«.

Rami Shatali, 38 und Vater von vier Töchtern aus erster, geschiedener Ehe, lernte Majd, 26, kennen; geschieden mit einem Sohn. Am Hochzeitstag fühlte er sich als »glücklichster Mann der Welt, weil ich eine Frau fand, die sich wahnsinnig in mich verliebt hat. Sie ist es, die mich all meinen Schmerz vergessen lassen kann.«[313]

VI.
Der 7. Oktober 2023

An jenem Tag schrieb ich um 11.51 Uhr diese E-Mail an die Verantwortlichen meiner Reisegruppe, mit der ich Ende Oktober fliegen wollte (nachdem ich wenige Minuten vorher meinen Rückflug um eine Woche verschoben hatte. Ich hatte gedacht: Raketen aus dem Gazastreifen … das kenne ich … nach drei, vier Tagen ist es vorbei):

> Guten Morgen,
> ich werde mich am Mo/Di an die Gruppe wenden. Eine GENERELLE Reisewarnung wird es wohl beim AA nicht geben. Selbst beim 3. oder 4. Gaza-Krieg gab es »nur« eine Teilreisewarnung, d. h.: Halten Sie sich 40 km vom Gazastreifen entfernt auf!
>
> Ich selbst werde noch etwas länger im Land bleiben, da ich gestern mein 5. Buch mit dem Echter Verlag klargemacht habe. Ich bringe Euch am 29.10. zum Flughafen, mache die Sicherheitsbefragung mit und dann geht es für 5 weitere Tage nach Bethlehem, Jericho, Ramallah, … zu Recherchezwecken.
>
> Ein gelassener u. zuversichtlicher Johannes (bin auch Intifadaerprobt) grüßt Euch herzlich
> Johannes

Erst am Abend bei den Fernsehnachrichten wurde mir die neue, nicht für möglich gehaltene Dimension der Gewalt deutlich. Bald darauf wusste ich: Im Kibbuz Be'eri, in dem ich 1985/86 tonnenweise Zitronen, Mandarinen, Orangen und Pomelos gepflückt hatte, wurden über 100 Menschen massakriert.

Wer warnte vor einer »Explosion im Westjordanland und im Gazastreifen«?

Es war im März 2008, am *Hauptfriedhof der Fabriken des Gazastreifens*. Politiker, Blockadegegner und Fabrikbesitzer schilderten die verheerenden Auswirkungen der israelischen Abriegelung Gazas, verurteilten sie und erbaten die Solidarität der Welt. Einer warnte, es könne zum Flächenbrand kommen, denn Gaza habe weltpolitische Bedeutung. Den Flächenbrand haben wir nun, im Frühjahr 2024: Er reicht bis in den Libanon und zu den Huthi-Rebellen im Jemen und bis in den Iran.

Aufmerksame Beobachter hören von Friedens- und Menschenrechtsaktivisten oder Journalisten aus Tel Aviv, Jerusalem, Bethlehem oder Gaza seit Jahrzehnten die Warnung: Der Konflikt muss von der Wurzel her gelöst werden, ansonsten droht noch mehr Gewalt, ja eine dritte Intifada. Fast jeder Leitartikel des *Palestine-Israel Journal (PIJ)* mahnt eine Perspektive für die Palästinenser an. In Netanjahus erster Amtszeit (ab 1996) kritisierte der israelische *PIJ*-Chefredakteur Victor Cygielman dessen »Sturheit« und »Israels Verschleppungstaktik« in den Gesprächen: »Allen ist klar, auch der israelischen Regierung, dass ein andauernder Stillstand zu einer Explosion im Westjordanland und im Gazastreifen führen kann, wo sich palästinensischer Frust und Hoffnungslosigkeit derart anstauen, dass die gesamte Region destabilisiert werden kann.«[314] 2006 forderte sein PIJ-Partner, der palästinensische Chefredakteur Ziad Abu Zayyad, einen »detaillierten Plan für eine Lösung samt Fahrplan.« Die Hoffnung darauf hätten seine palästinensischen Landsleute zwar verloren, seien jedoch »bereit, eine ausgehandelte Regelung zu unterstützen und alle extremistischen Elemente in ihrem Volk an den Rand zu drängen, die dazu aufrufen, Feindseligkeiten und bewaffnete Konfrontation fortzusetzen. Alles, was es braucht, ist Hoffnung und ein Licht am Ende des Tunnels.«[315]

Am Ende desselben Jahres schrieb der israelische Friedensaktivist Uri Avnery den Artikel »Das große Experiment. Humanitäre Katastrophe im Gazastreifen«. Der 1923 in Westfalen Geborene schloss bissig: »Wie kann eine ausgehungerte Bevölkerung durchhalten, der die Medikamente und das medizinische Gerät für ihre einfachen Krankenhäuser fehlen und die Angriffe vom Land, vom Meer und aus der Luft ausgesetzt ist? Wann wird sie auf die Knie fallen und um Gnade bitten? Oder wird sie eine übermenschliche Kraft finden und die Prüfung bestehen?« Alle Teilnehmer des Experiments, Avnery nennt auch Angela Merkel, George W. Bush und den »Friedensnobelpreisträger Shimon Peres«, seien über Mikroskope »gebeugt und warten auf eine Antwort, die zweifellos ein wichtiger Beitrag für die Politischen Wissenschaften sein wird. Ich hoffe, das Nobelpreis-Komitee wird dies bei der Preisvergabe 2007 gebührend würdigen.«[316]

Fast zeitgleich erschien Jimmy Carters aufrüttelndes Buch »Palestine. Peace Not Apartheid«. Kurz vorher hatte Rupert Neudeck sein Bekenntnis »Ich will nicht mehr schweigen. Über Recht und Gerechtigkeit in Palästina« veröffentlicht. Die Forderung war immer dieselbe: Konfliktlösung mit Wurzelbehandlung jetzt! Der deutsch-französische Jude Alfred Grosser warnte 2009 eindringlich: »Auf arabischer Seite war die erste Generation verhandlungsbereit. Aus der zweiten Generation ist die sehr gewalttätige Hamas hervorgegangen. Die dritte Generation aber hat überhaupt nichts mehr zu verlieren. Und wer nichts mehr zu verlieren hat, ist auch bereit, sein Leben zu opfern. Das finde ich sehr beängstigend.«[317]

Deutlich war auch Yuli Novak, als sie 2023 ihr Amt als Geschäftsführerin der Menschenrechtsorganisation *B'Tselem* antrat: »Als Israeli ist es meine Pflicht und mein Recht, nachdrücklich ein Ende der Besatzung zu fordern sowie den Austausch des Apartheidregimes durch eine Demokratie. Nur so können wir die Menschenrechte von jedem Menschen, der hier lebt, garantieren. … Demokratie und Besatzung können nicht nebeneinander bestehen. Es gibt keine Demokratie unter Apartheid.«[318]

Verdächtige Übungen – oder: Wovor warnte mehr als eine »Tatzpitanit«?

Tobi, der Bekannte einer Kollegin und weitgereist, war vor einiger Zeit in Tel Aviv. Die Befragung am Flughafen Ben Gurion vor der Rückreise ließ keinen Zweifel: Die Sicherheitsleute, erfahrungsgemäß mehrheitlich Frauen zwischen Anfang und Ende 20, wussten alles über sein WG-Leben. Wie konnte das sein, wo er doch auf sozialen Medien nicht zugange war? Tobi war schockiert und fragte sich: Über mich wissen sie alles und über das bevorstehende Hamas-Massaker wussten sie nichts?

Sieben Wochen nach diesem wussten zumindest *Ha'aretz*-Leser in Israel: Junge Soldatinnen, man nennt sie »Tatzspitanit« (engl. spotter) hatten auf ihren Bildschirmen in Armeebasen und Kasernen rund um den Gazastreifen über Monate sehr wohl Verdächtiges wahrgenommen. Höchst Verdächtiges. Sie hatten Übungen der Hamas in Grenznähe und deren Drohnen beobachtet, auch Versuche, Überwachungskameras unschädlich zu machen sowie den Einsatz von Motorrädern und Lkws, ja »sogar Schussübungen auf Panzer.«[319]

Die *Spotters* hielten die Hamas für recht nachlässig: Gar nichts schien sie verbergen zu wollen. Diese Beobachtungen, auch schriftlich niedergelegt, trafen jedoch auf völlig taube Ohren. Ranghöhere Offiziere in der Gaza-Division und im Südkommando weigerten sich, sich die Warnungen anzuhören. Nach Ansicht der Aufklärerinnen ist »der Grund dafür teilweise Arroganz, teilweise männlicher Chauvinismus.« Shir, eine der wenigen, die mit Namen in der Zeitung erscheint, behauptet, Frauen in der Armee würden sich im Laufe ihres Militärdienstes daran gewöhnen, »nichts zu zählen.«

An einem Apriltag 2023 saß Smadar auf ihrem Beobachtungsposten in Kissufim und beobachtete etwas Neues im Training der Hamas. »Sie hatten den Grenzverlauf exakt nachgebaut und trainierten den Grenzdurchbruch. Entgegen der Armeeüberzeugung trainierten sie das Eindringen am Boden und nicht durch die Tunnel. Mit der Zeit wurde ihr Training intensiver.« Eine andere Kollegin beobachtete in ihrem »Sektor«, wie »sie ein exaktes Modell des Merkava-IV-Panzers nachbauten und die ganze Zeit damit trainierten«: inklusive Beschuss und Gefangennahme einer Panzerbesatzung.

Eine der Antworten von Vorgesetzten, die die *Spotters* zu hören bekamen, war zum Beispiel: »Ich bin hier seit 2010. Ich war Befehlshaber hier, ein Geheimdienstoffizier. Ich kenne Gaza in- und auswendig und ich versichere dir: Alles ist gut. Du bist erst sechs Monate hier und ich schon zwölf Jahre.«

Einat, eine Aufklärerin von Nahal Oz, hatte am sogenannten »Schwarzen Sabbat« frei und war zuhause. Als ihr dämmerte, dass Hamas und andere Milizen im großen Stil nach Israel eingedrungen waren, sagte sie ihrer Familie: »Das ist ein Hamas-Überfall. Sie werden Soldaten entführen.« Sie versicherte den Angehörigen auch, dass sie mit Gleitschirmen kommen würden. »Sie schauten mich an wie eine Verrückte. Wir wussten: Fing ich zu schreien an, würde was auf uns zukommen. Aber niemand hörte uns zu.« Eine Kollegin war sich sicher: »Wären es Männer gewesen, die vor den Bildschirmen gesessen hätten, sähe alles anders aus.«

Es war nicht der letzte Bericht in Israel über Arroganz und Versagen des Militärs und der Geheimdienste. Ein weiterer zitierte eine Offizierin des militärischen Geheimdienstes, die dreimal vor einem Hamas-Massaker warnte, nachdem sie am Ende einer Hamas-Übung folgende Worte gehört hatte: »Wir haben die Ermordung aller Kibbuzbewohner abgeschlossen.«[320]

Auch der ägyptische Geheimdienst soll Israel gewarnt haben: drei Tage vor dem Massaker! Das berichteten etliche internationale Medien, darunter deutsche und britische. Premier Netanjahu, der sich bisher gerne als »Mr. Security« darstellte, dementierte: »Völlig falsch.«[321]

Was genau geschah am 7. Oktober?

CNN war deutlich schneller als der *Spiegel*. Während letzterer Texte wie »Überflüssige Haustiere« (7.45 Uhr) oder »Wie Paare besser streiten« (7.58 Uhr) online stellte, erfuhren Leser beim US-amerikanischen Sender bereits, dass massiver Raketenbeschuss aus dem Gazastreifen einen Menschen in Israel getötet und mehrere verletzt hatte. Um 7.22 Uhr MEZ berichtete der Sender aus Atlanta, von circa 4.000 Journalisten aus aller Welt mit Nachrichten versorgt, dass laut israelischer Armee »Militante aus dem Gazastreifen« nach Israel eingedrungen seien. 31 Minuten später war klar: Die Hamas-Operation hieß *Al-Aqsa-Flut* und zielte mit 5.000 Raketen auf »feindliche Positionen, Flughäfen und Militäreinrichtungen.« Diesen O-Ton aus dem Munde von Hamas-Militärchef Muhammad Al-Deif lieferte ebenfalls *CNN*.[322]

Um 8.07 Uhr meldete *tagesschau.de*, dass Israel Reservisten mobilisiere.[323] Um 9.25 und 10.41 Uhr brachte der *Spiegel* unter der Schlagzeile »So zerstörerisch ist der Hamas-Angriff« erste Nachrichten, dazu 17 Fotos: Zwölf von ihnen aus Israel; diese zeigen beschädigte und brennende Wohnungen, bange Blicke zu den Kampfjets am Himmel, ein Einschlagsloch einer Rakete und Menschen, die Deckung vor Raketen suchen. Auf vier Bildern aus Gaza und einem aus dem Westjordanland verlassen Menschen ihre Häuser oder »feiern Palästinenser den Angriff« vor einem eroberten Panzer, einem Jeep beziehungsweise bei einer Kundgebung.[324]

Irgendwann an diesem Morgen erklärte Israel den Kriegszustand, riegelte den Gazastreifen ab, schloss mehrere Kontrollpunkt-Übergänge aus dem Westjordanland nach Ostjerusalem, errichtete zusätzliche Straßensperren im Westjordanland und erklärte die Aufenthaltsgenehmigungen von Tausenden von Gastarbeitern aus Gaza für ungültig. Etwa ab 9.45 Uhr MEZ griff die israelische Luftwaffe Ziele im Gazastreifen an.

Erst in den Tagen und Wochen danach wurde klar, was in den frühen Morgenstunden des 7. Oktober, eines Sabbats (vergleichbar unserem Sonntag), Israel heimgesucht hatte: Zwischen 1.500 und

2.000 militante Kämpfer hatten den Grenzzaun zwischen Gaza und Israel zu Fuß, mit Pick-ups oder Mopeds durchbrochen, andere waren mit Gleitschirmen oder per Schlauchboot auf israelisches Territorium gelangt. Über Stunden töteten sie ungehindert in mehr als einem Dutzend Orten im von Israel genannten »Gaza-Envelope«, sprich in der Nähe des Gazastreifens sowie auf dem *Nova*-Musikfestival. Circa 1.200 Israelis und Menschen anderer Staatsangehörigkeit verloren ihr Leben, etwa 3.300 wurden verletzt, 257 in den Gazastreifen verschleppt.

Die UN-Agentur *OCHA* vermeldete allerdings an jenem Abend (Stand: 18 Uhr Jerusalemer Zeit, 17 Uhr in Berlin) lediglich 52 Gekidnappte sowie 70 israelische Tote. Vieles war zu diesem Zeitpunkt chaotisch, verworren, unklar. Die Zahl der Getöteten auf palästinensischer Seite: 198 im Gazastreifen (darunter ein palästinensischer Journalist in Gaza-Stadt), drei im Westjordanland. Mindestens 20.000 Palästinenser hatten ihre Häuser oder Wohnungen verlassen und suchten in 44 UNRWA-Schulen Schutz. Ein Luftangriff traf das indonesische Krankenhaus in Beit Lahiya im Norden des Gazastreifens und tötete zwei Männer, darunter einen Mitarbeiter.[325]

Um 18.37 Uhr MEZ wurde – vermutlich der erste – Kommentar eines deutschen Journalisten veröffentlicht. Julio Segador aus dem *ARD*-Studio Tel Aviv schrieb: »Die Hamas zeigt ihr wahres Gesicht.« Der Korrespondent, seit 2022 im Land, zieht und sieht eine Parallele zum Versagen des israelischen Sicherheitsapparats vor dem Jom-Kippur-Krieg 50 Jahre zuvor und nennt das aktuelle »immens«. Segador vermutet, dass die Stimmen, die die Hamas als gleichberechtigten Verhandlungspartner gefordert hatten, »nun rasch verstummen« dürften. »Diese Hamas ist kein Verhandlungspartner. Es sind Terroristen. Punkt.«

Verübte die Hamas das Massaker am 7. Oktober allein?

Viele Medien im deutschsprachigen Raum zeichneten ein Bild des Massakers, in dem ausschließlich die Hamas als Täter vorkam. Zwei Beispiele: »Hamas-Terroristen greifen Israel mit Gleitschirmen an«[326], schrieb die österreichische Plattform *Heute.at* zwei Tage danach. Im November erörterte der *Deutschlandfunk* in einem langen Beitrag mit Fotos und Landkarten »Die geostrategischen Hintergründe des Hamas-Angriffs«.[327]

Wenige Tage später räumte der *Standard* aus Wien ein, dass eventuell andere Gruppierungen beteiligt waren, versichert aber: »Die Hamas saß beim Terrorüberfall auf Israel klar im Führersitz, auch wenn sich Angehörige anderer Gruppen beteiligt haben mögen.« Im weiteren Text heißt es, dass sich einige Geiseln »in Gewahrsam der Organisation Palästinensischer Islamischer Jihad (PIJ) befinden sollen, der sich der zweiten Angriffswelle nach Israel angeschlossen hatte und selbst Personen verschleppte.«[328]

Schon Mitte Oktober hatte dagegen für die Nachrichtenagentur *Reuters* festgestanden, dass der Islamische Dschihad, ein »Hamas-Verbündeter, am Angriff des 7. Oktober beteiligt war.«[329] Joseph Croitoru, in Israel geborener Historiker, gab wenige Tage nach Erscheinen seines neuen Hamas-Buchs der *Frankfurter Rundschau* ein Interview. Da zeichnet er ein noch komplexeres Bild, ohne seine Quellen zu nennen: »Der Angriff wurde ja nicht allein von den Qassam-Brigaden der Hamas durchgeführt. Der Islamische Dschihad und Angehörige von zehn kleineren Milizen waren anscheinend mit dabei, insgesamt mehr als 2000 Bewaffnete. Im Fahrwasser dieser Angreifer wütete zudem auch noch ein Mob von vermutlich mehreren Hundert Zivilisten.«[330]

Welches Ausmaß hatte die sexualisierte Gewalt am 7. Oktober 2023?

Immer wieder seit dem 7. Oktober 2023 in Israel zu sehen: Frauen, teils weiß gekleidet, teils mit roten Spritzern, die Blut andeuten, halten mit zugeklebten Mündern Schilder hoch. Auf denen steht in Englisch oder Hebräisch: »Me too unless you are a Jew, UN Frauen – euer Schweigen ist unverzeihlich« oder der Appell »Sprich laut für die Frauen in Israel«.

Im Dezember 2023 warf Orit Sulitzeanu, Geschäftsführerin der israelischen Vereinigung der Hilfszentren für Opfer sexuellen Missbrauchs, »internationalen Frauen- und Menschenrechtsorganisationen wie UN Women ... ein gewaltiges moralisches Versagen« vor. »Ihr beschämend langes Schweigen« nach dem Massaker sowie dessen Einordnung als konfliktbezogene sexuelle Gewalt »in der Stellungnahme von UN Women am 1. Dezember entzieht ihrer Arbeit jegliche Glaubwürdigkeit und macht sie irrelevant.«[331] Sulitzeanu nennt ihre Quellen: Soldaten, die Bergungsorganisation *Zaka*, den Rettungsdienst *Roter Davidstern*, Überlebende des Massakers sowie Geständnisse von Hamas-Terroristen. Und sie schlussfolgert: Hamas-Terroristen »wurden von ihren Kommandanten hinausgeschickt, um zu vergewaltigen, zu foltern und auf schwerste Weise zu misshandeln«, in »Gruppenvergewaltigungen«. Zudem sei es zu »sadistischen Vergewaltigungen und Gewalt« durch Männer aus Gaza gekommen, die nach dem Hamas-Angriff durch zehn Öffnungen des Grenzzauns nach Israel eingedrungen waren. Die Hamas, so Sulitzeanu, habe »systematische sexualisierte Gewalt als Kampfmittel« eingesetzt. Diese bestreitet das.

Im Februar 2024 gab Sulitzeanus *Association of Rape Crisis Centers in Israel* den 39-Seiten-Bericht »Silent Cry« (Stummer Schrei) heraus. Darin wird neben den erwähnten Quellen ausgiebig aus einem Artikel der *New York Times* (*NYT*) von Dezember 2023 zitiert, der hohe Wellen schlug und aus vier Gründen kritisiert wurde: Schwartz, einer der drei Autoren, war in einem israelischen Geheimdienst tätig, verfügte über nur geringe journalistische Ausbildung und »likte« in den sozialen Medien den Aufruf zur Auslöschung Gazas; die Schwester der im *NYT*-Artikel porträtierten, angeblich vergewaltigten Frau, dementierte den Vorwurf der Vergewaltigung, wie der *Al-Jazeera*-Film »October 7« dokumentiert.[332]

Die Zeugen in *Stummer Schrei* schildern Exekutionen während oder nach Vergewaltigungen, Schüsse auf Genitalien, Einführen von Waffen und Verstümmelung von Genitalien, Festbinden (z. B. an einem Baum) und Fesseln von Opfern, Vergewaltigung im Beisein von Angehörigen sowie sexuelle Gewalt gegen Männer. Fazit: Die sexuelle Gewalt war »systematisch, geplant und vorsätzlich.«[333]

Ein anderes Bild zeigt der Dokumentarfilm »October 7«, den der britische Journalist Richard Sanders und die Investigativ-Abteilung *I-Unit* von *Al-Jazeera* im März 2024 veröffentlichten. Der Anspruch: eine »forensisches Analyse.« Dazu wurden sieben Stunden Filmmaterial ausgewertet: von Überwachungskameras, persönlichen Handys, Dashcams sowie von Kopfkameras getöteter Terroristen. Außerdem interviewte man Hunderte von Überlebenden. Experten, auch israelische, kommen im Film zu Wort. Madeleine Rees, Generalsekretärin der *Women's International League for Peace and Freedom,* geht davon aus, dass Vergewaltigungen stattfanden, doch sei es, nach allem, was man wisse, »nicht weitverbreitet oder systematisch« gewesen. Die Vereinten Nationen wären zu einer eingehenden Untersuchung bereit, doch werde das von Israel blockiert. Nicht nur dies befremdet, sondern auch die folgende Tatsache, die der Film zeigt: Israels Premier Netanjahu appellierte an Mitarbeiter des Bergungsdienstes *Zaka*: »Ihr spielt eine wichtige Rolle in der Beeinflussung der öffentlichen Meinung, die wiederum Staats- und Regierungschefs beeinflusst.«

Das Bild von dem, was am 7. Oktober 2023 geschehen ist, ist verwirrender und widersprüchlicher geworden, da »Tatsachen« umstritten sind. Und wieder einmal, wie so oft in diesem Konflikt, steht Aussage gegen Aussage.

Welche Ziele verfolgte die Hamas mit dem 7. Oktober?

»Im Namen Gottes, des Gütigsten und Barmherzigsten ...« – so beginnt das 18-seitige Dokument »Our Narrative – Operation Al-Aqsa Flood« (»Unser Narrativ – Operation Al-Aqsa-Flut«), unterteilt in fünf Kapitel, das die Hamas nach dem Massaker vom 7. Oktober 2023 veröffentlichte. Das erste Kapitel (»Warum die Operation Al-Aqsa-Flut?«) beleuchtet die Wurzel des Konflikts: »Der Kampf des palästinensischen Volkes gegen Besatzung und Kolonialismus hat nicht am 7. Oktober begonnen, sondern vor 105 Jahren: 30 Jahre des britischen Kolonialismus und 75 Jahre zionistischer Besatzung. 1918 besaß das palästinensische Volk 98,5 Prozent des palästinensischen Grund und Bodens und stellte 92 Prozent der Bevölkerung im Land Palästina.« Dann verweist das Dokument auf israelische Verletzungen, dokumentiert von UN-Organisationen und beispielsweise *Amnesty International*. Das alles sei ignoriert worden, dazu habe Israel in den letzten 75 Jahren über 900 UN-Resolutionen missachtet oder zurückgewiesen. »Die USA und deren westliche Verbündete haben Israel immer als Staat über dem Gesetz behandelt.« Das Dokument weist auf Israels fortgesetzten Siedlungsbau hin, wodurch ein palästinensischer Staat verhindert wurde. »Nach 75 Jahren unerbittlicher Besatzung und Leiden und nachdem alle Initiativen zur Befreiung versagt haben, und nach den verheerenden Ergebnissen des sogenannten Friedensprozesses: Welche Antwort hat die Welt vom palästinensischen Volk erwartet?«

Das Dokument nennt zudem »israelische Pläne, die heilige Al-Aksa-Moschee zu judaisieren«, die »Intensivierung von Siedler-Einbrüchen in die heilige Moschee«, die praktischen Schritte der »extremistischen und rechten israelischen Regierung, das gesamte Westjordanland und Jerusalem zu annektieren«, sowie Pläne, »Palästinenser aus ihren Häusern und Gebieten zu vertreiben.« Weiter werden die Tausenden von politischen Gefangenen angeführt, die »Demütigungen« ausgesetzt und ihrer »Grundrechte beraubt« sind. Dann behandelt das Dokument die »ungerechte Blockade – zu Wasser, zu Land, in der Luft –, die dem Gazastreifen seit 17 Jahren auferlegt wird.« Was habe man nach all dem vom palästinensischen Volk denn erwartet, fragt das Dokument. »Weiter zu warten und auf die hilflose UNO zu zählen! Oder die Initiative selbst in die Hand zu nehmen, um das palästinensische Volk, seinen Boden, seine Rechte und Heiligtümer zu verteidigen, wissend, dass der Akt der Verteidigung in internationalen Gesetzen, Normen, Konventionen verbürgt ist. Daher war die Operation *Al-Aqsa-Flut* am 7. Oktober ein notwendiger Schritt, um allen israelischen Verschwörungen gegen das palästinensische Volk und seine Sache zu begegnen. Es war ein Akt der Verteidigung, um die israelische Besatzung loszuwerden und die palästinensischen Rechte zurückzufordern.«

Das zweite Kapitel nimmt Bezug auf israelische Vorwürfe zur »Operation« und beantwortet diese. Beispiel: »Die Lüge der ›40 geköpften Babies‹ ist widerlegt worden. Und selbst israelische Quellen dementieren diese Lüge.« Im Kapitel vier definiert sich die Hamas selbst. Hamas »kämpft nicht einen Kampf gegen die Juden, weil sie jüdisch sind, sondern kämpft gegen die Zionisten, die Palästina besetzen.«

Das Dokument endet im fünften Kapitel *Was braucht es jetzt?* mit acht Forderungen. Nr. 5 lautet: »Die Supermächte, vor allem die USA, Großbritannien und Frankreich, müssen aufhören, das zionistische Gebilde vor der Rechenschaftspflicht zu bewahren und es als Land über dem Gesetz zu behandeln. Solch ungerechtes Verhalten dieser Länder hat zugelassen, dass die israelische Besatzung in den letzten 75 Jahren die schlimmsten Verbrechen gegen das palästinensische Volk begangen hat, gegen Land und Heiligtümer. Wir ermahnen die Länder der Welt, ihre Pflichten gegenüber dem internationalen Gesetz und den relevanten UN-Resolutionen, die ein Ende der Besatzung fordern, wahrzunehmen.«[334]

VII.
Der Krieg ab dem 7. Oktober 2023 und seine Folgen

Seit 7. Oktober 2023 tobt heftigster Krieg und ruft Reaktionen weltweit hervor. Das Wort »Rache« oder »Rachefeldzug« kam israelischen Politikern über die Lippen, manche sprachen von »Auslöschung« oder: jeder und jede im Gazastreifen sei ein Ziel. Das folgende Kapitel zeigt auch »Nebenwirkungen« dieses Krieges, der beispiellos allein in punkto Todeszahlen in der Geschichte des Nahen Ostens ist. Zu einem Zeitpunkt vermeldeten die Vereinten Nationen, alle zehn Minuten werde ein palästinensisches Kind verletzt oder getötet.

Wie reagierten deutsche Medien auf den 7. Oktober 2023?

Am 23. Mai 2023 schrieb ich an Louis Klamroth, den Moderator der Sendung *Hart aber fair:* »Kein deutscher Sender/keine deutsche Sendung traut sich, einmal die israelische Besatzung (besteht seit 1967) zu thematisieren. Diese tötet Tag für Tag Palästinenser, ab und zu auch Israelis. Und zerstört tagtäglich Lebensgrundlagen, Hoffnungen, Träume. Vier Beispiele:

- Hauszerstörung (sie geschieht fast täglich in Ostjerusalem und im Westjordanland. Ich wurde im Winter 2005 einmal Zeuge eines Hausabrisses in Ostjerusalem)
- Razzien, die oft tödlich ausgehen
- Landenteignung
- Verweigerung der Familienzusammenführung von Palästinensern in zigtausend Fällen (ich kenne vier persönlich) –

um nur vier Facetten eines unsicheren, grausamen, unberechenbaren Alltags unter Besatzung zu nennen. Durch unser Schweigen werden Tag für Tag Existenzen zerstört und Leben (auf beiden Seiten) ausgelöscht. Die Besatzung muss endlich einmal HART, aber FAIR thematisiert werden. Ihnen traue ich das zu. …«

Ich erhielt die Standardantwort, die Dank aussprach und Prüfung des Vorschlags versprach.

Schon am 8. Oktober 2023 blickte der *Presseclub* im Ersten unter dem Titel »Erst Ukraine, jetzt Israel – Der Westen unter Druck« auf Israel/Palästina. Am 10. Oktober fragte das Tagesgespräch in *Bayern 2*: »Nach den Terror-Angriffen der Hamas: Wie blicken Sie auf Israel?« Am selben Abend fragte Markus Lanz in seiner Sendung »Gaza-Konflikt: Was erwartet Israel von Deutschland?« Einen Tag später kam die Ausgabe von *Idea. Das christliche Spektrum* heraus, mit einem Coverfoto, auf dem dunkle Nacht, Feuer und wohl von Raketen hervorgerufene Rauchsäulen zu sehen sind. Text: »Betet für Israel! Terror erschüttert das Heilige Land.« Einen Tag später lud Maybrit Illner zu »Terror-Angriff auf Israel – uneingeschränkte Solidarität?« sechs Gäste ein: Außenministerin Baerbock, den Grünen-Vorsitzenden Nouripour, Armin Laschet (CDU), Souad Mekhennet von der *Washington Post,* Meron Mendel, den in Israel geborenen Direktor der Bildungsstätte Anne Frank in Frankfurt, und den Terrorismusforscher Peter Neumann. Am 14. Oktober thematisierte der *Spiegel* in sieben Texten das Massaker, das Solidaritätsversprechen Deutschlands sowie mögliche Auswirkungen des 7. Oktober in deutschen Schulen. Das Cover zeigt einen an einem Grab knienden, trauernden israelischen Soldaten mit Waffe. Der Leitartikel von Dirk Kurbjuweit ist betitelt: »An der Seite der Opfer.« Es sei selbstverständlich, so der Redakteur, »dass Deutschland nach dem Terror der Hamas Israel beisteht, auch militärisch.«[335] Das in den Text eingebaute Foto zeigt das Brandenburger Tor blau-weiß, in den Farben Israels. Am selben Tag setzte der *Focus* den blauen Davidstern aufs Cover: Aus ihm tropft eine Träne heraus. Darunter steht: »Wie der Angriff auf Israel den gesamten Westen bedroht.« Der Aufmacher ist betitelt: »Wenn aus Hass Krieg wird.« Chefredakteur Georg Meck stellt im Editorial klar: »In jeder Sekunde muss klar sein, auf welcher Seite wir stehen, wenn aus dem Hass der Islamisten Krieg wird.« Es sei ein Krieg »gegen unsere Werte, gegen unseren Lebensstil, gegen unser Selbstverständnis.«[336] *Das Parlament* widmet die ersten drei Seiten dem Massaker. Der Aufmacher ist ein Zitat: »An der Seite Israels.«

Diese Zusammenstellung der ersten Woche nach dem 7. Oktober 2023 ist nicht vollständig, zeigt aber eine Tendenz, die sich in den folgenden Wochen fortsetzen sollte: Israelische Stimmen, auch von Opfern, erhalten viel Sendeplatz, ebenso Politiker und andere Gäste, die betonen, auf der Seite Israels zu stehen. Palästinenser sieht man fast so selten wie kritische Stimmen aus jüdischen Kreisen in Deutschland. Eine zufällig ausgewählte Wochenendausgabe der *SZ* im Februar 2024[337] bestätigt diesen Befund: Redakteure und Autoren sprechen auf 76 Seiten 99 Mal von *Israel* und zweimal von *Palästina*. Bei israelisch (44x) vs. palästinensisch (14x) ist das Verhältnis zwar eindeutig, aber nicht so krass wie im erstgenannten Beispiel.

Wie reagiert die Welt auf Israels Gaza-Krieg?

Von Argentinien bis Australien, von Namibia bis Finnland äußern sich Menschen, in Leserbriefen, auf sozialen Medien und auf der Straße. Pro-Israel oder Pro-Palästina – es scheint nur zwei Lager zu geben.

Vor dem Haus von US-Außenminister Blinken in Virginia errichteten 20 Aktivisten ein Zeltlager, um ihren Unmut über die US-amerikanische Unterstützung Israels zu zeigen. Der Papst schrieb einen Brief an die jüdischen Brüder und Schwestern. Der lateinische Patriarch Pierbattista Pizzaballa in Jerusalem, der sich im Herbst 2023 als Austauschgeisel angeboten hatte, rief im Frühjahr 2024 die Pilger zur Rückkehr ins Heilige Land auf. Die *Hebräische Universität* in derselben Stadt suspendierte die Dozentin Nadera Shalboub-Kevorkian, weil sie die sexuelle Gewalt der Hamas leugnete. 300 Mennoniten machten einen Sitzstreik in der US-Hauptstadt, 150 wurden verhaftet. In San Francisco blockierten Demonstranten die Bay-Brücke. An der nationalen Universität Australiens (ANU) errichteten Studenten ein Zeltlager: »Freiheit für Palästina« stand auf einem der Banner. Jüdische Studenten sollen dort Todesdrohungen erhalten haben. Claudine Gay, Präsidentin der Universität Harvard trat nach Antisemitismus-Vorwürfen zurück. In einem offenen Brief an Kanzler Scholz und Außenministerin Baerbock forderten 120 Sozialwissenschaftler ein Ende der bedingungslosen Israel-Unterstützung. In Dhaka, Bangladesch, demonstrierten Tausende gegen die Luftangriffe und die Blockade des Gazastreifens. Namibias Präsident Hage Geingob kritisierte die deutsche Haltung zu Israels Krieg scharf. Deutschland sei »unfähig, Lehren aus seiner grausamen Geschichte zu ziehen«, sagte er und verwies auf den in Namibia durch Deutsche begangenen Völkermord an den Herero und Nama zwischen 1904 und 1908. Seine Begründung: »Deutschland kann kein moralisches Bekenntnis zur Völkermordkonvention der Vereinten Nationen abgeben und gleichzeitig das Äquivalent eines Holocaust und Völkermords in Gaza unterstützen.«[338]

Israelische und palästinensische Menschenrechts- und Friedensgruppen luden zu etlichen Webinaren ein. Eine friedliche Demonstration in Helsinki wurde von der Polizei gestoppt und daran gehindert, zur israelischen Botschaft zu ziehen. Das *Bündnis für gerechten Frieden* (Frankfurt) forderte »Stoppt den Krieg gegen die Menschen in Gaza! Waffenstillstand jetzt sofort und auf Dauer!« Saudi-Arabiens Kronprinz bin Salman verlangte einen sofortigen Stopp von Waffenlieferungen an Israel sowie einen »ernsthaften und umfassenden«[339] Friedensprozess, um den Konflikt zu lösen. Russlands Präsident Putin sprach sich ebenfalls für eine politische Lösung des Konflikts aus. Südafrikas Präsident Ramaphosa schlug vor, eine schnelle UN-Einsatztruppe nach Palästina zu entsenden. Nicaragua reichte Klage gegen Deutschland am Internationalen Gerichtshof IGH ein. Deutschland ermögliche einen Völkermord an den Palästinensern und werde seiner Verpflichtung nicht gerecht, alles in seiner Macht stehende zu tun, um Völkermord zu verhindern. Ein 25-jähriger US-Soldat, der sich vor der israelischen Botschaft in Washington angezündet hatte, ist gestorben. Er wollte gegen den Krieg in Gaza protestieren. Wochen vorher hatte sich eine Frau aus demselben Grund vor einem Konsulat in Atlanta in Brand gesetzt. Hunderte von Polizisten lösten in Berlin den Palästina-Kongress auf und kappten den Strom. Die Polizei erklärte auf *X*: »Auf dem ›Palästina-Kongress‹ wurde ein Redner zugeschaltet, der ein politisches Betätigungsverbot hat.«[340]

Dass es auch miteinander geht, zeigte Köln: Dort gingen Juden und Palästinenser gemeinsam auf die Straße: 2.000 bis 3.000 Menschen waren dem Aufruf der *Palestinians and Jews for Peace* unter dem Motto gefolgt: »Solidarität mit allen Menschen, die vom Krieg im Nahen Osten betroffen sind.«[341]

Was unternahmen die Angehörigen der Geiseln, um Druck auf die israelische Regierung auszuüben?

Sie sind denkbar schlecht auf Premier Netanjahu und dessen Kriegskabinett zu sprechen: die Angehörigen der Geiseln. 239 Israelis und Ausländer wurden am 7. Oktober 2023 von der Hamas, dem Islamischen Dschihad und anderen Milizen in den Gazastreifen verschleppt: vom acht Monate alten Baby Kfir bis zum 86-jährigen Schreiner Schlomo, auch Israelis muslimischen Glaubens wie der Beduine Hamza Alziadana.

Erst nach Tagen nahm sich die Regierung Zeit für die Angehörigen. Wer gedacht hatte, Netanjahu würde alle Hebel in Bewegung setzen und sich mit dem (in seinen Augen) Teufel Hamas an einen Tisch, wurde enttäuscht. Augenblicklich startete er die Militäroperation *Eiserne Schwerter.* Man musste kein Militärexperte sein, um zu schlussfolgern, dass jeder weitere Kriegstag das Leben der Geiseln gefährdet. Deren Angehörige dagegen setzten alle nur denkbaren Hebel in Bewegung: Sie gestalteten Plakatwände, ließen T-Shirts bedrucken, gründeten das *Forum für die Familien von Geiseln und vermissten Personen,* protestierten vor der Knesset und dem militärischen Hauptquartier, veranstalteten wöchentlich eine Kundgebung am »Platz der Geiseln«, marschierten von Tel Aviv und anderen Orten nach Jerusalem, kampierten vor Netanjahus Residenz, blockierten die Autobahn und schlossen sich in Käfigen ein. Sie geben Interviews und fuhren zum Papst, zu Frankreichs Präsident Macron und zum Internationalen Gerichtshof nach Den Haag. Sie trafen sich mit Kanzler Scholz in Tel Aviv. Mit US-Präsident Biden kam es nach einer virtuellen Begegnung zu einer tatsächlichen im Dezember 2023 im Weißen Haus. Unzählige Male forderten sie: »Ein Deal für die Geiseln – sofort!« Unterstützung erhielten sie von Kommentatoren sowie von US-amerikanisch-jüdischen Organisationen.

Auch wenn in der humanitären Feuerpause Ende November 2023 insgesamt 86 Israelis und 24 Ausländer freigelassen wurden und im Februar 2024 zwei Geiseln befreit werden konnten, liest sich im Mai 2024 die traurige Bilanz so: Israelische Soldaten erschossen irrtümlicherweise drei Geiseln; schätzungsweise 133 Geiseln werden im Gazastreifen festgehalten, von denen nicht mehr alle am Leben sind.

Ila Metzger, deren 80-jähriger Schwiegervater Yoram noch festgehalten wird, klagte: »Anstatt sich um die Geiseln zu sorgen, fährt die Regierung eine Kampagne gegen uns, die Familien.«[342]

Während die meisten Angehörigen für einen Geisel-Deal mit der Hamas, eine Feuerpause oder für beides sind, denken drei Familien des sogenannten *Tikva*-Forums anders: Militärischer Druck, so glauben die religiös rechts Stehenden, sei das beste Mittel, die Verwandten zurückzubringen.

Der genannte Gershon Baskin spielte 2011 bei der Befreiung des fünf Jahre lang festgehaltenen israelischen Soldaten Gilad Shalit eine Schlüsselrolle; im Gegenzug waren seinerzeit 1.027 palästinensische Häftlinge freigekommen. Im Januar 2024 wählte er diese Überschrift für seinen englischen Text: »Jede Bombe, die Israel auf Gaza wirft, ist ein Verrat an den Geiseln.«[343]

Heftig kritisierten Angehörige die Minister Ben-Gvir und Smotrich vor dem jüdischen Pessach-Fest: Sie vergäßen »den Wert, Gefangene zu befreien, und was es heißt, jüdisch zu sein«, warfen sie den ultrarechten Politikern vor. »Es ist unbegreiflich, dass am Vorabend des Freiheitsfests Koalitionsinteressen schon wieder der Grund sein könnten, dass Netanjahu einen Deal vereitelt.«[344]

Wenige Wochen später erklärte Orit Strock, ultrarechte israelische Ministerin für Siedlungen und Nationale Projekte, Israel dürfe seine Kriegsziele nicht für »22 oder 33 Geiseln« aufs Spiel setzen und schon gar nicht den Krieg beenden. Das sei »eine Geringschätzung menschlichen Lebens«[345], entgegnete die Tochter einer Geisel. Was Samuel Heilman am 10. April 2024 in *Ha'aretz* schrieb, ist leider im Mai immer noch wahr: »Erwartet keinen Geisel-Deal von Netanjahu!«[346]

Wie viele Kinder in Gaza sind traumatisiert?

»Schwere Bomben regneten nieder. Auf tragische Weise verloren viele unschuldige Kinder ihr Leben. Ihre Seelen stiegen zum Himmel hoch, dort scheinen sie nun als Sterne.« So erklärte die sechsjährige Menna ihrer Mutter das Bild, das sie malte, als ein ganzer Wohnblock zerstört wurde. Auf einem anderen Bild sieht man inmitten von Wolken sieben Kampfflugzeuge, eine Moschee und neun Strichmännchen am Boden. Jeweils drei Striche unter den Flugzeugen deuten unmissverständlich an: Hier wird geschossen oder bombardiert. Der Sonne in der oberen Ecke hängen die Mundwinkel nach unten. In der rechten Bildhälfte hat die junge Malerin drei Gebilde auf Rädern gemalt: Krankenwagen, die losrasen zum nächsten Krankenhaus. Mennas Mutter berichtet: »Eines Tages, als es in den Häusern kein Wasser mehr gab, baten Mütter ihre Kinder, Wasser von der nahegelegenen al-Sousi-Moschee zu holen. Die Kinder formten eine Kette, dann wurde die Moschee bombardiert. Neun Kinder starben.« Mennas Verhalten ist genauso wie das ihrer zwei jüngeren Geschwister sichtlich anders als vor diesem Ereignis.

Asmaa und ihre drei Kinder zwischen drei und sechs Jahren befinden sich nicht mehr im Schutzraum der UNRWA, wo diese und andere Bilder entstanden. Sie wurden mittlerweile in die Türkei evakuiert. Bei Menna bemerkt die Mutter »erhöhte Sensibilität«, ein- bis zweimal am Tag würde sie weinen, Augenblicke, die »unbekümmert anfangen, werden schnell traurig.« Menna erzähle oft, wie sehr sie ihre Tanten, die Oma und Schulkameraden vermisst. Die dreijährige Tochter verhalte sich zeitweise wie ein wenige Monate altes Baby. In solchen Phasen »spricht sie nicht, liegt auf dem Boden und gibt nur Buchstabenfetzen und Laute von sich wie etwa ›Mma bbba‹.«[347]

Ein Blick zurück: Im Sommer 2008 schätzte Gazas bekanntester Psychiater, Dr. Eyyad Sarraj (1944-2013), dass 70 Prozent der Gazaner mit ihrem Leben zurechtkämen, während ein Drittel an Posttraumatischer Belastungsstörung (PTBS) leide. Seiner Meinung nach hätte man damals »eine Armee an Psychiatern und Psychologen, mindestens 1500 Leute für Gaza«[348] gebraucht; seinerzeit verfügte man lediglich über 100 Fachleute. Was würde er heute erklären und fordern, mehrere Kriege und Militäroperationen später und inmitten eines Krieges, dessen Ende im Frühsommer 2024 nicht absehbar ist?

Seitdem sind zahlreiche Berichte zur Traumatisierung der Menschen in Gaza erschienen. So versicherte 2018 Samy Ajjour, Leiter des SOS-Kinderdorfes im Gazastreifen, dass 80 Prozent der Kinder psychologische Probleme zeigten und traumatisiert seien. »Jedes zweite Kind sagt, dass es nicht mehr leben möchte. Das dürfen wir nicht hinnehmen.«[349]

Zu Jahresbeginn 2024 sprach der Franziskanerpater Ibrahim Faltas aus Jerusalem schon von 40.000 Waisen in Gaza.[350] Möglicherweise ist diese Zahl zu hoch. Wer will oder kann sie angesichts der Kriegswirren überprüfen?

Mitte März 2024 sorgte sich UNRWA um die »etwa 17.000 Kinder, die unbegleitet oder von ihren Eltern getrennt sind.«[351] Minderjährige sähen sich derzeit einem breiten Spektrum an Stress und Belastungen ausgesetzt. Summa summarum erfüllten »an die 70 Prozent der fast eine Million Kinder und Jugendlichen im Gazastreifen kriegsbedingt die Kriterien für die Diagnose: Posttraumatische Belastungsstörung.«

Schon sind Stimmen von Experten zu hören, die erklären: Eine ganze Generation wird ein Leben lang unter diesem Krieg leiden, und möglicherweise deren Kinder auch.

Waren UNRWA-Mitarbeiter am Massaker des 7. Oktober beteiligt?

UNRWA verfügt als größter Arbeitgeber im Gazastreifen über circa 13.000 Beschäftigte: Lehrer, Ärzte, Sozialarbeiter, Lagerarbeiter, Müllmänner und Betreuer in Notunterkünften.

Im Januar 2024 wurde von San Francisco bis Berlin berichtet, zwölf Mitarbeiter seien am Massaker am 7. Oktober 2023 beteiligt gewesen. Das sechs Seiten umfassende israelische Geheimdossier wurde der US-Regierung zugestellt. Laut *Wall Street Journal* stehe sogar jeder zehnte UNRWA-Mitarbeiter auf den Gehaltslisten der *Hamas* oder des *Islamischen Dschihad*. Die UNRWA kündigte den angeschuldigten Mitarbeitern.

Matthias Schmale, UNRWA-Chef im Gazastreifen von 2017 bis 2021, ist nicht so sehr über den Inhalt der Medienberichte als über den Zeitpunkt überrascht: einen Tag nach dem Urteil des Internationalen Gerichtshofs, in dem dieser die Klage Südafrikas gegen Israel als »plausibel« akzeptierte. Schmale vermutet daher ein politisches Motiv. In seiner Amtszeit habe er immer sehr genau beobachtet, ob die Mitarbeiter »sich UNO-Werten konform verhalten.« Dabei »haben wir acht Leute vor die Tür gesetzt, nicht nur wegen Verbindungen zur Hamas und anderen fragwürdigen Organisationen, sondern wegen nicht-konformen Verhaltens mit UNO-Werten.« Das seien gerade einmal 0,04 Prozent, weswegen Schmale die im *Wall Street Journal* genannte Zahl »für total übertrieben«[352] hält.

Fast augenblicklich stellten 16 Länder ihre Zahlungen an das Hilfswerk ein, darunter die USA, Großbritannien, Kanada, Australien, Italien, Finnland, Österreich und auch Deutschland. Israels Außenminister Katz warf der UNRWA vor, diese diene als ziviler Arm der Hamas. Belege blieb er schuldig. Die Debatte nahm Fahrt auf. In Zeitungen erschien eine Flut an Kommentaren, Talkshows und Radiosendungen erörterten das Thema aus jeder erdenklichen Perspektive. Allerorten erhoben sich UNRWA-Experten. So forderte etwa Hessens Antisemitismusbeauftragter Uwe Becker, das Hilfswerk aufzulösen, da es ein »Hilfswerk für den palästinensischen Terror« sei.

Im Februar wurde UNRWA-Generalsekretär Philippe Lazzarini von der *Neuen Zürcher Zeitung (NZZ)* interviewt. Gefragt, ob er seine Mitarbeiter nicht ausreichend kontrolliere, konterte er: »Wird Ihr Privatleben von der NZZ überwacht?« Angesprochen auf einen angeblichen Tunnel samt Datenzentrum der Hamas unter dem UNRWA-Hauptquartier, versicherte Lazzarini: »Wir haben bei jeder Inspektion unserer Einrichtungen, bei der ein Tunnel entdeckt wurde, bei der Hamas Protest eingelegt und die israelische Armee informiert.« Es seien auch schon Tunnel zugeschüttet worden. Dann weist er auf die unabdingbare Mission seines Hilfswerks hin, da sie »die einzige Organisation ist, die für eine der ärmsten Bevölkerungsgruppen regierungsähnliche Dienstleistungen erbringt.« Zur Debatte über die Abschaffung der UNRWA gab er zu bedenken, dass dies »dem palästinensischen Volk das Gefühl geben würde, verraten worden zu sein.«[353]

Wenige Tage später verlautbarte die *Vertretung Palästinas in Österreich* – vollständiger Name: *Vertretung des Staates Palästina in Österreich und ständige Beobachtermission des Staates Palästina bei der UN und den Internationalen Organisationen in Wien* – zu den UNRWA-Vorwürfen: »Bis heute wurden keinerlei Beweise von Seiten Israels für diese Anschuldigungen vorgelegt. Wie gestern bekannt wurde, bezweifelt mittlerweile auch der US-Geheimdienst in einem Bericht die israelischen Behauptungen über UNRWA-Hamas-Verbindungen.«[354]

Am 8. März berichtete ausgerechnet die regierungsfreundliche *Times of Israel*, dass ein UNRWA-Bericht besagt, Israel habe Mitarbeiter der Organisation gezwungen, fälschlicherweise Hamas-Verbindungen zuzugeben: mittels Misshandlungen, Waterboarding und der Androhung von Schaden für Familienmitglieder.[355] Am 23. April 2024 berichtete das *ZDF*: »Eine Untersuchung sieht keine Belege für eine Beteiligung von Mitarbeitern des UN-Palästinenserhilfswerks an terroristischen Aktionen.«[356] Deutschland nahm seine Zahlungen an die UNRWA wieder auf.

Was war Olaf Scholz vor dem 7. Oktober 2023 über die Menschenrechtslage in den besetzten Gebieten bekannt?

Hat der deutsche Kanzler diese oder ähnliche Zeilen aus seriösen Quellen gekannt, als er Israel die Solidarität Deutschlands versicherte?

- **9. Juni 2006:** »In einer jüngsten Offensive der israelischen Besatzungsstreitkräfte (IOF) wurden sieben Personen aus einer Familie getötet und 31 verwundet, darunter 14 Kinder. Laut *Al Mezan*-Mitarbeiter vor Ort verursachten israelische Streitkräfte ein barbarisches Massaker um circa 16.40 Uhr, als sie drei Raketen auf Zivilisten abfeuerten, die am Beit-Lahia-Strand im nordwestlichen Gazastreifen badeten; fünf Kinder und ihre Eltern wurden getötet.[357]
- **16. Januar 2009:** »Kurz nach 14 Uhr am 16.1.2009, in den Stunden des von Israel erklärten ›humanitären‹ Waffenstillstands, wurden Mohammed Shurrab (65) und seine zwei Söhne, Ibrahim (18) und Kassab (28), verletzt, als sie von ihrem Bauernhof östlich von Khan Younis in ihr Haus im Stadtzentrum zurückkehrten. Ihr Fahrzeug wurde massiv von israelischen Soldaten, die in einem Gebäude an der Straße stationiert waren, beschossen. Kassab erlitt Brusttreffer, er starb fast auf der Stelle. Ibrahim erlitt eine nicht tödliche Beinwunde und verblutete, als israelische Streitkräfte 22 Stunden lang Krankenwagen abhielten, die Verletzten zu bergen.[358]
- **30. Juli 2014:** »Gegen fünf Uhr morgens trafen Panzergranaten die Abu-Hussain-Schule, nur ein paar Meter von der Wohnung meines Vaters entfernt. Fünfzehn Menschen starben. Die Räume im vorderen Gebäude sehen aus, als wären sie implodiert. Fünf Häuser gegenüber wurden zerstört. Im ersten Raum zur Straße hin hatten Menschen Schutz gesucht, die dem Tod in ihren Häusern in Beit Lahia schon einmal entkommen waren. … Wie wir alle werden sie dagesessen und sich vorgestellt haben, wie die Rakete ihr Zimmer trifft. Jeder erwartet jede Nacht den Tod.«[359]

- **14. Juli 2018:** »Am 14.7.2018 um circa 18 Uhr wurde das noch nicht fertiggebaute al-Katibah-Gebäude in Gaza-Stadt zum Ziel eines israelischen Luftangriffs, zuerst von vier Raketen, denen vier größere Angriffe folgten. Die erste Rakete (›Warnrakete‹) tötete die palästinensischen Jugendlichen Amir a-Nimrah und Luai Kahil, die auf dem Dach saßen. 23 andere wurden bei den folgenden Angriffen verletzt, die auch zwei Nachbargebäude, ein Kulturzentrum und eine Moschee, beschädigten.«[360]
- **Mai 2021:** Im Mai 2021, aus Angst um ihr Leben, immer noch traumatisiert von der Gewalteskalation 2009 und 2014 und angesichts täglicher Luftangriffe auf Gaza, hatten Kamal und seine Familie keine Wahl, als ihr Haus zum dritten Mal zu verlassen, um einen sichereren Ort aufzusuchen. … Kamal (60) und Wafa'a Awaja (40) und ihre 14 Kinder sind in den letzten zwölf Jahren dreimal entwurzelt worden und umgezogen. Das erste Mal war 2009 während Israels Luft- und Bodenoffensive *Operation Gegossenes Blei.* Ihr Haus wurde zerstört, ihr zehnjähriger Sohn Ibrahim vor ihren Augen getötet und die anderen verletzt. Wegen der Heftigkeit der Kämpfe konnten sie vier Tage lang keinen Arzt erreichen. Dann brachten die Nachbarn sie ins Krankenhaus. »Ich glaube nicht an internationale Menschenrechte oder den sogenannten Schutz von Zivilisten. Ich fühle mich ohnmächtig«, sagte Kamal.[361]

»Deutschland und Israel: Uns vereint die Tatsache, demokratische Rechtsstaaten zu sein. Unser Handeln fußt auch in Extremsituationen auf Recht und Gesetz«, erklärte Kanzler Scholz am 18. Oktober 2023 in Israel. Eine Woche später sagte er beim EU-Gipfel in Brüssel, dass er »keinen Zweifel« habe, dass Israels Armee die Regeln des Völkerrechts beachte. Da waren UN-Angaben zufolge bereits 7.028 Palästinenser – zwei Drittel davon Frauen und Kinder – getötet worden; 171 Familien hatten mehr als 10 Verwandte verloren. 45 Prozent aller Wohnungen waren zerstört. Jedes dritte Krankenhaus hatte wegen Beschädigung oder Treibstoffmangel schließen müssen.[362]

Seit wann benutzt die israelische Armee IDF »menschliche Schutzschilde«?

»Es war um 6.30 Uhr früh, als die Soldaten eine Hauswand sprengten und wahllos auf uns zu schießen begannen«, berichtete der 21-jährige Ramadan Shamlakh dem Sender *Al-Jazeera*. Der junge Mann war mit Mutter, einem seit dem 2014er-Krieg fußverletzten Bruder und vier Schwestern zuhause, als etwa 15 Soldaten in den Wohnblock im Zeitoun-Viertel von Gaza-Stadt eindrangen. Schläge und Tritte beschreibt er als »beträchtlich« und »brutal.« Die Gewalt war begleitet von Beschimpfungen und »obszönen« Wörtern der Soldaten. Die befahlen den Schwestern, die Kopftücher abzunehmen, worauf der Bruder entgegnete, sie sollten dem nicht Folge leisten. Daraufhin wurde er verprügelt, an den Händen gefesselt und gezwungen, vor den Soldaten bei der Durchsuchung der fünf oberen Stockwerke vorwegzugehen. »Ich öffnete ihnen die Türe und sie schossen heftig.« Als sie das letzte Stockwerk erreichten, »schlugen die Soldaten mich wie verrückt, traten mit ihren Füßen auf mein Gesicht, Bauch, Augen.«[363] Ein Foto belegt dies.

»Human shields« – eine von vielen hässlichen Facetten nicht nur dieses aktuellen Krieges, eine, um die erneut eine Beweis- und Medienschlacht entbrannt ist. Gibt man diese zwei Wörter in das Suchfeld von Israels größter Menschenrechtsorganisation *B'Tselem* ein, erhält man 3.440 Treffer. In einem Grundlagenpapier von 2017 erklärt die in Jerusalem ansässige Organisation, dass »israelische Sicherheitskräfte seit Beginn der Besatzung 1967 wiederholt Palästinenser im Westjordanland und im Gazastreifen als menschliche Schutzschilde benutzt und ihnen befohlen haben, militärische Aufgaben auszuführen, die sie in Lebensgefahr brachten.«[364]

Palästinenser müssen beispielsweise verdächtige Gegenstände von Straßen entfernen, Landsleute auffordern, aus dem Haus zu kommen, wo sie dann verhaftet werden (»Nachbar-Methode«) oder sich vor Soldaten stellen, damit diese geschützt schießen können.

B'Tselem liefert Beispiele in Text und Bild. Das tut auch der Bericht der Untersuchungskommission der Vereinten Nationen zum

Gaza-Krieg um den Jahreswechsel 2008/09. Das Kapitel »XIV. Der Einsatz palästinensischer Zivilpersonen als menschliche Schutzschilde« schildert vier Fälle. Majdi Abd Rabbo, 39, Vater von fünf Kindern, erhielt den Befehl, ein Haus zu betreten, in dem die Armee angeblich drei bewaffnete Landsleute getötet hatte, »und mit deren Kleidung und Waffen zurückzukommen.« Als er sich weigerte, wurde er »von Soldaten getreten und mit ihren Waffen geschlagen, bis er nachgab.« Voller Angst, »dass die Kämpfer auf ihn schießen würden«, schrie er ihnen entgegen: »Ich bin Palästinenser, ein Nachbar. Man zwingt mich, dieses Haus zu betreten.« Die nächsten fast 40 Stunden wurde er von der Armee nach Belieben benutzt. Einmal befahl man ihm, »ein Loch in die südliche Wand der Moschee ins benachbarte Haus zu brechen«, ein andermal, »die Leichen zurückzubringen« und sich jeweils »nackt auszuziehen«, bevor er sich den Soldaten näherte. Dann erhielt er die Befehle, mittels »Megaphon … die Kämpfer zu rufen«, diese »zu fotografieren« und »andere Häuser in derselben Straße zu betreten, während sie diese durchsuchten.«

Die vierköpfige Untersuchungskommission unter Vorsitz des südafrikanischen Juristen Richard Goldstone hält diesen sowie drei weitere Zeugen für »glaubwürdig und zuverlässig« und »sieht keinen Anlass, an der Richtigkeit ihrer Schilderungen zu zweifeln.«[365] Bestätigung kommt von der israelischen Veteranenorganisation *Breaking the Silence.* Sie hat auf ihre Internetseite 20 Soldatenzeugnisse zu dieser durch die Genfer Konventionen verbotenen Praxis gestellt. Die Kurztexte und -videos bezeugen: Die Armee hat zu allen Zeiten Schutz durch palästinensische Schutzschilde gesucht: in Tulkarem, Bethlehem oder Gaza. Ein Soldat kommentiert die Methode, den Nachbarn an der Tür des gesuchten Terroristen klopfen zu lassen, so: »Besser, wenn er verletzt wird als ich.«[366]

Benutzt die Hamas die Zivilbevölkerung als »menschliche Schutzschilde«?

Eine Woche nach Kriegsbeginn, am 14. Oktober 2023, erklärte US-Präsident Biden, »unschuldige Familien, die meisten von ihnen haben nichts mit Hamas zu tun, werden als menschliche Schutzschilde benutzt.«[367] Hatte ihm Netanjahu Beweise vorgelegt? Oder wie gelangte Biden so rasch zu dieser Einschätzung? Oder war die Aussage möglicherweise wahlkampfmotiviert?

Rückblick: Im Bericht der Untersuchungskommission der Vereinten Nationen zum Gaza-Krieg um den Jahreswechsel 2008/09 findet sich dieser Passus: Die Kommission ging auch der Frage nach, ob palästinensische bewaffnete Gruppen »ihren Verpflichtungen gemäß dem humanitären Völkerrecht nachgekommen sind und das Risiko für die Zivilbevölkerung in Gaza bei der Ausübung ihrer feindseligen Akte gegen Israel so gering wie möglich« gehalten haben. Diese »Ausübung in dicht bebauten Wohngebieten ist an sich keine Verletzung des internationalen Rechts«, erklärt die vierköpfige Kommission unter Vorsitz des südafrikanischen Juristen Richard Goldstone. Sie »fand keinen Beweis dafür«, dass bewaffnete Gruppen »Zivilisten entweder in Kampfgebiete dirigiert haben oder dass sie Zivilisten zwangen, im Umkreis der Angriffe zu verharren.«[368]

Am 1. Dezember 2023 stellte die israelische Armee IDF ein 45-Sekunden-Video online. »Die Hamas wählt Moscheen, Krankenhäuser und Schulen aus, um Waffen zu lagern, Raketen abzuschießen und als Tarnung für Tunneleingänge.« Seit der Gründung 1987 habe sie »Zivilisten als Kanonenfutter« benutzt und »wiederholt und absichtlich, als Teil der Strategie, Einwohner des Gazastreifens in Gefahr gebracht.«[369] Auf den schnell wechselnden Bildern ist wenig zu erkennen, die auf Luftbildern markierten Positionen (»Terroristentunnel neben Kindergärten, Moscheen, Krankenhäusern«) lassen sich kaum überprüfen, ebenso wenig Behauptungen wie diese: Im November 2006 habe die Hamas, trotz Warnungen der Armee, Zivilisten ermuntert, sich auf das Dach des Hauses eines Hamas-Funktionärs zu begeben. Auf einem Foto sind etwa 40 Menschen auf einem Flachdach zu sehen – vier oder fünf von ihnen scheinen Kinder zu sein; sie sind mit roten Kreisen markiert.

Mindestens einmal soll ein Reporter wegen entsprechender Berichterstattung ausgewiesen worden sein. »Unser Korrespondent Harry Fear hat drei Jahre lang über Gaza berichtet. Als er auf Twitter schrieb, dass die Hamas Raketen aus Wohngebieten abfeuert, wurde er aus Gaza ausgewiesen«[370], so der Sender *RT (Russia Today)* – sprich: ausgewiesen von der Hamas.

Hamas-Funktionäre haben derartige Vorwürfe des Missbrauchs der Zivilbevölkerung regelmäßig zurückgewiesen. Gleich zu Beginn dieses Krieges wurde der Vorwurf laut, Hamas-Leute hätten die Flucht von Menschen aus dem Norden in den Süden des Gazastreifens verhindert. Ebenso hätte die Hamas davon abgeraten, ihrer Meinung nach »irreführenden« Evakuierungsaufforderungen des israelischen Militärs Folge zu leisten.

Gershon Baskin sieht gute Gründe dafür, dass die Hamas auf andere Art Schutzschilde benutzt, im Tunnelsystem. »Es ist gut vorstellbar, dass sich die Hamas-Führung und das militärische Kommando mit israelischen Geiseln als menschliche Schutzschilde umgibt.«[371]

Hamas und Schutzschilde: Dieses Thema bedarf weiterer, investigativer Untersuchung. Ich stimme dem *Guardian* zu, wenn er schreibt, dass die Beschaffenheit des Gazastreifens die Sache verkompliziere. »Da das Gebiet hauptsächlich aus äußerst dicht bebauten städtischen Gebieten besteht, ist es vielleicht nicht überraschend, dass Hamas in ziviler Umgebung operiert.«[372]

Die Frage, wie das israelische Militär damit umgehen sollte, beantwortet Ronen Steinke in der *Süddeutschen Zeitung* mit zwei Worten: »Das humanitäre Völkerrecht sagt: Nicht schießen.«[373]

Wer gab dem Flüchtlingselend im Gazastreifen eine Stimme?

»Der tödliche Hunger hat ihn getötet«, so erklärt sein Vater Sharif al-Kafarneh aus Beit Hanoun den Tod seines zehnjährigen, seit Geburt mit einer Muskelkrankheit lebenden Sohnes Yazan. Eine Woche nach Kriegsbeginn befahl die israelische Armee der Familie, nach Süden zu ziehen. Sharif, 31, seine schwangere Frau und die Kinder machten sich in ein Lager für Binnenflüchtlinge (IDP) auf. Wegen Überfüllung zogen sie schon nach einem Tag weiter in ein IDP-Lager in einer Schule in Deir al-Balah. 54 Menschen teilten sich ein Klassenzimmer. Am 23. Oktober 2023 entband Sharifs Frau den Sohn Muhammad. »Wir kamen nicht an die Lebensmittel, die Yazan braucht«, so blickte der Vater im März 2024 auf die »130 Tage des Leidens« zurück. Das bedeutete: keine Eier, keine frische Milch, Bananen oder Gemüse. Auch benötigte Medikamente oder Physiotherapie waren nicht zu bekommen, weswegen Yazans Zustand sich verschlechterte. »Er hatte schreckliche Schmerzen und konnte weder tagsüber noch nachts schlafen.« Dann holte er sich eine Infektion. Ein Antibiotikum war in keiner Apotheke erhältlich. Noch einmal zog die Familie um, mit drei Matratzen und einigen Decken auf den Flur einer Schule in Rafah. Es half dem kranken Sohn nicht: Auch dort kam man nicht an die richtige Ernährung oder Medikation. Trotz ärztlicher Bemühungen ging es mit Yazan weiter bergab. Am 2. März 2024 war er »nur noch Haut und Knochen.«[374] Er, vor dem Krieg 15 Kilogramm leicht, wog nur noch die Hälfte. Anderntags verstarb er.

Schon vor diesem Krieg – Israel nennt ihn Operation *Eiserne Schwerter* – hatte die israelische Menschenrechtsorganisation *B'Tselem* mit dem Blog *Voices from Gaza* dortigen Menschen ein Sprachrohr geschaffen. »Einwohner des Gazastreifens leben in einer humanitären Katastrophenzone«, erklärt der Blog. »Die völlig menschengemachte Katastrophe« sei eine direkte Folge israelischer Politik. Diese, »grausam und ungerechtfertigt«, verurteile die Menschen »zu einem Leben in äußerster Armut in fast unmenschlichen Bedingungen, die man in der westlichen Welt nicht kennt.«[375]

Fatimah Baker, 37, schildert den »traurigen Ramadan« zu neunt in einem »erbärmlichen Zelt« eines IDP-Lagers. »Ich bin völlig hoffnungslos und am Rande des Zusammenbruchs«[376], sagt die zweifache Mutter, die sich auch um fünf Kinder aus der ersten Ehe ihres Mannes kümmert.

Nabilah Miqdad, 39, aus Gaza-Stadt, ist Mutter von fünf Kindern. Weder hatte sie das nötige Geld noch Verwandte im Süden, um vor dem Bombardement zu fliehen. Zunächst suchten sie in einer nahegelegenen UNRWA-Klinik Schutz, flohen jedoch weiter ins Haus ihrer Eltern. Als am 2. Dezember 2023 Panzer näher rückten, fühlte sie »die Todesstunde für alle gekommen.« Weiter ging die Flucht: diesmal zu einer Schule. Wenige Stunden später wurden ihr Bruder (47) und drei Neffen (24, 24, 27) getötet, als sie Habseligkeiten aus dem Haus holen wollten. »Wir verabschiedeten uns von ihnen und begruben sie auf dem Fußballplatz neben der Schule.« Am 24. Dezember 2023 wurde Nabilah Miqdad nach Leibesvisitation und Androhungen festgenommen und nach Israel verbracht. Dort wurde sie verhört (»Wo sind die Hamas-Tunnel?«) und mehrfach verlegt. Soldaten lachten sie und andere aus Gaza verschleppte Frauen aus, schrien sie an, beschimpften sie und spielten auch laute Musik ab. »Eine Soldatin packte jede von uns am Kopf und befahl uns, die israelische Flagge zu küssen.« Nach 46 Tagen wurde sie mit anderen zum *Kerem-Shalom*-Übergang gebracht. Die ihr abgenommenen Gegenstände wie Mobiltelefon, Hochzeitsring und Bargeld erhielt sie nicht zurück. Nun ist sie im Süden des Gazastreifens gestrandet, Ehemann und Kinder versuchen im Norden in einem UNRWA-IDP-Lager zu überleben. Ein Wiedersehen ist kriegsbedingt vorerst unmöglich. »Ich weine die ganze Zeit.«[377]

Was bedeutet Südafrikas Klage vor dem Internationalen Strafgerichtshof in Den Haag?

»Handlungen des Völkermords« gegen die palästinensische Bevölkerung des Gazastreifens wirft Südafrika dem Staat Israel vor. Dessen Streitkräfte hätten die Vernichtung der dort lebenden Palästinenser im Sinn. Ende Dezember 2023 hat Südafrika vor dem Internationalen Gerichtshof (IGH) in Den Haag, dem höchsten Gericht der Vereinten Nationen, Klage eingereicht. Israel wurde unter anderem zur Einstellung seiner Angriffe in Gaza aufgefordert.

In der öffentlichen Anhörung am 11. Januar 2024 in Den Haag saßen neben der südafrikanischen Delegation eine ebensolche aus Israel, zudem Vertreter der palästinensischen Autonomiebehörde, die Direktoren der zwei in Gaza-Stadt ansässigen Menschenrechtsorganisationen sowie Menschen aus Gaza. Zuerst ergriff der südafrikanische Botschafter im Königreich Niederlande das Wort, Vusimuzi Madonsela. Nach Dankesworten stellte er Israels »völkermörderische Handlungen und Unterlassungen« in einen größeren Rahmen: den der »seit 75 Jahren bestehenden Apartheid, der 56 Jahre alten Besatzung und der vor 16 Jahren verhängten Blockade des Gazastreifens.«[378] Dann ergriff Südafrikas Justizminister Ronald Lamola das Wort, zitierte Nelson Mandela und Martin Luther King und verurteilte die Gewalt von Hamas und anderer Militanter gegen Zivilisten am 7. Oktober 2023 sowie die Verschleppung von Geiseln. Er wies jedoch darauf hin, dass »die Gewalt und Zerstörung in Palästina und Israel nicht am 7. Oktober« begonnen habe: »Die Palästinenser erleben seit 76 Jahren systematische Unterdrückung und Gewalt, auch am 6. Oktober 2023 und Tag für Tag seit dem 7. Oktober 2023.«[379]

Es oblag dann der südafrikanischen Anwältin Adila Hassim, die Vorwürfe zu konkretisieren. Unter »völkermörderischen Handlungen« nannte sie Zahlen von Toten, Verletzten und Vermissten. In den ersten drei Wochen des Krieges habe Israel 6.000 Bomben pro Woche abgeworfen und »mindestens 200 Mal Zwei-Tausend-Pfund-Bomben in Gegenden im Süden, die als ›sicher‹ erklärt worden waren.«[380] Die irische Juristin Blinne Ní Ghrálaigh erläuterte, warum es dringend geboten sei, Maßnahmen zum Schutz der Bevölkerung zu ergreifen. Harte Worte fand sie für die Staatengemeinschaft, die weiterhin gegenüber dem palästinensischen Volk versage, »trotz der offenkundig entmenschlichenden, genozidalen Rhetorik israelischer Regierungs- und Militärmitglieder …, trotz des Horrors des Völkermords gegen das palästinensische Volk, das aus Gaza auf unsere Handys, Computer und Bildschirme live gestreamt wird – im ersten Genozid der Geschichte, in dem die Opfer ihre eigene Vernichtung in Echtzeit in der verzweifelten – bisher vergeblichen – Hoffnung übertragen, dass die Welt etwas tut.«[381]

Anderntags wiesen die israelischen Delegationsmitglieder Südafrikas Anschuldigungen mit Entschiedenheit zurück. Tal Becker, Rechtsberater des israelischen Außenministeriums, sagte etwa, der »Hauptbestandteil von Völkermord, die Absicht, ein Volk ganz oder teilweise zu vernichten, fehlt völlig. Was Israel durch seine Operation in Gaza anstrebt, ist nicht die Zerstörung eines Volkes, sondern der Schutz eines Volkes, seines Volkes, das an mehreren Fronten attackiert wird.« Das tue man in Übereinstimmung mit Recht und Gesetz, »selbst angesichts eines herzlosen Feindes.«[382]

Gilad Noam, in Israels Justizministerium tätig und der letzte israelische Redner, ersuchte den Gerichtshof, »gemäß Art. 60, § 2« Südafrikas Antrag auf »vorläufige Maßnahmen abzulehnen«[383] und den Fall ad acta zu legen. Etwa zwei Wochen später rief der IGH Israel zu einem besseren Schutz der palästinensischen Bevölkerung im Gazastreifen auf, ordnete jedoch nicht das sofortige Ende des Krieges an.

Dies ist eine erste Entscheidung in dem Verfahren, das sich über Jahre hinziehen kann.

Wie fielen die Reaktionen auf das Urteil des Internationalen Strafgerichtshofes aus?

»Schwere Niederlage für Israel«, meint die Gruppe *BDS Schweiz*, die den 2005 lancierten Aufruf der palästinensischen Zivilgesellschaft für *Boykott, Desinvestition und Sanktionen* gegen Israel unterstützt. Der IGH habe »Geschichte geschrieben«[384]. Kenneth Roth, Princeton-Professor und ehemaliger Direktor von *Human Rights Watch*, sieht es genauso. Seinen Kommentar »*Deutliche Abfuhr*« leitet er so ein: »Mit seinem Entscheid ... stellt der Internationale Gerichtshof (IGH) sich mit Macht gegen Israels Verweigerungshaltung« und weise damit »auch Israels westliche Unterstützer in die Schranken.« Auch wenn der Entscheid »viel Spielraum« lasse, sei er »ein Sieg für das Rechtsstaatsprinzip.« Denn er zeige: »Auch Regierungen mit mächtigen Freunden können zur Rechenschaft gezogen werden.« Das bedeute Hoffnung für die »bitter leidenden« Menschen in Gaza – und sei »ein kleiner, aber wichtiger Schritt hin zu einer Welt, die Recht und Gesetz achtet.«[385]

Anders sieht das der Göttinger Straf- und Völkerrechtler Kai Ambos, dessen Kritik sich gegen den Entscheid richtet. Er fragt, ob nicht die Genozid-Konvention »auf den Kopf gestellt wird, wenn der Staat, dessen Existenz maßgeblich auf den Holocaust zurückgeht, auf Basis dieser verklagt wird?« Einige der von Südafrika beantragten neun Maßnahmen gehen laut Ambos »über die bisherige Rechtsprechung hinaus und ... zu weit, weil ihr Erlass das israelische Selbstverteidigungsrecht gegen den bewaffneten Angriff der Hamas über Gebühr einschränken würde.« Von »einem angegriffenen Staat kann nicht eine völlige Aussetzung der Kampfhandlungen – und damit die Aufgabe seiner Selbstverteidigung – verlangt werden.« Südafrika selbst, fordert Ambos, sollte »darauf hinwirken, dass die Hamas und andere dschihadistische Gruppen sich ebenfalls an einen ... Waffenstillstand halten und von ihrem genozidalen Vernichtungsplan Abstand nehmen.«[386]

Wie reagierte die internationale Presse? Giordano Stabile von der italienischen *La Stampa* sieht beide Seiten verärgert: »Die Palästinenser sind enttäuscht, dass nicht zu einem sofortigen Waffenstillstand aufgefordert wurde. Israel ist schockiert über eine Art Anklage wegen ›möglichen Völkermordes‹, ein Wort, das es nie mit dem jüdischen Staat in Verbindung gebracht wissen wollte.«

Skeptisch bezüglich der Umsetzung äußert sich José Enrique Ayala im spanischen *El Diario*: »Der IGH hat aber keine Mittel, die Befolgung zu erzwingen. Es obliegt dem Sicherheitsrat, die notwendigen Maßnahmen zu ergreifen, um die Entscheidungen des Gerichts durchzusetzen.« Dort jedoch säßen fünf Länder mit Vetorecht, darunter die USA. »Kurz gesagt, wir sind da, wo wir waren. Was in Palästina geschieht, hängt von Washington ab.« *The Irish Times* sieht im »wegweisenden« IGH-Urteil »eine deutliche Warnung an Israel, sich seiner Verpflichtungen gegenüber der Völkermordkonvention bewusst zu sein«, sowie eine »indirekte Warnung an Israels Verbündete.« Israel könne sich gewiss sein, »dass die internationale Gemeinschaft versuchen wird, es für sein Vorgehen zur Rechenschaft zu ziehen.« Christine Kensche von der traditionell israelfreundlichen *Welt* kritisiert, dass »Israel in der öffentlichen Wahrnehmung einmal mehr als der alleinig Schuldige an diesem Krieg dasteht.« Das Land habe »keine genozidalen Absichten in Gaza. Wer wirklich von einem Völkermord träumt, das ist die Hamas.« Alper Ali Riza, Kronanwalt im Vereinigten Königreich, richtet in *Cyprus Mail* den Fokus auf Israels Position, der zufolge das Leid in Gaza deshalb ein Kollateralschaden sei, weil die Hamas ihre Zivilbevölkerung als menschliche Schutzschilde benutze. »Doch die fortwährende Vertreibung von fast zwei Millionen Menschen in angeblich sichere Gebiete, die dann bombardiert werden, ist keine Art des Schutzes der Zivilbevölkerung und die unerträglichen Lebensbedingungen, die ihnen zugemutet werden, sind keine Kollateralschäden.«[387]

Angriffsziele per Künstlicher Intelligenz – oder: Was hat ›Lavender‹ mit dem Krieg zu tun?

April 2024: Der bisher erreichte Höchstwert von *Lavender* war 37.000. So viele verdächtige Palästinenser identifizierte diese KI als »Hamas-Militante« und merkte sie für die Tötung durch Luftangriffe vor. Das haben sechs in diesem Krieg eingesetzte Geheimdienstoffiziere zugegeben, die mit diesem KI-Programm gearbeitet haben, »um Angriffsziele zu erstellen.«[388] Recherchiert haben das Mitarbeiter der israelischen Plattformen *+972 Magazine* und *Local Call*, Verfasser des Textes ist Yuval Abraham, ein Journalist und Filmemacher (»No Other Land«). Derselbe, der einen Monat zuvor nach seiner laut *Spiegel* »umstrittenen Rede auf der Berlinale-Gala«[389] Morddrohungen in Israel erhalten hatte.

Er und sein Team recherchierten, dass sich in den ersten Kriegswochen die Armee »fast vollständig auf Lavender verlassen« habe. Und das trotz zehnprozentiger Fehlerquote und des Wissens, dass das Programm mitunter Personen identifiziert, »die nur eine lose Verbindung zu militanten Gruppen haben oder gar keine«. Eine der sechs Informationsquellen versicherte, dass man »sich im Normalfall nur etwa 20 Sekunden mit dem Angriffsziel beschäftigt, um sicherzugehen, dass das markierte Zielobjekt männlich ist. Dann gibt man grünes Licht für das Bombardement.« Dutzende Male habe er das am Tag durchgeführt. »Die Armee gab Offizieren pauschal und umfassend das OK, die Lavender-Tötungslisten abzuarbeiten.« Menschen dienten nur als Ja-Sager zu den von der KI getroffenen Entscheidungen.

Zusätzlich bediente sich die Armee weiterer Programme, darunter *The Gospel* oder *Where's Daddy?* Sie wurden laut Abraham »besonders dazu genutzt, Zielpersonen aufzuspüren und zu bombardieren, als sie ihr Zuhause betraten.« Das sei Option 1 gewesen, erklärte Geheimdienstoffizier A. »Wir hatten kein Interesse daran, Militante nur dann zu töten, wenn sie mitten in der militärischen Aktion waren oder in einem militärischen Gebäude. Im Gegenteil: die IDF bombardierte sie zuhause ohne zu zögern. Das ist doch viel leichter.«

So erklären sich die hohen Tötungszahlen von 15.000 Menschen in den ersten sechs Wochen. Es waren mehrheitlich Frauen und Kinder, die nicht an Kämpfen beteiligt waren. Der Grund: »Die KI hat es entschieden.«

Die Recherche legt auch offen, welches Zahlenverhältnis die Armee zu akzeptieren bereit war. Für jeden Hamas-Kämpfer unterer Hierarchieebenen »war es erlaubt, bis zu 15 oder 20 Zivilisten zu töten«, bei einem Hamas-Bataillons-Kommandeur dagegen durften es »mehr als 100 Zivilisten« sein. Das erklärten zwei der Recherche-Quellen. Um Ayman Nofal, Hamas-Kommandeur der Gaza-Mitte-Brigade, am 17. Oktober 2023 zu eliminieren, gab die Armee grünes Licht, »um etwa 300 Zivilisten zu töten.«

Eine zentrale Rolle bei der Identifizierung der Zielperson spielt deren Mobiltelefon. Zu Fehlern sei es gekommen, wenn diese ihr Handy an Verwandte oder Freunde weitergegeben hatte. Dann wurden diese bombardiert. Eine andere Quelle bekannte, es sei oft passiert, dass ein Haus bombardiert wurde, obwohl die Zielperson noch gar nicht zuhause war. »Das Ergebnis: Du hast grundlos eine Familie umgebracht.« Und auch so etwas ist passiert: Man ermittelte, dass die gesuchte Person um 20 Uhr zu Hause sei, die Luftwaffe bombardierte jedoch schon um 3 Uhr nachts. »Zwei andere Familien mit Kindern waren in diesem Gebäude, das wir bombardierten.«

Die israelische Armee widerspricht dem Recherche-Ergebnis.

Antony Loewenstein, australisch-deutscher Autor Autor von *The Palestine Laboratory* über Israels Exporte von Rüstungs- und Sicherheitstechnik, unterstellt Israel, auch diese neue Waffe im Ausland verkaufen zu wollen. Kunden seien Regierungen, die Israels Gaza-Krieg »nicht mit Empörung oder Ekel verfolgen, sondern mit Bewunderung.«[390]

Was widerfuhr dem Weltgebetstag der Frauen nach dem 7. Oktober 2023?

»Wir nehmen die alten Texte«, versicherte mir eine 83-Jährige vor dem *Palästina*-Weltgebetstag der Frauen (WGT) am 1. März 2024. Alte? Neue? Ich ließ mir beide Fassungen zuschicken. Das bunte Bild dreier Palästinenserinnen in Tracht, unter einem Ölbaum sitzend, musste einem grau-schwarzen Cover mit Kreuz weichen. Die Liedauswahl ist unverändert, die Wortwahl in den Zeugnissen palästinensischer Christinnen ist es nicht. Unter »Ein Leben für die Wahrheit – Die Geschichte von Lina« berichtet diese von der Tötung ihrer Taufpatin, der *Al-Jazeera*-Journalistin Shireen Abu Akleh. In beiden Fassungen bleibt der Täter (israelisches Militär) durch die Passivform unklar. Verändert wurde die Passage zum Trauerzug, bei dem, wie Filmmaterial beweist, israelische Uniformierte auf die Sargträger einschlugen, ohne dass von diesen Gewalt ausgegangen wäre. Fassung 1: »Wir sind den mutigen Männern dankbar, die den Sarg von Shireen auf ihren Schultern trugen. Sie ließen sich von den israelischen Streitkräften nicht einschüchtern.« Fassung 2: »Ich sehe noch die mutigen Männer vor mir, die den Sarg von Shireen auf ihren Schultern trugen trotz aller Widrigkeiten und Einschüchterungen.«[391]

Auch in den Fürbitten wurde die Täterschaft Israels bei Hauszerstörungen herausgestrichen. Laut *Israelischem Komitee gegen Hauszerstörung (ICAHD)* riss Israel »seit 1947 mehr als 173.000 Häuser ab; 2023 waren es 1.395 Bauten, wovon 66.136 Menschen direkt betroffen sind.«[392] Nach Oktober 2023 hieß es: »deren Häuser zerstört wurden oder nicht mehr sicher sind.«[393]

Eingefügt wurden Fürbitten für alle, die seit dem 7. Oktober 2023 in Israel und Palästina leiden sowie für »Jüdinnen und Juden, die sich hier in Deutschland nicht sicher fühlen, die Drohungen und Anschlägen ausgesetzt sind.«[394]

Das dritte Zeugnis stammt von Sally Azar, der ersten Pastorin der lutherischen Kirche im Heiligen Land. Aus der Vertreibung ihrer Großeltern aus Jaffa 1948 (Nakba) durch das »Militär« wurde das vage »mit Gewalt vertrieben.«[395]

Im November 2023 schrieb das palästinensische Vorbereitungskomitee, dem auch Sally Azar angehörte, an das deutsche, der klarmacht, wie »bestürzt« die palästinensischen Christinnen über die angekündigte Überarbeitung und das Übergehen im Entscheidungsprozess waren. Dabei sei doch der Originaltext »von euch genehmigt und übersetzt« worden. Es sei »äußerst unwahrscheinlich, dass Antisemitismus in diesen Materialien über Nacht aufgetreten« sei. »Es ist enttäuschend zu erfahren, dass plötzlich alles anders interpretiert wird. Leider werden unsere Stimmen nicht gehört.«[396]

Laut *Forum Friedensethik in der Evangelischen Landeskirche Baden (FFE)* hat »der WGT-Deutschland als einziges Land nach dem 7. Oktober 2023 die gottesdienstlichen Texte der Palästinenserinnen ›kontextualisiert‹ – ohne Einverständnis der Palästinenserinnen.« *FFE* ermutigte dazu, die Originalfassung statt der »zensierten« zu verwenden und schlussfolgert: »Die Palästinenserinnen wurden wieder einmal ›unsichtbar‹ gemacht bzw. neutralisiert.«[397] Susanne Haverkamp lobte dagegen in der Mainzer Bistumszeitung die Entscheidung, die Texte zu ändern. Die »offene Sympathie von maßgeblichen Frauen mit der Hamas hat alles unmöglich gemacht.«[398]

Das Autorenduo Buck/Nieper sah sich veranlasst, zu den hohen Wellen der Debatte Stellung zu beziehen. Zu Stimmen der Kritiker, darunter der Bochumer Theologieprofessor G. Thomas und das Theologenpaar Scherle, bemerkte das Duo, »mit wie viel Halbwissen, Vorurteilen und Dogmatismus in Hinblick auf alles Palästinensische argumentiert wird.« Noch etwas stellten die beiden Heilig-Land-Experten fest: »Wie viele sich zu Palästina melden, ohne selbst je in den palästinensischen Gebieten gewesen zu sein – also hinter der Mauer oder gar in Gaza.«[399]

Wer verdient am Gaza-Krieg?

»Wie bei früheren Angriffen gegen Gaza, so testet das israelische Militär auch derzeit neue Waffen und Technologie, indem sie diese erstmals einsetzt. So können die Waffenhersteller ›Performance‹-Daten sammeln, was hilfreich für deren Verbesserung und Verfeinerung sowie die Vermarktung … in der ganzen Welt ist.« Das versicherte die israelische Nichtregierungsorganisation *Who Profits* bereits nach zwei Kriegsmonaten. Das auf Englisch abgefasste 17-seitige-Dossier »Die Waffenlieferanten für Israels Angriff auf Gaza« listet neun Unternehmen auf, die größtenteils alle Hände voll zu tun haben: US-amerikanische und israelische sowie jeweils ein deutsches und ein italienisches.

Schon in der ersten Kriegswoche beschleunigte die US-Firma Boeing die Auslieferung von eintausend 250-Pfund-Bomben und 1.800 GPS-gelenkten Bombenbausätzen an Israel. »Diese Lieferungen waren Teil eines Kaufvertrags zwischen Boeing und der israelischen Regierung im Wert von 735 Millionen US-Dollar.«[400] Die vor über hundert Jahren gegründete Firma hat auch die Raketensysteme Arrow 2 und 3 entwickelt, in Zusammenarbeit mit der israelischen *Aerospace Industries.* »Am 10. November hat Israel das ›Arrow 3‹-System erstmals aktiviert und damit eine im Jemen abgeschossene Rakete abgefangen.« 13 Tage später wurde vermeldet, dass das israelische Verteidigungsministerium ein Abkommen mit Deutschland über den Verkauf dieses Abwehrsystems festzurrte, das bereits zehn Tage vor dem Krieg eingefädelt worden war. Die *Deutsche Welle:* »Bundesverteidigungsminister Boris Pistorius und sein israelischer Kollege Joav Galant unterschrieben in Berlin eine Absichtserklärung im Volumen von rund 3,3 Milliarden Euro. … Es ist das größte Rüstungsexportgeschäft in der israelischen Geschichte.«[401]

Auch die 1953 gegründete, in Haifa ansässige Firma Elbit Systems profitiert vom aktuellen Krieg. ›Steel Sting‹, eine neue laser- und GPS-gesteuerte 120mm-Präzisionsmörserbombe kommt nun »erstmals auf dem Schlachtfeld zum Einsatz.« Zudem hat das Nachtsichtgerät ›Ido‹ derselben Firma aktuell seine Premiere. Allein zwischen 29. Oktober und 29. November 2023 erhielt das Unternehmen mit fast 13.000 Mitarbeitern Aufträge im Umfang von über 800 Millionen US-Dollar: einen mit der schwedischen Armee, einen weiteren mit der US-Marine und der dritte für einen nicht genannten »internationalen Kunden.«

Auch Deutschland ist an diesem Krieg beteiligt. Die Thyssen-Krupp AG liefert schon seit den 1990er Jahren Kriegsschiffe und U-Boote an Israels Marine, darunter die in Kiel gebauten, sogenannten ›Sa'ar 6‹-Korvetten (engl. ›attack warships‹). Damit führte das israelische Militär am 14. Oktober seinen »Antrittseinsatz« aus, das zur Ausstattung gehörende Geschütz, das italienische ›Super Rapido Multi-Feeding Naval Gun‹ des Rüstungskonzerns Leonardo, hatte ebenfalls Premiere.

»Zwischen dem 7. Oktober und dem 19. November hat das israelische Verteidigungsministerium Aufträge an Rüstungsfirmen im Wert von 1,08 Milliarden US-Dollar vergeben.« Die meisten seien langjährige Lieferanten, dank deren Produkten das israelische Militär die Blockade Gazas und die Besetzung des Westjordanlandes durchführen könne.

Laut der israelischen Rüstungsforscherin Sahar M. Vardi ist die Rüstungsindustrie ihres Landes »von 2007 bis 2017 um 55 Prozent« gewachsen. Sie ist überzeugt, dass sie darauf angewiesen sei, »ihre Produkte weiterhin in der Praxis testen, weiterentwickeln und als ›kampferprobt‹ vermarkten zu können, das heißt, sie ist davon abhängig, dass der israelisch-palästinensische Konflikt fortbesteht.«[402]

Der australisch-deutsche Autor Antony Loewenstein von *The Palestine Laboratory* ergänzt: Israel verkaufe nicht nur Waffen an über 100 Länder, »sondern auch die Ideologie, dass man damit ungestraft davonkommt.«[403]

Welche Folgen hat der Gaza-Krieg im Westjordanland?

Was der palästinensisch-christliche Friedensaktivist Daoud Nassar vom Projekt *Zelt der Völker* südwestlich von Bethlehem seit Oktober 2023 erlebt, beobachtet die »Settlement Watch«-Gruppe von *Shalom Achshav* (Frieden jetzt) aus der Vogelperspektive: Er, seine Familie und die noch verbliebenen internationalen Freiwilligen erleben »zunehmende Einschüchterungen und Schikanen durch israelische Soldaten und Siedler«, wenn sie ihr hügeliges, steiniges Land bewirtschaften. »Fast täglich werden wir von israelischen Soldaten an der Arbeit gehindert.« Diese haben beim Betreten seiner über 40 Hektar großen Farm zudem »Zäune beschädigt.« Mitte März 2024 versuchten israelische Siedler, eine Straße auf dem Grundstück zu bauen, Ende März »wurde mit dem Bau einer zweiten Straße begonnen«, die, sollte sie fortgesetzt werden, »in unser Land eindringen würde.«[404]

Bereits im November 2023 veröffentlichte die weltweit als *Peace Now* bekannte Organisation einen zehnseitigen Sonderbericht mit Fotomaterial und Landkarten. »In den ersten drei Wochen nach Ausbruch des Krieges infolge der furchtbaren Gräueltaten der Hamas-Terroristen hat die Siedlergewalt gegenüber Palästinensern im Westjordanland stark zugenommen. Eine Gruppe gewaltbereiter Siedler macht sich den Krieg zunutze und geht in organisierter Art vor, um im C-Gebiet Menschen aus palästinensischen Orten zu vertreiben: durch Angriffe, Drohungen, Einschüchterung und Sachbeschädigung.«[405] Das geschehe vor allem in den Süd-Hebron-Hügeln und im Jordantal. Einige Siedler würden sich dafür sogar IDF-Uniformen anziehen. Damals hatten sich fast 600 Palästinenser aus 13 Orten gezwungen gesehen, ihre Häuser »aus Angst vor Siedlerattacken« zu verlassen.

Seit diesem Report hat die Organisation über 30 weitere Erklärungen veröffentlicht: Einmal ging es um 170.000 Quadratmeter an der archäologischen Stätte Herodion, die Israel zum »Staatsland« erklärte, ein andermal um den Bau einer ganz neuen Siedlung, wieder ein andermal hatten Siedler einen Außenposten errichtet. Im Januar 2024 folgte dann der nächste längere Bericht. »Rekordzahl von neun neuen Außenposten binnen drei Monaten. Eine Rekordzahl von 18 illegalen Straßen … von Siedlern. Neues Siedlerphänomen: Sie schließen palästinensische Straßen – entgegen militärischer Erlasse.«[406] Das sind nur drei von etlichen Fakten, denen sich drei Millionen Palästinenser seit Oktober 2023 gegenübersehen. Als wären das noch nicht genug Hürden für den Alltag, hat das Militär seit dem 7. Oktober 2023 Hunderte von Zugangsstraßen in Dörfer und Städte gesperrt. 200.000 Arbeiter – andere Quellen nennen niedrigere Zahlen – hatten bis dahin in Israel in vergleichsweise gut bezahlten Jobs gearbeitet: auf Baustellen, in Fabriken, in der Gastronomie. Sie stellen ein Fünftel der Erwerbsbevölkerung des Westjordanlands. Antonio Pita von der spanischen *El País* traf im Dezember 2023 den palästinensischen Bauarbeiter Omar, dem Israel – wie den meisten Gastarbeitern aus dem Westjordanland – Arbeitsgenehmigung und Passierschein widerrufen hatte. Er, an ein für palästinensische Verhältnisse fürstliches israelisches Gehalt von 2.500 Euro gewöhnt, hatte in zwei Monaten gerade einmal an zwei Tagen im Westjordanland Arbeit gefunden: zu einem Drittel des israelischen Lohns. Zu seiner Arbeit in Israel sagte er: »Sie brauchen unsere Hände und wir ihr Geld.«[407]

Ohne Arbeit untätig zuhause sitzen und dann die ständige Angst vor Siedlern. Bis Mitte Dezember 2023 hatten diese bereits neun Palästinenser getötet.[408] Zwischen dem 7. Oktober 2023 und Ende April 2024 hat die Armee weitere 400 Palästinenser im Westjordanland getötet und Tausende verhaftet, darunter den Hebroner Friedensaktivisten Issa Amro gleich am 7. Oktober.

Wie lautet die traurige Bilanz nach einem halben Jahr Krieg?

Dieser Krieg, den wir in Echtzeit verfolgen, den Menschen in Gaza über *Instagram* und andere Kanäle live in die Welt streamen und über den die wenigen, noch nicht getöteten Vor-Ort-Reporter berichten, besteht aus einer Kette ungeheuerlicher Zahlen. Schon nach vier Kriegstagen zählte man eintausend Tote.[409] Nadav Weiman von der israelischen Veteranenorganisation *Breaking the Silence* lieferte eine der nächsten, kaum zu glaubenden Zahlen: »Allein in den ersten zwei Wochen hat die israelische Luftwaffe mehr Bomben auf Gaza geworfen als die USA auf Afghanistan in einem Jahr.«[410] Ausgehend von der beispiellosen Zerstörung und den Aussagen hochrangiger Militärs vermutete Weiman schon im November 2023, dass das israelische Militär die sogenannte *Dahiya-Doktrin* umsetze. Entwickelt in Israels zweitem Libanonkrieg 2006, lautet deren Grundsatz: »unverhältnismäßige Angriffe, auch gegen ›zivile‹ Objekte und Infrastruktur.«[411] Die Doktrin[412] versteht sich ausdrücklich als Anleitung zu einer »asymmetrischen Kriegsführung«.

Nach dem ersten Kriegsmonat hatte Israels Armee bereits mehr als 10.000 Palästinenser getötet, darunter 4.008 Kinder und 2.550 Frauen. 322 Menschenleben pro Tag, dreizehn pro Stunde oder alle fünf Minuten ein Mensch – Tag und Nacht. 1,5 Millionen Menschen – drei von vier Bewohnern des Gazastreifens – waren zu Binnenflüchtlingen geworden; 557.000 hatten in 92 UNRWA-Einrichtungen Zuflucht gefunden. Dort teilten sich 600 Menschen eine Toilette. 14 der 35 Krankenhäuser des Küstenstreifens hatten den Betrieb einstellen müssen.[413]

10.000 Menschenleben binnen 30 Tagen ausgelöscht – das ist die Zahl an Zivilisten, die UN-Angaben zufolge in der Ukraine nach eineinhalb Kriegsjahren zu beklagen waren.[414]

Ende November 2023 begann eine viertägige humanitäre Feuerpause, die um 48 Stunden verlängert wurde. Ägyptischer und palästinensischer Roter Halbmond sowie UN-Agenturen nutzten das

Schweigen der Waffen, um Mehl, Reis, Konserven, Treibstoff, Decken und Matratzen nach Gaza zu bringen.

Am 1. Dezember 2023 war die Waffenruhe um 7 Uhr vorbei. Bis um 20 Uhr dieses Tages verloren 178 Palästinenser ihr Leben, 589 wurden verletzt; auf israelischer Seite kam niemand ums Leben.[415]

Nach einem halben Jahr tobt der Krieg immer noch. Dessen traurige Bilanz bis 8. April 2024 lautet:

- Mindestens 33.207 getötete Palästinenser, darunter
- 14.500 Kinder und
- 9.560 Frauen
- 75.933 verletzte Palästinenser.
- 259 israelische Soldaten wurden getötet und
- 1.559 verletzt.
- 133 Israelis und Ausländer werden in Gaza nach wie vor festgehalten.
- 355.000 Gazaner leiden unter chronischen Krankheiten.
- Die zehn übriggebliebenen, nur noch teilweise funktionierenden, Krankenhäuser laufen mit 359 Prozent Kapazität.
- 70 Prozent der Bevölkerung im nördlichen Gazastreifen drohte bis Mitte Juli 2024 eine Hungersnot. In diesem Teil des Küstenstreifens kann, nach der Zerstörung des Al-Shifa-Krankenhauses, kein CT mehr durchgeführt werden.
- Von den geplanten Lebensmittellieferungen in Hochrisikogebiete, die einer Koordinierung mit israelischen Stellen bedürfen, fanden nur 26 Prozent statt; 51 Prozent wurden abgelehnt oder erschwert, 23 Prozent verschoben oder zurückgenommen.[416]

Zwei Tage vor der Veröffentlichung dieses Berichts hatte Martin Griffiths, stellvertretender UN-Generalsekretär für humanitäre Angelegenheiten, erklärt: »Wir haben einen furchtbaren Punkt erreicht«, um einige Sätze später zu sagen: »Selten hat es solch eine globale Entrüstung über die Verluste eines Konflikts gegeben und gleichzeitig wird so wenig getan, ihn zu beenden; stattdessen gibt es so viel Straflosigkeit.« Und er schließt mit der Forderung, entschlossen Rechenschaft für »diesen Verrat an der Menschlichkeit« einzufordern.

Wer blendet was und wann aus?

In diesem Gaza-Krieg kann man sich über die deutsche Nahost-Berichterstattung wieder einmal wundern. An Tagen, an denen im Schnitt zwischen 140 und 150 Palästinenser umkommen, beschäftigt sich *Die Zeit* mit der Shoa, mit Reisen von Holocaust-Überlebenden nach Deutschland oder der Befindlichkeit von Redakteuren, die jüdischen Glaubens sind, wie etwa im März 2024.[417] Hat dies aktuell den höchsten Nachrichtenwert? Warum dieser Fokus? Welche Botschaft soll da transportiert werden? Wünscht das die Leserschaft?

Am Bahnhof kaufte ich mir den leichter verdaulichen *Focus,* die Ausgabe vom 26. April 2024 und wunderte mich erneut: Die Titelgeschichte befasst sich mit »Schattenkriegern«, Untertitel: »Wie ein palästinensischer Familienclan weltweit den Hass gegen Israel schürt.« Hatte das Magazin über Hetze von Ben-Gvir, Smotrich & Co. – immerhin zweier israelischer Minister – und ihre fatalen Folgen im Westjordanland vergleichsweise ausgiebig berichtet? Mir erschloss sich nach der Lektüre nicht, wodurch der Hass angeblich geschürt wird. Auch hier stelle ich mir angesichts von 94 zwischen dem 24. und 26. April getöteten Palästinensern die Frage: Wie kommt eine Redaktionskonferenz zu so einer Entscheidung? Ist das seriöser Journalismus, indem man so eine Gewichtung und damit Blickrichtungsänderung vornimmt?

Mir kommt ein früherer Gaza-Krieg in den Sinn, in dem *Die Zeit* auch, wie ich es empfinde, von den palästinensischen Opfern ablenkte, indem sie schon auf der Titelseite den Blick auf eine palästinensische Attentäterin lenkte und damit auf ihr Opfer (in meiner Erinnerung: ein Toter). Bettina Marx' Urteil, Jahre später zufällig bei *Youtube* gefunden, tröstete mich. Da empfand jemand wie ich. »Das fand ich ganz schön gewagt in einer Zeit, in der Hunderte von palästinensischen Zivilisten jeden Tag umkommen«[418], meinte die langjährige ARD-Nahost-Hörfunkkorrespondentin.

Die deutsche Journalistin Karin Leukefeld erläutert, dass seit dem 7. Oktober 2023 »für Medien in Israel eine scharfe Militärzensur«[419] gilt. Ausländische Journalisten, die in Israel arbeiten, müssen unterschreiben, dass sie sich an die Vorschriften des militärischen Zensors halten.

Über mindestens acht Themen dürfen Journalisten nicht berichten, darunter über Waffen der Armee, Informationen aus dem Sicherheitskabinett oder über Geiseln. Zudem müssten sich Journalisten an eine bestimmte Sprachregelung halten. Zahlen der Toten und Verletzten müssten mit dem Zusatz versehen sein: veröffentlicht »vom Hamas-kontrollierten Gesundheitsministerium.« Leukefeld: »Deutschsprachige Medien haben diese Sprachregelung weitgehend übernommen.« Apropos Sprachregelung: Bei der Hamas steht in der Regel eine Bezeichnung wie »radikal-islamisch«. Wäre es da nicht angemessen, mit Blick auf die israelische Regierung den Zusatz »die ultra-nationalistische« anzuhängen? Oder: »die Besatzungsmacht Israel.« Oder gar die »rücksichtslose Besatzungsmacht«?

Schon im Herbst 2023 hatte ich an den *Spiegel* einen Leserbrief geschickt, in dem ich mir mit Blick auf die Artikel »Das Monster von Gaza, Ihre Körper als Schlachtfeld« und »Das Ende der Waffenruhe« drei Anmerkungen erlaubte; die dritte lautete: »Erst jetzt, wo x Sendungen und Artikel sich dem Leid von Israelis widmen (zu Recht!), wird sonnenklar, dass unsere Medien dem Leid von Palästinensern seit 1967 (oder 1948) nicht einmal zehn Prozent der Aufmerksamkeit geschenkt haben, die seit dem 7. Oktober Israelis zuteil geworden ist. Warum bloß?« Der Leserbrief wurde nicht gedruckt.[420] Ich muss leider der Behauptung, die zwei Briten schon 1975 aufstellten, zustimmen. In »Publish it not…« schrieben ein Politiker und ein Journalist schon im Vorwort: »Ganz kurz, wir behaupten: Seit 50 Jahren und vor allem seit 1967, versucht man vorsätzlich und im Allgemeinen mit Erfolg, die Wahrheit über Palästina zu vertuschen. Das beschädigt die Chancen für Frieden und Gerechtigkeit im Nahen Osten.«[421]

Wie denken Israelis außerhalb der Regierung über den »Tag danach«?

2005 legte die US-amerikanische Denkfabrik *RAND Corporation* einen Plan vor, den Gazastreifen mit dem Westjordanland zu verbinden: mittels Autobahn und einer Schnellzugverbindung. Eine Fahrt vom Flughafen Gaza nach Nablus war mit 45 Minuten kalkuliert. Das *The Arc* genannte Projekt hätte die Trennung überwunden, deren Folgen Bassim Khoury, Vorsitzender des Palästinensischen Industrieverbandes (PFI), einmal so umschrieb: »Einen Container von Ramallah nach Gaza zu transportieren, ist viermal so teuer wie einen nach China oder Australien zu verschiffen.«[422] Das *RAND*-Projekt hätte zudem 100.000 Palästinenser auf fünf Jahre Arbeit gegeben.[423]

Ende 2023 lagen neue Pläne für Gaza vor. Zu den ersten gehörte der Vierstufenplan des israelischen Friedensaktivisten Hillel Schenker: 1) Feuerpause und Freilassung der Geiseln 2) Ausweisung der Hamas-Führung nach Katar 3) Internationale Interimsregierung in Gaza 4) Verjüngte PLO-Führung regiert Gaza.[424] Es bedürfe einer Friedensinitiative von US-Präsident Biden, was angesichts bevorstehender Wahlen im eigenen Interesse sei. Sonst verliere er »die Unterstützung arabischstämmiger US-Amerikaner … sowie die … von progressiven, jungen Demokraten.« Für Schenker, Co-Herausgeber des *Palestine-Israel Journal*, dürfe die Staatengemeinschaft den israelisch-palästinensischen Konflikt nicht länger ignorieren. Ein diplomatischer Prozess auf Grundlage der arabischen Friedensinitiative von 2002 sei nötig, der zu einem Ende der Besatzung und zu einer noch umsetzbaren Zwei-Staaten-Lösung führt, »fußend auf Landaustausch von vier bis fünf Prozent, auf denen 80 Prozent der Siedler leben.« Für Schenker braucht es neue Führungen auf beiden Seiten. »Vielleicht könnte Marwan Barghouti [seit 2002 in israelischer Haft, J. Z.] der palästinensische Nelson Mandela werden, während wir noch den israelischen de Klerk suchen müssen«, erklärt Schenker, der sich optimistisch gibt: »Krisen erzeugen die Chance für neue Herangehensweisen. Es ist Zeit, das Kämpfen einzustellen und die Suche für eine Konfliktlösung zu beginnen.«

Im März 2024 legte Omer Zanany den detaillierten Plan *The Israeli Initiative* vor. Er leitet das Auslands- und Sicherheitsteam des *Mitvim Institute* und des *Berl Katznelson Center* sowie *Mitvims* israelisch-palästinensisches Friedensstifter-Programm. Die auf fünf Jahre ausgelegte Initiative besteht aus drei Phasen und weist Schnittmengen mit Schenkers Plan auf. Eine der Punkte: »Siedlungs- und Annexionsstopp.« Harte Kritik gibt es für die derzeitige Regierung, die, »beflügelt vom Erfolg ihrer schnellen Annexionsmaßnahmen im Westjordanland«, alles tue, um »jegliche Aussicht auf ein friedliches Abkommen mit den Palästinensern zu vereiteln.« Siedlungen und Außenposten dienten – ungewöhnlich aus israelischer Sicht – als »Brutstätte für jüdischen Terrorismus und Siedlergewalt gegen Palästinenser«,[425] was keine »langfristige Sicherheit für die Bürger Israels« zeitige. Stattdessen plane Premierminister Netanjahu »ewigen Krieg genau wie die extreme religiöse Rechte.« Die »Katastrophe, die Israel am 7. Oktober widerfuhr, … kann eine Chance sein, ein stabiles israelisch-palästinensisches Abkommen voranzubringen.«[426]

Gershon Baskin, der sich seit vielen Jahren für israelisch-palästinensische Verständigung einsetzt, hält fünf Komponenten für entscheidend, die teilweise auch in den bereits vorgestellten Plänen enthalten sind: 1. Reform der Palästinensischen Behörde inklusive demokratischer Wahlen; 2. Stationierung multinationaler arabischer Streitkräfte, mit Mandat des UN-Sicherheitsrats; 3. Verpflichtung der Weltgemeinschaft zum Friedensprozess; 4. Internationales Engagement samt Finanzierung zum Wiederaufbau des Gazastreifens; 5. Neue Regierungen in Israel und Palästina. In »einem neuen politischen Prozess«[427] hält Baskin zwei Grundelemente für unabdingbar: Am Ende sollten zwei Staaten für zwei Völker stehen, »im Gegensatz zum Oslo(-Abkommen), wo es kein festgelegtes und vereinbartes ›End-Game‹« gegeben habe. Zudem brauche es eine »dritte Partei, um die Einhaltung der Verpflichtungen zu überwachen.« Wenn man nach der »Katastrophe des 7. Oktober« nicht den Kurs ändere hin zu einer Konfliktbeilegung, »wird es eine weitere Runde (des Kämpfens), die härteste jemals, geben in diesem Kreislauf des Blutvergießens, der enden muss.«

Existieren Patriarchat samt Ehrenmord auch im 21. Jahrhundert?

»Seine Arbeitslosigkeit machte unsere Tage zu einer wahren Hölle. Vater log und suchte einen Vorwand, um uns zu schlagen und zu treten oder meiner Mutter ins Gesicht zu spucken, nur um seinem Ärger Luft zu machen.«[428] Zwei Sätze von Asmaa al-Atawnas Autofiktion »Keine Luft zum Atmen« und schon hat sie den Leser in einen weiteren palästinensischen Leidensraum geführt. Vor den eigenen vier Wänden die israelische Besatzungsmacht (die aber jederzeit in die Privatsphäre eindringen kann) und innerhalb derselben die Macht des Patriarchats, der Religion und Tradition. Im Falle der Autorin kommen drei weitere Leidensschichten hinzu: In einem Flüchtlingslager geboren, wuchs sie im »schwarzen Viertel« der *Abid* auf. Das arabische Wort für »Sklaven« bezeichnet eine dunkelhäutige Minderheit von circa 20.000 Menschen im Gazastreifen; zudem entstammt die 1978 Geborene einer Beduinenfamilie. Die mehrfach Marginalisierte und Verletzte setzt alles auf eine Karte, um endlich einmal frei atmen zu können. Sie schafft es irgendwie nach Frankreich. Für Joël László, Verfasser des Nachworts, legt der Text »die Brutalität eigener patriarchaler und rassistischer Gewohnheiten« offen. Dabei hänge eines mit dem anderen zusammen. »Die Gewalt der Besatzung wirkt auf die Erwachsenen ein und brutalisiert die sozialen Beziehungen; die Erwachsenen wiederum geben die Gewalt an die Kinder weiter.«[429]

Die Folgen: Häusliche Gewalt und immer wieder Tote und Verletzte. Für das Jahr 2021 verzeichnete das *Palestinian Center for Human Rights (PCHR)* 39 Todesfälle im Gazastreifen infolge »sozialer Gewalt, des Einsatzes von Waffen bei Familienstreitigkeiten, falscher Waffenhandhabung sowie von geschlechtsspezifischen Gewalttaten (*gender-based*).«[430] Wenn auch nicht näher benannt, dürfte es sich bei letztgenanntem Punkt wohl auch um »Ehrenmord« handeln. Von Besuchen im Waisenhaus *Créche* in Bethlehem ist mir bekannt, dass Mädchen und Frauen auch noch heute im Heiligen Land umgebracht werden, um die angeblich beschmutzte »Familienehre«

wiederherzustellen. Grund ist meist: Eine junge Frau wurde vor oder außerhalb der Ehe schwanger. Die Zahlen, die mir der Sozialarbeiter mitteilte, sind alarmierend: »Etwa ein Ehrenmord« pro Woche in Palästina.

Die Frauenorganisation *The Palestinian Working Women Society* beziffert für den Zeitraum 2015 bis 2018 die Zahl der Ehrenmorde auf 85, ohne Details zu nennen oder Angaben zur regionalen Verteilung zu machen.[431] Die Internetseite *No Honor in Killing* gibt deutlich niedrigere Zahlen an: sowohl für Israel als auch für Palästina seien es im Zeitraum von 2010 bis 2020 jeweils zehn gewesen.[432]

Schon Anfang 2008 waren dazu 2.400 Menschen in allen Bezirken Palästinas befragt worden. 80 Prozent erklärten, Frauen würden in der Gesellschaft unterdrückt. Über 82 Prozent hielten es für wichtig, Gesetze zu erlassen, die »Gewalt gegen Frauen verhindern.« Für drei von vier Befragten hat der Mann kein Recht, »seine Frau zu schlagen, wenn er das für angemessen hält.« Genauso viele befürworteten eine Änderung der bisherigen Gesetzeslage, »die Ehrenmorde erlaubt«. Es gehe darum, Männer daran zu hindern, das Gesetz selbst in die Hand zu nehmen.[433]

Das PCHR in Gaza-Stadt hat Aufklärungsseminare zu Ehrenmorden veranstaltet. Zudem hat es durch die Weiterbildung *Sawasya* (arab. Gleichberechtigung) Anwältinnen befähigt, Frauen in religiösen Shari'a-Gerichten zu verteidigen und zu ihrem Recht zu verhelfen. Ayah al-Wakil ist eine von ihnen. Zum Thema Ehrenmord versichert die Anwältin: »Das Gesetz steht über der Tradition. Deshalb sollte die Gesetzgebung dahingehend abgeändert werden, dass Frauen geschützt werden.«[434]

Bereits 1996 hatte Asmaa al-Atawna den Entschluss gefasst, »dieser Hölle endlich zu entfliehen. Ich entschied mich dafür, an einen ruhigeren und grüneren Ort zu gehen.«[435]

Minen, Blindgänger & Co. – oder: Was sind UXO und ERW?

Dem Jugendlichen fehlt die linke Hand. Die Umstände bleiben verborgen. Was ist mit seinen Träumen? Wollte er Pianist werden? Schreiner? Pilot? Das Bild des jugendlichen Palästinensers, der durch einen Blindgänger verkrüppelt wurde, datiert von 2009.[436]

Bei der Recherche für ein früheres Buch stieß ich auf die Zahl 2.500: So viele Lebensträume waren beschädigt oder ausgelöscht worden, so viele Palästinenser zwischen 1967 und 1998 durch Minen, Blindgänger oder andere explosive Kriegsrückstände (engl. Kürzel UXO bzw. ERW) verletzt oder getötet worden.[437]

2013 erklärte UNICEF, dass viele nicht explodierte Granaten, Raketen oder Bomben »in Straßen, Schulen und Wohngebieten Gazas« Anlass zu »großer Sorge hinsichtlich der Sicherheit von Kindern« gäben. 20 Opfer – darunter zwei Tote – waren damals zu beklagen, mehrheitlich Kinder (18). Nach UN-Schätzung landete seinerzeit jede zweite aus dem Gazastreifen abgefeuerte Rakete, einem Bumerang gleich, wieder dort und war ein »ernstes Risiko für Kinder.«[438] Die Opferzahl stieg nach Israels Gaza-Krieg (Operation *Fels in der Brandung*) ein Jahr später auf acht Tote und 57 Verletzte.[439] Für 2022 gibt der *Landmine & Cluster Munition Monitor* die Gesamtzahl der palästinensischen »casualties« mit 10 bis 49 an, wobei das englische Wort sowohl Verletzte als auch Getötete bezeichnen kann.[440]

Der Krieg zeitigte auch schon UXO/ERW-Opfer. Als Familie Abu Samur nach Ab- bzw. Weiterzug israelischer Truppen nach Hause zurückkehrte, fand sie ihr Haus zerstört vor; nur das Badezimmer war verschont geblieben. Dort fand der 14-jährige Sohn Mohammed eine Art Spraydose, die er für Parfüm oder einen Deodorant hielt. Die Warnung des Vaters kam zu spät. Durch die Explosion verlor der Jugendliche den halben linken Arm und alle Finger der rechten Hand. Vier Ärzte operierten sieben Stunden, um seine Beine zu retten. Als ihn ein Team des US-amerikanischen Senders *NPR* im Mai 2024 im European Hospital in Khan Younis besuchte, waren die Wunden seit Tagen nicht gesäubert worden, Fliegen umschwirrten sein vernarbtes Gesicht. Aufgrund seines geschwächten Körpers war die Gefahr, die Beine doch noch zu verlieren, keinesfalls gebannt.

Sprengstoffexperten gehen davon aus, dass zehn bis 15 Prozent der Mörser, Granaten, Raketen und Bomben beim Aufprall nicht detonieren. Ein UN-Team stieß in Khan Younis auf 1.000-Pfund-Bomben, die nicht explodiert waren: an zentralen Straßenkreuzungen und selbst in Schulen. Erik Tollefsen, norwegischer Sprengstoffexperte, war für das Internationale Komitee vom Roten Kreuz (IKRK) im Februar/März 2024 im Gazastreifen. Er fand eine nicht explodierte Artilleriegranate wenige Meter vom IKRK-Büro entfernt. In einem Lager für Binnenflüchtlinge entdeckte er ein Zelt, das mit einer nicht explodierten Rakete verankert war. Kinder spielten nebenan. Um Sprengstoff zu neutralisieren, d.h. eine kontrollierte Detonation auszulösen, benötigt man: Sprengstoff. Dessen Einfuhr erlaubt Israel nicht. Tollefsen brachte Kletterausrüstung und Angelhaken mit, um wenigstens Bomben wegziehen zu können. Selbst für ihn, mit Erfahrung aus dem Jugoslawien-, Afghanistan- und Irak-Krieg, ist das Ausmaß der Zerstörung »einfach unfassbar, es ist wirklich entsetzlich«. Derselbe *NPR*-Artikel zitiert Mungo Birch, Leiter des UN-Minenräumdienstes UNMAS in den palästinensischen Gebieten; er hielt sich am 7. Oktober 2023 im Gazastreifen auf, um nicht explodierte Munition (UXO) des 2021er Krieges zu beseitigen: »Im Gazastreifen gibt es jetzt mehr Schutt als in der Ukraine«, wobei Gazas Frontlinie 25 und die der Ukraine 600 Meilen lang sei – etwa 40 bzw. 965 Kilometer.[441]

Nach diesem, Stand Mai 2024, über sieben Monate wütenden Krieg (Operation *Eiserne Schwerter*), dürfte die Zahl der UXO- und ERW-Opfer einen neuen, traurigen Rekordwert erreichen. Bereits nach 25 Tagen Krieg hatten israelische Luftwaffe und Infanterie 25.000 Tonnen Sprengstoff verfeuert, zehn Kilogramm pro Einwohner, was vom Gesamtumfang her »zwei Atombomben entspricht«.[442]

Setzt Israel Hunger als Kriegswaffe ein?

Der jüdische Friedensaktivist Uri Avnery schrieb 2006, nachdem Israel die Blockade des Gazastreifens verhängt (genau genommen: verschärft) hatte, den bissigen Essay »Das große Experiment«. »Ist es möglich, ein ganzes Volk dahin zu bringen, sich einer fremden Besatzung zu unterwerfen, indem man es aushungert?«, lautete der erste Satz. Das Labor sei der Gazastreifen, »die Versuchstiere sind 1,3 Millionen Palästinenser«.[443] Im Mai 2024 leben dort 2,2 Millionen Palästinenser oder besser: versuchen zu überleben. Ihnen mangelt es an Wasser, Brot, Vitaminen, Medikamenten, einer sicheren Bleibe, Hoffnung, Perspektive.

»Hunger, verweigerte Versorgung und Vertreibung dürfen keine Kriegswaffe sein«, mahnte die katholische Friedensbewegung *Pax Christi* bereits drei Wochen nach Kriegsbeginn.[444] Am 8. Januar 2024 erklärte die israelische Menschenrechtsorganisation *B'Tselem*: »Israel lässt Gaza aushungern.«[445] Schwangere, Babys, stillende Mütter, Greise. »Die verzweifelte Suche nach Nahrung ist unbarmherzig und meist erfolglos.« Bäckereien oder Lebensmittellager seien entweder bombardiert worden oder wegen Strom- oder Treibstoffmangels geschlossen, Äcker und Felder seien zerstört. »Dennoch lässt Israel nicht genügend Lebensmittel in den Gazastreifen hinein, um den Bedarf der Bevölkerung zu decken.« *B'Tselem*: »Der Hunger in Gaza ist keine Begleiterscheinung des Krieges, sondern direkte Folge israelischer Politik.«

Fünf Tage später bekannte Philippe Lazzarini, Generalkommissar des palästinensischen Flüchtlingshilfswerks UNRWA: »Das massive Sterben, die Zerstörung, die Vertreibung, der Hunger, der Verlust und die Trauer der letzten 100 Tage trüben unsere gemeinsame Vorstellung von Menschlichkeit.«[446] In der englischen Version heißt es: »beflecken unsere gemeinsame Menschlichkeit« – auch so kann man es übersetzen. Zwei Tage danach warnte Cindy McCain, Direktorin des Welternährungsprogramms WFP, Menschen in Gaza drohten zu verhungern, obwohl »sie nur wenige Meilen von Lkws voller Lebensmittel entfernt sind.«[447] Drei Tage später vermeldete

UN-OCHA: 2,2 Millionen stehen vor einer Hungersnot; 378.000 Menschen befinden sich schon »in Phase 5, Katastrophenstufe, und 939.000 in Phase 4«.[448] Zwei Wochen darauf, am 1. Februar, berichtete *CNN* von Menschen, die verschmutztes Wasser trinken und Gras essen. Die 38 Jahre alte Hanadi Gamal Saed El Jamara, Mutter von sieben Kindern und Frau eines zucker- und krebskranken Mannes, bettelt in Rafah um Nahrung, für wenigstens eine Mahlzeit am Tag. Nur Schlaf lenke die Kinder vom schmerzenden Hunger ab. »Wir sterben langsam«, erklärt die Frau und meint, es sei wohl »besser durch Bomben umzukommen, denn dann sind wir wenigstens Märtyrer. Nun sterben wir aber an Hunger und Durst.«[449] Fast zwei Monate später berichten deutsche Medien erstmals über die Hungersnot. Ibrahim Kharabishi schildert die Not seiner schwangeren Frau, der drei Kinder und der Eltern. An manchen Tagen durchstreift die Familie zerstörte oder verlassene Häuser. »Manchmal finden wir etwas Mehl auf dem Boden, durchsetzt mit Sand. Daraus backen wir dann einen sandigen Brotfladen«, erzählt der 33-Jährige. Seinen Kindern gibt er »die größeren Portionen, damit sie aufhören, vor Hunger zu schreien und zu weinen«.[450] Im April 2024 startet die Welthungerhilfe erstmals einen Hilfseinsatz im Gazastreifen und stellt eine Million Euro bereit, denn »insbesondere im Norden leiden Hunderttausende unter einer Hungersnot.«[451] Schon einen Monat zuvor hatte der deutsche Historiker René Wildangel gemahnt: »Wird Israels Einsatz von Hunger als Kriegswaffe nicht beendet, werden die Opferzahlen weiter rasant steigen. ... es wäre eine Schande für die deutsche Außen- und Entwicklungspolitik, die es zukünftig schwer haben dürfte, in anderen Konflikten glaubhaft für den Schutz von Zivilisten und den Erhalt internationaler Normen einzutreten.«[452]

Was berichten Ärzte und Pflegepersonal aus dem Kriegsgebiet?

»Denken Sie an den Chirurgen, der bei seinem eigenen Kind ohne Betäubung eine Amputation durchführen und dann zusehen musste, wie es auf dem Operationstisch starb«, erbittet die Petition »Nominierung für den Friedensnobelpreis 2024 für Beschäftigte im Gesundheitswesen« des Gazastreifens, die am 9. Januar 2024 gestartet wurde und sich an das norwegische Nobelpreiskomitee richtet. Bis dahin waren bereits »374 Beschäftigte des Gesundheitswesens getötet, 150 Beschäftigte des Gesundheitswesens verhaftet oder entführt und 102 Krankenwagen beschossen oder bombardiert«[453] worden.

Bereits nach zwei Wochen Krieg hatte Mohammed Obeid, Chirurg im Al-Shifa-Krankenhaus berichtet, man habe angefangen, »auf dem Boden zu operieren.« Und weiter: »Wir amputieren den Fuß eines 9-jährigen Jungen, fast ohne Betäubung. Der Anästhesist hält seinen Mund offen, damit er nicht erstickt. Mehr können wir nicht tun. Und wir hoffen, dass dieses Bild in die Welt getragen wird.«[454]

Zwei Wochen nach diesem folgte der nächste Newsletter; darin forderte der internationale Präsident von *Ärzte ohne Grenzen e.V.*, Dr. Christos Christou, eine sofortige Feuerpause sowie den Schutz der Zivilbevölkerung. Die lokalen Mitarbeiter berichteten »von schwangeren Frauen, die nicht in ein Krankenhaus kommen können, um zu gebären.«[455] Wenige Tage später, Mitte November 2023, interviewte die Plattform *Democracy Now!* den Chirurgen Dr. Mohammed Obeid; da war dem größten Krankenhaus des Küstenstreifens bereits der Treibstoff ausgegangen, der Kampf um das Überleben von circa 30 Frühchen begann.

Laut Dr. Obeids langer Leidenslitanei hatte ein israelischer Scharfschütze vier Patienten angegriffen und aus dem Krankenhaus nach Süden Fliehende seien bombardiert worden. »Zwei Neugeborene sind gestorben, weil die Brutkästen nicht laufen.« Das israelische Militär habe »das Krankenhaus häufig beschossen.«[456] Für *Ärzte ohne Grenzen* war, bis 1. November 2023, die Österreicherin Diyani Dewasurendra im Gazastreifen. »Seit dem 7. Oktober flogen um uns herum die Bomben«, auch der Süden des Küstenstreifens, in den ihr Team evakuiert worden war, war bis zu ihrer Ausreise »unter Dauerbeschuss, der Himmel stand unter Feuer«[457], erinnert sich die Kärntnerin.

Am letzten Tag der Kanadierin Fozia Alvi im ramponierten Europäischen Krankenhaus blieb diese auf der Intensivstation neben zwei jungen Neuankömmlingen mit Gesichtsverletzungen und Atemschläuchen stehen. Sie seien, so die Krankenschwester, Stunden zuvor eingeliefert worden, nach Kopfschüssen von Heckenschützen. Die beiden, etwa sieben oder acht Jahre alt, »waren nicht in der Lage zu sprechen, waren querschnittsgelähmt. Sie lagen buchstäblich wie Gemüse auf den Betten.« Schon vorher hatte die Ärztin Kinder gesehen, denen Scharf- oder Heckenschützen in Kopf oder Brust geschossen hatten. »Das waren keine Kämpfer, das waren kleine Kinder.« Ähnliches berichten andere Ärzte, wie Vanita Gupta, Intensivmedizinerin aus New York. Eines Januarmorgens brachte man nacheinander drei schwer kopfverletzte Kinder ins Krankenhaus. Auf der Straße seien sie, so erzählten die Familien, beschossen worden, in einer Gegend ohne weiteren Beschuss. Der Vater des einen, etwa fünfjährigen Mädchens weinte und fragte, ob man die Tochter retten könne. »Sie ist mein einziges Kind.«

Ebenfalls im Januar 2024 volontierte Thaer Ahmad: im Nasser-Krankenhaus für die Hilfsorganisation *MedGlobal*. Der im Traumazentrum in Chicagos South Side tätige und mit Schussverletzungen bestens vertraute Arzt bekennt: »In den drei Wochen im Nasser-Krankenhaus habe ich mehr Kindertraumata behandelt als in den zehn Jahren, in denen ich in den USA praktiziert habe.«[458]

Übrigens: Die Petition wurde bis 22. Mai 2024 von fast 360.000 Menschen unterschrieben.

Wer traf sich zur »Vertreibungskonferenz«?

Der Wunsch, die Palästinenser zu vertreiben, ist je nach Religiosität unterschiedlich, wird jedoch von 48 % aller israelischen Juden geäußert. Dies ermittelte 2014/15 das US-amerikanische *Pew Research Center*; die befragten Juden (81 Prozent der Gesamtbevölkerung) identifizierten sich dabei mit einer dieser vier Gruppen: Hiloni (säkular) 40 %; Masorti (traditionell) 23 %; Dati (religiös) 10 %; Haredi (ultra-orthodox) 8 %. Somit stehen 40 Prozent säkularen, liberalen Juden 41 Prozent gegenüber, die ihren jüdischen Glauben mehr oder weniger praktizieren. Deren Zustimmung zur Vertreibung reicht von 54 % (Masorti) bis 71 % (Dati). Einen höheren Wert (72 %) gab es nur bei Juden, die sich politisch rechts verorten.[459] Ebendieses rechtsnationalistisch-religiöse Lager nutzte bereits in den ersten Kriegstagen die Fixierung der Weltöffentlichkeit auf Gaza aus, um keine 50 Kilometer entfernt Tatsachen zu schaffen und sich palästinensisches Land anzueignen. Bereits am zehnten Kriegstag sah sich die linksliberale *Ha'aretz* zu einem Leitartikel veranlasst. Titel: »Palestinian Expulsion in Fog of War« – »Palästinensische Vertreibung im Kriegsnebel«. Siedlergewalt im Westjordanland habe zu einer »Fluchtwelle« bei Hirten-Gemeinschaften geführt.[460]

Just am selben Tag veröffentlichte die nach eigenen Angaben unabhängige Denkfabrik *The Misgav Institute for National Security and Zionist Strategy* einen Plan »für die Umsiedlung und endgültige Repatriierung der gesamten Bevölkerung des Gazastreifens nach Ägypten«. Laut Untertitel gebe es »derzeit eine einzigartige und seltene Gelegenheit, den gesamten Gazastreifen in Abstimmung mit der ägyptischen Regierung zu evakuieren.«[461] Das *Bündnis für Gerechtigkeit zwischen Israelis und Palästinensern e.V.* berichtete ausführlich darüber, auch *Qantara* und die *Sozialistische Zeitung*,[462] deutsche Mainstreammedien dagegen nur am Rande. Das Magazin *Cicero* erwähnte den Misgav-Plan mit zwei Sätzen und einen weiteren aus »dem israelischen Geheimdienstministerium.« Beiden Plänen gemeinsam sei, »dass die Bewohner zunächst in den südlichen Teil des Gazastreifens umgesiedelt werden, bis die schrecklichen Lebensbedingungen dort sie zwingen, in den nördlichen Sinai zu fliehen. Ägypten käme dann nicht umhin, den Grenzübergang Rafah zu öffnen und sie ins Land zu lassen.«[463]

Wiederholt haben amtierende oder ehemalige israelische Politiker seit Herbst 2023 gefordert, die internationale Staatengemeinschaft solle sich an den Kosten der Umsiedlung beteiligen oder Gazaner aufnehmen. Simcha Rothman etwa, der dem Justizausschuss der Knesset vorsteht, nannte 5.000 oder 10.000 und verwies darauf, Deutschland habe ja auch Menschen aus Syrien aufgenommen.[464]

Eine neue Stufe in der Diskussion markiert der 28. Januar 2024. Da trafen sich circa 5.000 national-religiöse Siedler und Sympathisanten in einem Jerusalemer Konferenzzentrum, Hauptredner war Itamar Ben-Gvir, Minister für Nationale Sicherheit. Der dreiminütige Filmausschnitt von *CBC/Radio Canada* zeigt fröhliche, tanzende Menschen und eine dort aufgestellte, riesige Landkarte, die neue israelische Siedlungen im Gazastreifen verheißt. An einem Balkon im Saal verkündet ein Banner auf Hebräisch: »Besiedlung bringt Sicherheit. Wir kehren nach Gaza und Nordsamaria (= nördl. Westjordanland, J. Z.) zurück. »Das einzige, was Sicherheit bringt, sind jüdische Siedlungen im Gazastreifen«, versichert ein Mann mit Waffe über der Schulter dem kanadischen Sender. Ein Abgeordneter meint, die Palästinenser Gazas müssten sich anderswo eine Zukunft aufbauen, vor dem Mikrofon befürwortet er »unbedingt« die Vertreibung.[465]

»Vertreibungskonferenz« – so schrieb die *taz* einen Tag später.[466] Die Versammelten nannte Anshel Pfeffer in *Ha'aretz* »die einzigen Israelis, die einen Plan für den Tag nach dem Krieg« hätten. Dieser ist seiner Meinung nach nichts weniger als »ethnische Säuberung im Namen Gottes.«[467]

Welche Folgen hatte der 7. Oktober innerisraelisch?

Im Herbst 2022 wurde in Israel gewählt. Davor porträtierte die Zeitung *Ha'aretz* acht Wahlverweigerer der nichtjüdischen Minderheit von 21 Prozent der Bevölkerung. Von jüdischer Seite gerne »israelische Araber« oder »arabische Israelis« genannt, nennen sie sich selbst in jüngster Zeit oft stolz »Palästinenser mit israelischer Staatsangehörigkeit.« Gemeinsamer Tenor der Wahlboykottierenden: Wir werden benachteiligt, etwa bei Budgets, und selbst wenn einer von uns in der Regierung sitzt (wie Mansour Abbas) werden weiter angeblich illegal erbaute Häuser, vor allem der Beduinen im Negev, abgerissen. Manche aus dieser Minorität haben Verwandte im Westjordanland oder Gazastreifen und stehen seit dem 7. Oktober 2023 unter besonderer Beobachtung der Polizei und Geheimdienste (Israel hat drei). Nach nicht einmal drei Wochen Krieg bat *Adalah*, das Rechtshilfezentrum für die arabische Minderheit in Israel: »Helft arabischen Studenten, denen der Ausschluss aus israelischen Universitäten droht!«[468] Aufgrund ihrer Posts in sozialen Medien waren da bereits 96 Studenten ins Visier der Behörden geraten, 84 von ihnen stand *Adalah* juristisch bei. *Adalah*: »Nach den entsetzlichen Ereignissen des 7. Oktober und der schnellen Eskalation der Feindseligkeiten war der erste Schritt israelischer Universitäten, Dutzende von palästinensischen Studenten zeitweise auszuschließen oder der Universität zu verweisen. Grund sind ihre Posts in den sozialen Medien, in denen sie ihre Gefühle und Ansichten bezüglich der Lage in Gaza zum Ausdruck brachten; diese wurden pauschal als ›Terrorunterstützung‹ bezeichnet.«

Doch macht die Überwachung nicht einmal vor Prominenten halt. Dalal Abu Amneh, erfolgreiche Sängerin, Influencerin und Neurowissenschaftlerin wurde ein »mehrdeutiger, unklarer« Post zum Verhängnis, worauf ihr Leben laut *Ha'aretz* »im Nu zur Hölle wurde.«[469] Die Frau aus Nazareth verbrachte drei Tage in Polizeigewahrsam, auch internationale Medien wie *BBC* oder *Washington Post* berichteten darüber. Ihr *Facebook*-Post lautete: »Nur Gott ist Sieger.«

Bis heute wurden Hunderte von Palästinensern mit israelischer Staatsangehörigkeit verhört oder verhaftet. Weitere verloren ihren Arbeitsplatz oder erhielten Drohungen. Diese erfuhr auch der israelisch-jüdische Journalist und Filmemacher Yuval Avraham nach seiner Rede auf der *Berlinale*. Ein rechter Mob sei vor sein Elternhaus gezogen und habe Angehörige derart bedroht, dass sie mitten in der Nacht in eine andere Stadt geflohen seien, erklärte er auf *X*. »Ich erhalte immer noch Morddrohungen und musste meinen Heimflug streichen.«[470]

Auch sonst kam das Land nicht zur Ruhe: Bei mehreren Terrorattacken, darunter einige mit Messern, wurden Menschen verletzt oder getötet. Kein Wunder, dass bereits nach zwei Kriegsmonaten »mehr als 250.000 neue Waffenscheine beantragt worden waren, mehr als in den letzten 20 Jahren zusammen.« Die Autorin Dahlia Scheindlin ist jedoch überzeugt, »dass dies das Land nicht sicherer machen wird – im Gegenteil.«[471]

Auch nicht zur Ruhe gekommen sind bis Frühsommer 2024 etwa 125.000 Israelis, die in Hotels in Tel Aviv, am Toten Meer oder in Kibbuzim evakuiert wurden. Ihr Zuhause in Orten unweit Gaza (*Gaza Envelope*) oder in 14 Gemeinden an der libanesischen Grenze ist entweder zerstört oder wegen Raketenbeschusses höchst unsicher. Der Aufbau eines einzigen verwüsteten Kibbuz wird mit 83 Millionen US-Dollar veranschlagt.[472]

Aufgrund finanzieller Folgen und politischer Risiken des Gaza-Krieges stufte die führende Kreditratingagentur Moody's Israels Kreditwürdigkeit im Februar 2024 erstmals in der Geschichte des Landes herab: von A1 auf A2.[473]

Zurück zu den Palästinensern in Israel: Könnten sie, nach Jahrzehnten der Missachtung, vielleicht die Verständnisbrücke zwischen dem jüdischen Israel und ihren palästinensischen Geschwistern im Westjordanland und Gazastreifen werden?

Worauf zielt die Entleerung des Antisemitismus-Begriffs?

Zwei Wochen verbrachte ich Anfang Mai 2024 in Namibia. Wieder zurück, wollte ich mich auf den neuesten Nachrichtenstand bringen. Ich schaltete einen meiner Lieblingssender ein: *Bayern 2*. Es war Freitag, der 17. Mai, kurz nach 15 Uhr. Vielleicht würde ich etwas über Gaza erfahren, O-Töne, Stimmen von dort. Nach den Nachrichten folgte »Kulturleben«; es porträtierte den Schriftsteller Ludwig Thoma (1867-1921) und auch dessen Antisemitismus. Am nächsten Morgen hörte ich im *Bayerischen Feuilleton* »Traumziel Balkonien – Ob Osten, ob Westen zuhause ist's am besten.« Eine Pause vom Nahostkonflikt! Ich sollte mich täuschen. Die »10. Station« der einstündigen Sendung beschreibt ab Minute 42 unter »Missbrauchtum« jenen Balkon in München, Connollystraße 31, auf dem während der Olympischen Spiele »ein Mann mit einer Strumpfmaske steht und nach unten blickt …, bis heute ein extrem beklemmendes Bilddokument des Terrors. Elf israelische Sportler fielen dem Anschlag vom 5. September 1972 zum Opfer.«[474]

Die darauffolgenden Nachrichten vermeldeten, Außenministerin Baerbock habe den Angehörigen der tot aufgefundenen israelischen Geiseln ihr Beileid ausgesprochen. Es handele sich um drei Menschen, die das Leben feierten und durch den Terror der Hamas in den Tod gerissen wurden. Sie, unter ihnen die Deutsch-Israelin Shani Louk, seien dem menschenverachtenden Hass der Hamas zum Opfer gefallen, so Baerbock. Hat unsere Außenministerin jemals palästinensischen Hinterbliebenen kondoliert?, fragte ich reflexhaft. Drei Sendungen – dreimal konnte, wer wollte, den Subtext herauslesen. Über die palästinensischen Opfer in Gaza, es waren in jenen Maitagen Dutzende pro Tag, zwischen 17. und 20. Mai sogar 259,[475] erfuhr ich nichts.

Seit Oktober 2023 habe ich Hunderte von E-Mails erhalten, die Antisemitismus thematisieren, auch Radio und Fernsehen liefern seitdem überproportional viele Beiträge. Der *Stern* widmete im November 2023 dem Thema ein Heft; das Cover erklärte: »Nie wieder ist jetzt! Wir müssen Juden in Deutschland konsequent schützen.

Ein Appell an uns alle.«[476] Im März 2024 wies die *Bundeszentrale für politische Bildung* Lehrkräfte auf die Übersichtsseite »Antisemitismus in der Schule begegnen«[477] hin. Seit Oktober 2023 berichten Medien regelmäßig von angeblich antisemitischen Parolen auf »pro-palästinensischen« (was unterstellen Redakteure damit: pro Hamas?) Demonstrationen. Pro-palästinensisch kann auch heißen: Pro Waffenruhe für Gaza, pro palästinensische Selbstbestimmung, pro palästinensischem neben israelischem Staat. Auf Bannern und Postern, die ich sowohl live in Frankfurt als auch auf Fotos oder Filmausschnitten gesehen habe, stehen Botschaften, die auch das israelische Friedenslager mitträgt: *Stoppt den Krieg! Beendet die Besatzung! Stoppt die Blockade! Freiheit für Palästina! Stoppt das Töten!*

Landauf, landab und auch im Ausland werden Menschen seit Herbst 2023 schnell des Antisemitismus bezichtigt. Das trifft sogar israelische Juden wie Yuval Abraham, der auf der *Berlinale* für »No Other Land« mit dem Palästinenser Basel Adra den Dokumentarfilmpreis erhielt. Nach seiner Rede schrieben deutsche Medien von »Eklat«, Vorwürfe von Israelhass und Antisemitismus wurden laut, der Aufsichtsrat rief eine Sondersitzung ein. Abraham erhielt zuhause Todesdrohungen, »nachdem israelische Medien und deutsche Politiker meine Berlinale-Rede absurderweise als antisemitisch bezeichneten; darin hatte ich zur Gleichberechtigung zwischen Israelis und Palästinensern, zu einer Waffenruhe und zur Beendigung der Apartheid aufgerufen.« Für den 1995 geborenen Israeli war dies ein »himmelschreiender Missbrauch dieses Wortes durch Deutsche«. Deren Ziel sei es, »nicht nur palästinensische Kritiker mundtot zu machen«, sondern auch Israelis wie ihn. Der Wortmissbrauch aus deutschem Mund »entleert das Wort Antisemitismus seiner Bedeutung und gefährdet daher Juden weltweit.«[478]

Warnt das israelische Militär Palästinenser vor der Bombardierung?

Am Ende eines Vortrags kommt eine Dame nach vorn und erklärt mir unter vier Augen, Israel warne doch die Palästinenser durch Flugblätter, damit sie sich in Sicherheit bringen könnten. Drei Sätze später war sie beim Staat Israel, der die Wüste zum Blühen gebracht habe …

Auch ich hatte von Flugblättern gehört, doch warum dann die hohen Tötungszahlen? Im ersten Kriegsmonat wurden im Schnitt 333 Palästinenser am Tag getötet, das waren 14 pro Stunde – Tag und Nacht.

2008 stand ich am Krankenbett des Jugendlichen Ahmed Abu Salam in Gazas Shifa-Krankenhaus, der beim Fußballspielen durch einen israelischen Luftangriff so entstellt worden war, dass seine Familie ihn tagelang nicht erkannte. Er war nicht gewarnt worden, so wie die Dutzenden, deren Schicksal Atef Abu Saif in »Frühstück mit der Drohne« schildert. 8. Juli 2014: »Heute haben die F16-Kampfjets nur Häuser beschossen und sie dem Erdboden gleichgemacht.« Als die »größte Tragödie an diesem Tag« nennt der Autor den Angriff auf die Familie Kawari' in Khan Yunis. »Ein Kampfjet bombardierte das Haus, als die Kinder und die Eltern gerade das Fastenbrechen vorbereiteten. Die F16 ließ diese Familie nicht glücklich beisammen sein, sie ihr Leben weiterleben, dem Krieg zum Trotz. Sie hat es beendet.« Außerdem wurde ein Mann auf seinem Toktok (Moped) von einer Rakete getroffen sowie ein junger Mann, der Leckereien an Kinder verkaufte. Auch er »stellte in den Augen des Drohnenpiloten eine Gefahr für Israel dar und wurde damit zu einem gültigen Ziel.«[479]

Im Mai 2024 sprach ich über die angeblichen Warnungen des Militärs mit einem Palästinenser, der in Deutschland lebt. Zwei seiner Brüder hatten sich da schon für jeweils 5.000 Euro nach Ägypten freigekauft, zwei Schwestern waren in den Süden des Gazastreifens geflohen. Eine sei tatsächlich vom israelischen Militär angerufen und zur Evakuierung aufgefordert worden; der Gazastreifen sei dazu in »Blöcke« aufgeteilt. Meine Recherche beginnt. *CNN* berichtete Ende 2023 tatsächlich und mehrmals von Flugblatt-Abwürfen der israelischen Armee. Einmal war auf Arabisch zu lesen, das Gebiet sei ab sofort »Kampfzone« und »augenblicklich zu verlassen«.[480] Tage später warf die Armee circa tausend Flugblätter über Khan Yunis ab. »Die Flut überrollte sie, weil sie Frevler waren«,[481] dieser Koranvers zur Sintflut wurde auf dem Flugblatt zitiert.

Die Recherche geht weiter. Ich befragte die UN-Sonderberichterstatterin Albanese. Israels Informationspolitik nennt sie »wahllos, chaotisch, zufällig«. Sie bestätigt die Aufteilung des Küstenstreifens in »kleine Zellen: Manchen wurde gesagt: Ihr geht zu Nr. 1325. Leute hatten Angst, Bomben fielen vom Himmel, der Strom war ausgefallen und Handys konnten nicht aufgeladen werden. Und auf den Flugblättern standen unterschiedliche Anweisungen. Das war sadistisch. Man benutzt die Verzweiflung der Menschen und dabei gibt es keinen sicheren Ort. Haben wir den Verstand verloren?«,[482] fragt sie erregt. Dann verweist sie auf ihren Bericht und die Forschung des Teams *Forensic Architecture*, das mir bekannt ist. 13 Mal taucht in Albaneses Report der Begriff »safe zones« auf. Punkt 79, mit Verweis auf die Quelle *New York Times*, schockiert mich am meisten: »42 Prozent der etwa 500 Zweitausend-Pfund-Bomben der ersten sechs Kriegswochen warf Israel auf markierte sichere Zonen im Süden ab.«[483]

Ich suche bei den »forensischen Architekten« weiter. Meine noch offenen Fragen werden beantwortet. Der 46-seitige Bericht – mit O-Tönen, Luftbildern, Landkarten, Fotos – belegt das Zeugnis vieler Ärzte und Pflegekräfte. »Sie wurden Zeugen einer Welle von Verletzungen und Tötungen bei Zivilisten aufgrund direkter Angriffe des israelischen Militärs auf markierte ›Sicherheitszonen‹ und ›sichere Routen‹.« Das Urteil von *Forensic Architecture*: »Die Grenzen der verschiedenen ›sicheren Zonen‹ wurden weder klar festgelegt noch klar mitgeteilt.«[484]

Wer wirft wem warum Arroganz vor?

Zwischen Dezember 1985 und April 1986 besuchte ich etwa ein Dutzend Mal den Gazastreifen, vom Kibbuz Be'eri aus, in dem ich Zitrusfrüchte pflückte. Gelegentlich erzählte ich Israelis im Kibbuz, die etwa mein Alter hatten, von meinen Erlebnissen in Gaza. Man wollte mir nicht glauben.

Bei einem meiner Gazabesuche zwischen 2005 und 2008 fuhr ich auf der Rückfahrt nach Jerusalem über Be'eri. Ich traf Amoz, der mir beim Aufenthalt 20 Jahre zuvor als »Adoptivvater« der erste Ansprechpartner war. Die deutsche Befangenheit wohl spürend, erzählte ich vorsichtig von der Misere Gazas. Seine Antwort: »Die Palästinenser haben viele Fehler gemacht.«

Oktober 2023: Bei der Weinlese komme ich mit einem Ingenieur aus der Automobil-Zulieferindustrie ins Gespräch. Seine Firma hat ein Joint Venture mit einer israelischen. »Wie läuft's?«, frage ich direkt. »Wenn es hakt oder zu Fehlern kommt, sind wir die Schuldigen«, lautet seine Antwort.

Zufall?

Die Haltung hinter den Äußerungen ist mir bekannt: aus Gesprächen mit Taxifahrern, bei einer Party oder aus Leserbriefen. Ich nenne sie eine Mischung aus Überheblichkeit, Selbstgerechtigkeit und Empathielosigkeit.

Als ich 2016 in einem Wartezimmer das *Spiegel*-Interview mit der gerade eingeführten Justizministerin Shaked las, entdeckte ich erneut diese Mischung. Die junge Frau erteilte der Zweistaatenlösung eine Absage. Der Graben zwischen Israelis und Palästinensern könne in dieser Generation nicht überbrückt werden. Zu einem palästinensischen Staat sagte sie: »Wegen des Drucks der internationalen Gemeinschaft werden wir keinen Selbstmord begehen.«[485] Israel wolle keinen weiteren Failed State in der Nachbarschaft. Der Konflikt sei aber gut zu managen, ließ sie durchblicken. Hoffentlich geht das gut!, dachte ich, und im nächsten Augenblick: Es kann nicht gutgehen. Jeder, der einen Streit unter den Teppich kehrt, weiß: Irgendwann kommt er hoch, dann meist gewaltig und zur falschen Zeit. Die Wucht steht in keinem Verhältnis zur eigentlichen Ursache.

Seit dem 7. Oktober 2023 taucht das Wort *Arroganz* in den israelischen Medien auf. Der frühere Premier Ehud Olmert warf dem aktuellen, Netanjahu, vor, dessen »übermäßiges Selbstvertrauen und seine Arroganz führten zum 7. Oktober.« Diesen Tag verglich Alain Gresh, französischer Nahostexperte mit jüdischen und arabischen Wurzeln, mit dem Jom-Kippur-Krieg 50 Jahre zuvor: »Auch dieses Mal trugen die Arroganz der Besatzer, ihre Verachtung für die Palästinenser und die Überzeugung dieser jüdischen supremacistischen Regierung, Gott sei auf ihrer Seite, zu ihrer Verblendung bei.«[486]

»Blutige Arroganz« heißt der Titel von Yaniv Kubovichs Artikel über die »Selbstgefälligkeit, falsche Vorbereitung und Fehleinschätzung«[487] von Israels oberster Riege in Sachen Sicherheit und Verteidigung. Auch Politologe Menachem Klein hat »Arroganz« diagnostiziert, 1973 wie 2023, stellt aber eine neue Querverbindung her. Anfang 2021 einigten sich Fatah und Hamas auf Wahlen für die Präsidentschaft und das Parlament sowie über den Beitritt der Hamas zur PLO. Das Zugeständnis der Hamas war, keinen eigenen Präsidentschaftskandidaten zu nominieren. »Die Wahlen sollten in Übereinstimmung mit den Oslo-Abkommen stattfinden, worauf Verhandlungen mit Israel über die Errichtung eines palästinensischen Staates fortgesetzt werden sollten. Das Abkommen enthielt auch eine Verpflichtung, internationales Recht zu achten.« Präsident Abbas schickte das Abkommen an US-Präsident Biden sowie an europäische Regierungen, »in der Hoffnung, dass sie Wahlen unter Teilnahme der Hamas unterstützen und Israel drängen würden, die Wahl auch in Ostjerusalem zu erlauben.« Klein weiter: »Wie erwartet, hatte Israel etwas dagegen.« Die Hamas »akzeptierte die Einschränkung durch Israel. Doch Israel und die USA machten mächtig Druck auf Abbas, die Wahlen ganz abzusagen.« Für Klein hat letztlich die »Arroganz Israels einen palästinensischen politischen Weg vereitelt.«[488]

Wo lassen sich Hoffnungspflänzchen aufspüren?

Man muss schon eine große Lupe mitbringen, um die Hoffnungspflänzchen in Israel/Palästina aufzuspüren. Doch es gibt sie. Dutzendfach. Eines ist das *Palestine-Israel Journal*, das mit den Chefredakteuren Hillel Schenker/Ziad Abu Zayyad seit gut 30 Jahren beweist: Palästinenser und Israelis können vertrauensvoll und auf Augenhöhe zusammenarbeiten.[489]

Die, meist älteren Frauen von *Machsom Watch* flößen mir auch Hoffnung ein und lassen mich den Hut ziehen: Sie helfen Palästinensern an den Kontrollpunkten allein durch ihre Präsenz, dolmetschen, reden Soldaten ins Gewissen und dokumentieren alles. Zudem unterstützen sie Palästinenser, die einen Passierschein benötigen oder auf der *Schwarzen Liste* (z.B. wegen Chemiestudiums an der katholischen Universität Bethlehem) stehen. Und beiläufig zeigen sie Palästinensern: Es gibt jenseits von Soldaten und militanten Siedlern auch ein anderes (jüdisches) Israel.

An letzter Stelle (ich könnte das noch seitenlang fortführen) nenne ich zwei Organisationen, die einmal im Jahr im Doppelpack auftreten: *Parents Circle Family Forum* (Elternkreis) und *Combatants for Peace* (Friedenskämpfer).

Im Elternkreis engagieren sich Hinterbliebene beider Seiten für Versöhnung und Frieden. Sie haben Söhne oder Töchter, Brüder oder Schwestern, Väter oder Mütter in einem der Kriege, einer Intifada, bei einem Anschlag oder einer »militärischen Operation« verloren. Mittlerweile sind es etwa 700 Mitglieder in »einem Verein, der der einzige in der Welt ist, der keine neuen Mitglieder will«, wie mir Rami Elhanan (Vater von Smadar, 1997 bei einem Selbstmordanschlag getötet) versicherte. Doch haben sich seit dem 7. Oktober 2023 neue Hinterbliebene angeschlossen, wie etwa Maoz Inon, der beide Eltern an jenem »schwarzen Sabbat« verlor und den ich schon wenig später in einem Webinar als Friedensstimme erlebte.

Bei den Friedenskämpfern streiten ehemalige israelische Soldaten und palästinensische Widerstandskämpfer für eine Zukunft mit Rechten, Würde und Sicherheit für alle und ohne Gewalt. Als durch meine Vermittlung Osama Iliwat (Jericho) und Rotem Levin (Tel Aviv) im Dezember 2023 in Aschaffenburg vor 220 Menschen sprachen, hob das *Main-Echo* ihre Botschaft angesichts des Gaza-Kriegs in die Schlagzeile: »Traumatisierte Menschen brauchen Heilung, keine Waffen.«[490]

Gestaltet von beiden Organisationen, gedachten am 12. Mai 2024 zum 19. Mal Israelis und Palästinenser aller Opfer des Konflikts. Motto: »Menschlichkeit miteinander teilen, unsere Kinder ehren. Stoppt den Krieg.« Auch dieses Jahr musizierten und sangen Juden und Palästinenser, auch diesmal bezeugten sie ihren Weg von Schmerz und Trauer zu Dialog und Versöhnung. Der Palästinenser Ahmad Alhelou, der im Gaza-Krieg etwa 60 Angehörige verloren hat, versteht »die große Angst und den Schmerz, der die Israelis nach dem 7. Oktober getroffen hat.« Dann stellte er die Frage in den Raum, ob »das Töten von Zehntausenden, das Hunger, Angst, Terror und unüberwindlichen Schmerz verursacht, Israelis Sicherheit und Frieden verspricht?« Mit Blick auf die eigene Unfreiheit fragte er weiter: »Wie können Israelis erwarten, in Frieden zu leben, während das palästinensische Volk unter Besatzung lebt?«

Die israelische Jüdin Michal Halev, die ihren 20-jährigen Sohn beim Angriff auf das Musikfestival am 7. Oktober 2023 verlor, äußerte den Wunsch: »Mögen wir Wege finden, den teuflischen Gewaltkreislauf zu beenden. Es gibt in diesem Krieg keine Gewinner. Wir alle haben bereits verloren.« Sie dankte allen, die seit langem den »Weg zum Frieden bahnen. Danke für euren Glauben, dass etwas anderes möglich ist.« Dann bat sie jeden, »dem es möglich ist, sich für Liebe und Mitgefühl zu entscheiden. So säen wir Samen der Hoffnung und Heilung und am Ende vielleicht des Friedens.«[491]

Ist das Genozid?

Schon am zehnten Kriegstag stand für den israelischstämmigen Professor Raz Segal fest: »Ein Fall von Genozid wie aus dem Lehrbuch.«[492] Da waren mit 2.670 Getöteten schon mehr Opfer zu beweinen als im bis dahin blutigsten Gazakrieg Israels 2014 (2.251). Der in den USA lehrende Holocaust- und Genozidforscher Segal verweist auf die Rhetorik israelischer Politiker wie die von Verteidigungsministers Galant, der vom Kampf »gegen menschliche Tiere« sprach, und auf die verbale Unterstützung durch Joe Biden (»This was an act of sheer evil«) und Ursula von der Leyen (»ancient evil«). »Diese entmenschlichende Sprache ist absichtlich gewählt, um die enorme Zerstörung palästinensischen Lebens zu rechtfertigen.«

In Tel Aviv hatten Israelis an Autobahnbrücken längst Banner aufgehängt, auf denen etwa stand: »So sieht das Bild des Sieges aus: 0 Einwohner in Gaza.« Segal führt israelische Politiker an, die das »Plattmachen« oder »Auslöschen« Gazas forderten, oder: »Gaza in Dresden zu verwandeln.« Für Segal sind die ungeheure Menge von 6.000 Bomben sowie der Einsatz von Phosphor weitere klare Belege, dazu komme das Ziel der »totalen Abriegelung«, das Galant, Mitglied des Kriegskabinetts, ausgab. Das zeige doch den Plan für den letzten Schritt, sprich: »die systematische Zerstörung der palästinensischen Gesellschaft, indem man sie tötet, aushungert, das Wasser abdreht und ihre Krankenhäuser bombardiert.« Für ihn ist »Israels völkermörderischer Angriff ziemlich eindeutig, offen und schamlos.«

Mitte Februar 2024 fordern die *Ärzte für Menschenrechte / Israel (PHRI)* »Israels Zerstörung des Gaza-Gesundheitswesens muss als Kriegsverbrechen untersucht werden.«[493] Einen weiteren Monat später erscheint die 25-seitige »Analyse eines Genozids«[494] der UN-Sonderberichterstatterin für die besetzten palästinensischen Gebiete, Francesca Albanese; Israel hatte sie zur *Persona non grata* erklärt, nachdem sie das Massaker des 7. Oktober als eine Antwort auf die israelische Unterdrückung bezeichnet hatte.

Unter Punkt 96 heißt es im Report: »Die überwältigende Weise und das Ausmaß des israelischen Angriffs auf Gaza und die zerstörten Lebensbedingungen, die es verursacht hat, offenbaren die Absicht, die Palästinenser als Gruppe physisch zu zerstören. Dieser Bericht kommt zu dem Schluss, dass es vernünftige Gründe für die Annahme gibt, dass die Schwelle zu »Völkermordtaten gegen Palästinenser in Gaza« überschritten ist, worauf das Töten genannt wird wie das Zufügen von schweren körperlichen oder psychischen Schäden und die Auferlegung von Lebensbedingungen, die auf tatsächliche Vernichtung zielen.

Auf einer Konferenz des *Bündnisses für Gerechtigkeit zwischen Israelis und Palästinensern (BIP)* im Mai 2024 in Nürnberg wird Albanese konkret: Bis Ende Dezember 2023 seien bei 1.000 Kindern Gliedmaßen ohne Narkose amputiert worden. »Vom ersten Augenblick an war dieser Krieg anders: Sie zielten auf Symbole der Identität wie Kirchen, Moscheen, Universitäten. Es gibt keine Universitäten mehr, 300 Schulen sind zerstört, Hunderte Moscheen auch.« Israel habe »Präzisionswaffen«, was die UN-Sonderberichterstatterin schlussfolgern lässt: »Wieso haben sie fast 200 UN-Mitarbeiter getötet? Und das sowohl während des Dienstes als auch zuhause, als diese bei ihren Familien waren. Oder wieso töteten sie etwa 120 Journalisten?«

Segal und Albanese stehen nicht allein. Ein Team internationaler Rechtsexperten hat mittlerweile einen 105-seitigen und damit den bislang umfangreichsten Report vorgelegt. Ergebnis: Israel hat Genozid begangen und tut es immer noch. Thomas Becker, Direktor des Teams: »Dieser Angriff ist einer der Extreme: der bislang tödlichste Konflikt für Journalisten und humanitäre Helfer; die weltweit schnellste Hungerrate in der Geschichte; mehr Kinder sind in vier Monaten getötet worden als in den letzten vier Jahren in allen anderen Konflikten der Welt.«[495]

Alle Staaten müssten Israel daran hindern, »weitere völkermörderische Taten gegen das palästinensische Volk im Gazastreifen zu begehen.«[496]

Wie kommentiert die Presse den Genozid-Vorwurf?

Etliche europäische Medienvertreter bestreiten das Urteil der zitierten Juristen. Es sei »absurd, Israel des Völkermords zu beschuldigen«, meint das tschechische *Echo24.* Im benachbarten Österreich denkt ein Journalist ähnlich. Für Erich Frey vom *Standard* geht »der Vorwurf des Genozids völlig ins Leere.« Der Begriff, »1948 unter dem Eindruck des Holocaust als schwerstes internationales Verbrechen verankert«, verkomme »immer mehr zum Allerweltsvorwurf.«[497] Goffredo Buccini klagt im italienischen *Corriere della Sera,* der von Südafrika angestrengte Genozid-Prozess werde »mit Sicherheit zu einer neuen Welle von Ressentiments gegen Juden in der ganzen Welt führen« und außerdem weder »Rechtskraft noch Auswirkungen vor Ort« haben.

Stephan-Andreas Casdorff nennt im *Tagesspiegel* Südafrikas Vorwürfe »haltlos« und fordert Deutschland auf, »sich vor dem IGH offiziell und formal an die Seite Israels« zu stellen, denn Israel dürfe »bei der Verteidigung nicht alleine bleiben.«[498] Die *Süddeutsche Zeitung* wählte für ein Foto des Plakats »Stoppt den Genozid in Gaza« und einer palästinensischen Flagge, auf der »Freedom & Peace« steht, diese Bildunterschrift: »Wenn die Kritik jedes Maß verliert: eine Demonstration vor ein paar Tagen in Düsseldorf.« Auch ein Kommentar! Wochen später lässt dieselbe Zeitung den Bonner Völkerrechtler Stefan Talmon zu Wort kommen. Der schränkt ein: »Das stellt ganz klar ein Kriegsverbrechen dar. Aber eben nicht Völkermord.«[499]

Nach nicht einmal vier Wochen Krieg hatte die *junge Welt* bereits »genozidale Absichten« bei Israels Kriegskabinett diagnostiziert – unter Verweis auf die Dahiya-Doktrin und die Hannibal-Direktive. Israels Führung »preist den Bruch mit Völkerrecht ein.«[500]

Wer stellt warum Strafanzeige in Sachen Gaza-Krieg?

Dieser Krieg mobilisiert Menschen von Santiago de Chile bis Sydney, von Kapstadt bis Helsinki. Im April 2024 verklagte Nicaragua Deutschland vor dem Internationalen Gerichtshof IGH wegen Beihilfe zum Völkermord. Auch die deutsche Justiz muss sich mit dem Krieg befassen. Bereits im Februar 2024 erstatteten Anwälte im Namen von deutsch-palästinensischen Familien Strafanzeige bei der Generalbundesanwaltschaft in Karlsruhe gegen Mitglieder des Bundessicherheitsrates, darunter Kanzler Scholz und Außenministerin Baerbock. Der Vorwurf lautet auch hier Beihilfe zum Völkermord, durch die Genehmigung von Rüstungsexporten sowie die diplomatische Unterstützung Israels.

Nora Ragab hat Verwandte in Gaza. Am 23. Februar 2024 erklärte sie: »Wir, die Lebenden, müssen der Toten in Gaza gedenken, ihre Geschichten erzählen und für Gerechtigkeit kämpfen. Wir Palästinenser:innen in der Diaspora werden nicht tatenlos zusehen, wie ein Genozid an unseren Familien und unserem Volk begangen wird. … Heute werden wir die deutsche Regierung für ihre Mitschuld am Völkermord in Gaza zur Verantwortung ziehen.« Laut Rechtsanwältin Nadija Samour, Bevollmächtigte der Anzeigenerstatter, seien »unsere Regierungen in Deutschland und Europa völkerrechtlich verpflichtet, Völkermord zu ahnden und zu verhindern statt ihn zu unterstützen.« Die Anzeige sende eine klare Botschaft an die Verantwortlichen in Berlin: »Die Unterstützung für einen Genozid hat Konsequenzen.«[501] Samours Team erhält von vier Organisationen Unterstützung, darunter das *European Legal Support Center (ELSC)* sowie die Initiative *Justice and Accountability for Palestine*.

Mit »Volksverhetzung« ist die Anwältin Rana Issazadeh gleich zweifach befasst. Zum einen verteidigt Issazadeh Menschen, denen »Volksverhetzung« vorgeworfen wurde. »Sehr erschreckend ist das Online-Monitoring, sprich dass Polizeibehörden und Verfassungsschutz, das Internet gezielt nach allem durchforsten, was annähernd unter § 130 StGB, also Volksverhetzung, fallen könnte wie das vermeintliche Verharmlosen des Holocaust.«[502] Zum anderen unterstützt Issazadeh bei Strafanzeigen gegen vier Prominente – Volker Beck, Jan Fleischhauer, Tobias Huch, Arye Sharuz Shalicar – die Kampagne »Palästina klagt an« der Gruppe *Palästina spricht*. Sie führt als Beispiel für die »juristische und Bildungskampagne zu rassistischer, dehumanisierender und genozidaler Sprache« Jan Fleischhauers Kolumne an: »Die Juden oder die Aggro-Araber: Wir müssen uns entscheiden, wen wir halten wollen.«[503] Da sieht sie »das Gefährliche am Tatbestand Volksverhetzung viel eher gegeben als bei den *Facebook*-Posts der Demo-Teilnehmer.« Solche Artikel in deutschen Leitmedien mit »mutmaßlich volksverhetzenden Aussagen haben einen komplett anderen Wirkungskreis als einzelne Posts von Privatpersonen mit wenig Reichweite.« Bei letzteren hätten »die Vorwürfe kein Fundament, sondern dienen nur der Kriminalisierung … Damit soll nicht nur Einschüchterung, sondern auch eine Ent-Solidarisierung der deutschen Bevölkerung erreicht werden.«

Hat der juristische Kampf seit Herbst 2023 ihr Vertrauen in die deutsche Justiz erschüttert? Rana Issazadeh: »Nicht in die Justiz, aber in die Strafverfolgungsbehörden und die sogenannte vierte Gewalt, die Medien, und damit in die Funktionsfähigkeit der Demokratie.«

Was berichteten freigelassene israelische Geiseln?

»Die beiden Terroristen saßen vorn, sie waren fröhlich, filmten uns auf der Rückbank, …, hielten zwischendurch an und luden Leichen ein. In sieben Minuten waren wir in Gaza.«[504] So schilderte die 49-jährige Chen Goldstein-Almog die eigene Entführung samt dreier Kinder (17, 11, 9) aus dem Kibbuz Kfar Aza. Ihr Mann und eine weitere Tochter waren Minuten zuvor im eigenen Haus erschossen worden.

Die folgenden 51 Tage wurden die Vier an unterschiedlichen Orten, auch in einem Tunnel, festgehalten; zum Teil mit weiteren Geiseln. Sie hatten oft Hunger, frische Luft gab es kaum, die Kinder sollten ständig still sein. »Um uns herum wurde intensiv gekämpft. Wir hatten ständig Angst.« Gegenseitig halfen sich die Geiseln, legten sich Verbände an, sprachen sich Mut zu. Vor der Verlegung in eine Wohnung mussten sie und die Tochter einen arabischen Umhang sowie einen Hidschab anziehen. »Das war schrecklich, es kam uns vor, als würden sie uns unsere Identität nehmen.« Mal mussten sie einem Bewacher Hebräisch beibringen, ein andermal musste die Tochter mit einem kochen. Als »schwierig« bezeichnet Goldstein-Almog die Gespräche über die Wurzel des Konflikts. »Wir hätten ihre Großeltern getötet, sie vertrieben.« Meist brach Goldstein-Almog das Gespräch ab. Oft sei jedoch auch geschwiegen worden. »Weinen war verboten. Sie wollten, dass wir fröhlich sind.« Abschließend sagt sie, die Bewacher »waren relativ respektvoll uns gegenüber.«

Ähnlich hatte sich Yocheved Lifschitz geäußert, die bereits nach gut zwei Wochen freigelassen worden war. Bei ihrer Gefangennahme sei sie mit Stöcken geschlagen worden und habe nur schwer atmen können, sagte die 85-Jährige. In ihrem Kibbuz hätten die Terroristen getötet und entführt und keinen Unterschied zwischen Alten und Jungen gemacht. »Ich bin durch die Hölle gegangen.«[505] In Gefangenschaft habe man sie jedoch gut behandelt, sie und die Mitgefangenen hätten Medikamente und das gleiche Essen bekommen wie ihre Wächter. Diese hätten versichert, sie seien gläubige Muslime und würden ihnen kein Leid zufügen. Als sie bei der

Freilassung (der Ehemann wird immer noch festgehalten) einem Hamas-Mitglied die Hand gibt, sorgt das in sozialen Netzwerken für Entsetzen.

Agam Goldstein-Almog, die 17-jährige Tochter von Chen, sprach im Februar 2024 von ihrer siebenwöchigen Gefangenschaft. Eine andere weibliche Geisel habe ihr dort berichtet, wie sie von einem der Wächter geküsst, ausgezogen und zu sexuellen Berührungen gezwungen worden sei. »Alle 30 Minuten wurde ihr das Gewehr an den Kopf gehalten.«[506]

Doron Katz-Ashar war mit ihren zwei kleinen Töchtern in Geiselhaft. Gegenüber *CNN* berichtete sie, physisch keine Schäden erlitten zu haben, »aber es gab eine Menge psychologischer Kriegsführung.« Hamas wolle sie entlassen, sagte man ihr, »aber in Israel kümmert sich keiner um euch.« Die junge Mutter kann nicht sagen, ob die, die sie festhielten zur Hamas oder einer Miliz gehörten, nicht einmal ihre Namen erfuhr sie. Die meiste Angst verspürte sie am Tag der Befreiung. Endlich am Treffpunkt mit dem *Internationalen Komitee vom Roten Kreuz* angelangt, warteten sie lange, Informationen erhielten sie nicht. Als deren Fahrzeuge ankamen, »kamen Tausende von Menschen, Kinder und Ältere, schlugen an die Fahrzeuge und bestiegen sie. Ich hielt meine Töchter fest. Ich hatte Angst vor einem Lynchmob.« Sie versichert: »Die Heilung kann erst beginnen, wenn alle noch festgehaltenen 129 Geiseln frei sind.«[507] Und sie erinnert die Welt daran, dass »Menschen, die Kinder oder Greise kidnappen, unmenschlich sind.«

Auch sechs Wochen nach diesem Interview – nach über vier Monaten Geiselhaft – erklärte der ultrarechte Finanzminister Smotrich, dass aktuell die Geiselbefreiung »nicht das Wichtigste«[508] für Israel sei.

Wie viele Menschen aus Gaza wurden nach dem 7. Oktober 2023 inhaftiert und starben?

Bis zum 7. Oktober 2023 besaßen circa 18.500 Arbeiter aus dem Gazastreifen eine israelische Arbeitsgenehmigung. Vier Tage nach dem Hamas-Massaker loggten sich Tausende in die App *Al Munaseq* (arab. Koordinator) des israelischen Verteidigungsministeriums ein. Ergebnis: Ihre Arbeitsgenehmigung war nun ungültig. Das bedeutete, »dass die Arbeiter nicht länger in Israel bleiben, aber auch nicht nach Gaza zurückkehren konnten, das von Israel hermetisch abgeriegelt und andauernd bombardiert wurde«[509], berichtete Jonathan Shamir von *Jewish Currents*. Sogleich machten sich israelische Behörden daran, die nun illegalen Gastarbeiter aufzuspüren und festzunehmen. Viele flohen in den nächstgelegenen Ort im Westjordanland und kamen in Hotels oder Sporthallen unter. Andere wurden an Kontrollpunkten festgesetzt, schikaniert und verhört, Handys und Bargeld wurden beschlagnahmt. Laut Shamir waren bis 17. Oktober 2023 etwa 4.000 Arbeiter ohne gerichtliche Anordnung verhaftet worden, um – hier zitiert er *Channel 12 (Israels)* – zu ermitteln, »ob sie der Hamas bei der Planung des Massakers halfen.«

Zu diesem Zeitpunkt erhielt die israelische Menschenrechtsorganisation *HaMoked* Hunderte von Anrufen pro Tag, »viele von Menschen aus dem Westjordanland oder dem Gazastreifen, die auf der Suche nach verhafteten oder vermissten Angehörigen« waren.[510] Vom Gericht hatte *HaMoked* bereits Informationen über deren »Aufenthaltsort und rechtlichen Status verlangt. Seit Kriegsbeginn hat es keine Familienbesuche gegeben und für Anwälte ist es nahezu unmöglich, Häftlinge zu besuchen.«[511] Trotzdem war durchgesickert, dass sich die Haftbedingungen dramatisch verschlechtert hätten: Überfüllung, Strom- und Wasserausfall, kaum Nahrung und Medikation. *HaMoked* zog vor den Obersten Gerichtshof. »Wir waren entsetzt darüber, dass das Gericht keinerlei Anlass sah, unsere Vorwürfe zu untersuchen. Die Tatsache, dass die Haftinsassen komplett von der Außenwelt isoliert wurden, wurde einfach ignoriert.«

Der Oberste Gerichtshof urteilte, »bar jeder juristischen Grundlage, dass Israel gegenüber aus dem Gazastreifen Festgehaltenen keine Verpflichtung hat.«

Während *HaMoked* juristisch weiter kämpfte, wurde weiter verhaftet: im Westjordanland und im Gazastreifen. Mitte Februar 2024 erklärte *HaMoked*: »Wegen fadenscheiniger, formaler Gründe lehnt es das Gericht erneut ab, sich mit dem Verschwinden von Hunderten von Menschen aus dem Gazastreifen zu befassen.«[512]

Zwei Wochen darauf berichteten die *Ärzte für Menschenrechte/Israel* über den Umgang mit Häftlingen aus dem Gazastreifen, die einer Behandlung bedürfen. »Hände sind ans Bett gefesselt, die Augen ständig verbunden.«[513] Im Gegensatz zu Häftlingspatienten aus dem Westjordanland »werden Gaza-Patienten nicht mit Namen angesprochen, sondern mit ›Almoni‹ (anonym) und erhalten nur das Nötigste an Kleidung.« Laut Bericht sind viele Mitarbeiter im Gesundheitswesen der Ansicht, »Menschen aus Gaza verdienen nur ein Minimum der Behandlung, gerade so, um den Tod zu verhindern. Einige möchten ihnen medizinische Betreuung gänzlich verwehren.«

So nimmt es nicht Wunder, dass drei (!) Tage später gemeldet wurde, 27 aus dem Gazastreifen stammende Häftlinge seien in israelischer Militärhaft verstorben.[514] Gideon Levy, israelischer Journalist von der Tageszeitung *Ha'aretz*, lieferte später im Artikel »Wenn Israel wie Hamas wird« Details: Einige waren gestorben, weil ihre Verletzungen nicht behandelt wurden, andere nach Schlägen; ein Gelähmter wurde, selbst »als der Tod nahte, medizinisch nicht versorgt.«[515] Verhaftungen und das Sterben gehen weiter. Am 19. April 2024 erklärte die israelische Behörde im Ofer-Gefängnis den Leiter der orthopädischen Abteilung des Al-Shifa-Krankenhauses und Berater des palästinensischen Fußball-Nationalteams, Adnan Al-Bursh, für tot. Im Dezember war er mit zehn weiteren Mitarbeitern aus dem Al-Awda-Krankenhaus während der Behandlung von Patienten entführt und festgenommen worden.[516]

Nachwort

> »Die kommenden Generationen werden wissen, dass wir diese menschliche Tragödie über soziale Medien und Nachrichtenkanäle mitverfolgt haben. Wir werden nicht sagen können, wir hätten es nicht gewusst. Die Geschichte wird fragen, warum die Welt nicht den Mut hatte, entschlossen zu handeln und diese Hölle auf Erden zu beenden.«[517]
>
> (Philippe Lazzarini / UNRWA)

Als ich 2006[518] den Direktor des palästinensischen Menschenrechtszentrums *PCHR*, Raji Sourani (selbst schon Häftling und Folteropfer in Israel), zur israelischen Militäroperation *Sommerregen* in Gaza-Stadt befragte, sagte er: »Wir sehen hier das Gesetz des Dschungels. Es wird von den Regierungen der Vereinigten Staaten und von Europa vollkommen unterstützt. Zum ersten Mal wird ein Krieg gegen eine gänzlich zivile Bevölkerung geführt. Dagegen tut niemand etwas. Das ist traurig. Das ist schlimm. Nicht für mich als Araber oder Palästinenser, sondern weil ich Mensch bin. Ich bin völlig entsetzt. Wir fordern etwas Einfaches: die Herrschaft des Gesetzes, nicht die des Dschungels. Nichts von der 4. Genfer Konvention ist übrig geblieben, was nicht von Israel gebrochen wurde. Haben Menschenrechte, internationales humanitäres Recht, Genfer Konventionen noch irgendeine Bedeutung?« Dann warnte er vor den Folgen, die US-amerikanische und europäische Unterstützung Israels samt »grünem Licht für ihre Kriegsverbrechen« zeitigen könnte: »Damit ladet ihr Bin Laden ein.« Also quasi eine Einladung für radikalste Terroristen.

Auf andere Weise hat sich seine Prophezeiung brutalst am 7. Oktober 2023 bewahrheitet.

Mein Entsetzen über das Massaker, das die Hamas an diesem Tag verübte (und das Friedensaktivisten beider Seiten das Leben kostete), mündete nach wenigen Tagen in Wut: Wut über das Versagen der internationalen, auch deutschen Politik; über das anhaltende Schweigen zu einer mittlerweile über 50-jährigen Besatzung; über die Feigheit vor dem Freund.

Wurden die Berichte und Analysen der Friedens- und Menschenrechts-NGOs in Tel Aviv, Ramallah, Jerusalem oder Gaza-Stadt, die teilweise mit kirchlichen, deutschen oder EU-Geldern finanziert wurden, in Berlin, Brüssel und Washington überhaupt zur Kenntnis genommen?

Wirken sich die Erfahrungen und Einschätzungen der eigenen, dorthin entsandten Friedensfachkräfte (*forumZFD, KURVE Wustrow* etc.) auf die Außenpolitik aus? Warum haben Politiker, außer dass sie gelegentlich Bedenken äußerten oder vorsichtig zur Einstellung der Gewalt aufriefen, nichts, aber auch gar nichts unternommen, um Israel und Palästina in Richtung Zwei-Staaten-Lösung zu drängen? Und nachdrücklich von Israel ein Ende der Besatzung zu fordern? Wovor hat man in Berlin, Brüssel, Washington Angst?

Ein Beispiel für zahn- und folgenlose Außenpolitik: »Die Erteilung von Baugenehmigungen für 181 neue Wohneinheiten in der israelischen Siedlung Gilo in Ostjerusalem erfüllt uns mit großer Sorge.«[519] Das hat Israel nicht vom Bauen abgehalten.

Seit mindestens 15 Jahren haben mir Friedens- und Menschenrechtsaktivisten in Israel als markanten Satz mitgegeben, sie wünschten sich »rote Linien« für ihre Regierung, die wie betrunken auf den Abgrund zurase. »Lässt man einen Freund betrunken Auto fahren?«, fragte mich einmal eine Gesprächspartnerin und meinte, Bundeskanzlerin Merkel handle genau so. Mancher von mir Interviewte forderte gar Sanktionen.

Die Warnungen standen in dicksten Lettern auf der Mauer. Mindestens seit der zweiten Intifada. Seitdem sind Tausende, wenn nicht Zehntausende an Artikeln, Reportagen, Analysen, Petitionen und Kommentaren erschienen, viele gipfeln in der Warnung: Solange Palästinenser nicht frei, selbstbestimmt und in Würde leben dürfen, solange wird Israel keine Sicherheit bekommen. Daher: Helft, die Militärbesatzung zu beenden!

Statt auf deren Ende hinzuarbeiten, haben Deutschland, Frankreich, Großbritannien und die USA, ja die ganze Staatengemeinschaft – zumindest die westliche –, durch ihr Schweigen und Wegsehen Israel nachgerade ermuntert, den Weg der Kolonisierung, Enteignung und Unterdrückung fortzusetzen. Straflosigkeit war sozusagen garantiert.

Wir alle haben uns letztlich mundtot machen lassen. Vor allem Deutschland, aber auch andere Staaten, haben so agiert oder eben nicht agiert, als hätten sie wegen der Shoa, wegen Scham und Schuld, doppelte Samthandschuhe angelegt. Diese vom Westen bewusst oder unbewusst verinnerlichte Prämisse, hat ein Israeli einmal so beschrieben: Sein Land komme ihm vor »wie ein randalierender Jugendlicher, dem niemand von außen eine Grenze setzt, weil er eine sehr schwere Kindheit gehabt hat.«[520]

Diese Haltung hat die Autonomiebehörde um Mahmoud Abbas und das gesamte palästinensische wie auch das israelische Friedenslager nachhaltig geschwächt und damit zugleich die Rolle der Hamas gestärkt. Als diese 2006 die Wahlen gewann, hat der Westen sogleich Forderungen an sie gestellt und die Hamas-Regierung sanktioniert, anstatt auf allseitige Verhandlungen um die Zukunft Gazas zu setzen. Der israelische Friedensblock *Gush Shalom* hat das mantraartig kritisiert, einmal, 2007, mit diesen Worten:

Wir haben Gaza isoliert.
Wir haben Gaza ausgehungert.
Wir haben Hunderte von Millionen [US-Dollar, J. Z.], die ihnen gehören, enteignet.
Wir haben die Welt überzeugt, eine Blockade gegen sie zu verhängen.
Wir haben Mahmoud Abbas gedemütigt.
Wir haben Hamas boykottiert.
Wir haben sie in einen Bruderkrieg gedrängt.
Nun herrscht dort Anarchie.
Den Preis dafür bezahlt: Sderot.[521]

Sderot, eine israelische Kleinstadt unweit des Gazastreifens, bezahlte mit Tausenden von Raketen und Mörsern und ebenso vielen traumatisierten Einwohnern. Ab 2011 wurde es für die Einwohner von Stadt und Umland ruhiger. Das Abfangsystem *Iron Dome* fing fortan 90 Prozent der Geschosse ab.[522] Hinzu kam, dass die Hamas Waffenruhen meist einhielt.

Zwei Zitate belegen das direkt oder indirekt. »Sie kann sehr diszipliniert sein«, sagte mir der israelische Journalist Danny Rubinstein über die Hamas und deren Einhalten einer Waffenruhe. Und ein *Arte*-Film nennt die Hamas gar Israels »besten Feind.« Für das Ziel, »in Sicherheit zu leben, ohne die besetzten Gebiete zurückzugeben«, habe Israel »in der Hamas früher einen Verbündeten«[523] gesehen.

Fünf Wochen vor dem Massaker am 7. Oktober 2023 machte der bereits erwähnte Gershon Baskin in seinem Text »Die Zukunft der Hamas«[524] wieder einmal einen Briefwechsel zwischen ihm und einem Hamas-Führer publik und unterbreitete einen Vorschlag zur Annäherung: Vollkommene Waffenruhe im Gazastreifen, im Westjordanland und in Ostjerusalem für fünf Jahre. Im Gegenzug hebt Israel die Blockade auf; stellt alle Siedlungsaktivitäten ein (»die Mehrheit der Israelis befürwortet das«); erlaubt Palästinensern das Reisen zwischen dem Westjordanland und dem Gazastreifen; lässt die Einfuhr von Waren in den Gazastreifen nach notwendiger Sicherheitsprüfung zu; erlaubt palästinensische Wahlen in allen besetzten Gebieten, auch in Ostjerusalem, und erkennt das Wahlergebnis an; entfernt alle internen Kontrollpunkte im Westjordanland und »erlaubt Menschen aus dem Gazastreifen das Gebet in der Al-Aksa-Moschee« in Jerusalem. Darin sah Baskin, der seit Jahren mit unterschiedlichen Hamas-Führern die Möglichkeit eines langfristigen Waffenstillstands (Hudna) erörtert hat, einen Türöffner für das, was im Gazastreifen am meisten fehlt: »Hoffnung.«

36 Tage später gewannen völlig entgegengesetzte Begriffe die Oberhand in Israel/Palästina: Terror und Todesangst, Wut und Rachegelüste, Entsetzen und Verzweiflung, Trauer und Niedergeschlagenheit – und mit jedem weiteren Tag: Hoffnungslosigkeit.

Die Welt teilte sich schnell in zwei Lager: Pro-Palästina oder Pro-Israel. Und ich fragte mich: Wo ist das Menschenrechtslager? Das der Kriegsgegner? Das derjenigen, die die Fahne des Dialogs, des Friedens und der Versöhnung hochhalten?

Da waren deutsche Politiker und die meisten Medien schon längst ins Pro-Israel-Lager geeilt und schienen in einen Wettstreit einzutreten: Wer befürwortet deutlicher den israelischen Krieg, wer ist der hartnäckigste Antisemitismus-Jäger, wer der größte Philosemit? Sogenannten Pro-Palästina-Demonstranten wurde in vereinfachendster, ja ehrabschneidender Weise unterstellt, sie seien auf Seiten der Hamas und damit des Terrors. Dabei verlangte die Mehrzahl einfach ein Ende des Tötens, der Blockade, der Besatzung. Talkshow nach Talkshow nahm sich des Themenkreises *Israel-Palästina-Hamas-Antisemitismus-Hass/Hetze* an. Zeitschriften veröffentlichten Sondernummern. Sender interviewten immer wieder israelische oder deutsch-jüdische Stimmen. Und ich fragte mich: Warum wird keine Amira Hass eingeladen? Wo sind Judith Bernstein oder Nirit Sommerfeld? Keine Bettina Marx, die Autorin eines Gaza-Buches?

Judith Bernstein, in Jerusalem geboren, in München lebend, hatte schon im November 2023 an das Auswärtige Amt voller Sorge geschrieben: »Leider gewinne ich den Eindruck, dass man in Deutschland die Situation nicht richtig einschätzt. Wir stehen vor einer schrecklichen Katastrophe, die wirklich zu einem 3. Weltkrieg führen kann. Die Reaktionen in der gesamten muslimischen Welt und auch bei uns sehen wir schon jetzt. Israel hätte einen ganz anderen Weg gehen können.«[525] Sie verweist per Link auf einen früheren Beitrag, in dem sie die Frage stellt: »Was heißt Solidarität mit Israel – mit welchem Israel? Das Israel von Netanjahu, das mit den Siedlern in der Westbank das vollendet, was 1948 begann: die Säuberung der palästinensischen Gebiete, oder [das Israel] mit den Friedensgruppen?«

Dann fragt die Jüdin: »Warum findet bei uns kein Umdenken statt? Ich höre schon jetzt Stimmen, die warnen vor einer neuen Fluchtkatastrophe aus dem Gazastreifen« Abschließend warnt sie:

»Netanjahu und seine rechte Regierung gefährden nicht nur die eigene Bevölkerung, sondern auch die Juden weltweit.«

Genau wie sie habe ich eine andere deutsch-jüdische Stimme in Radio und Fernsehen vermisst: die von Nirit Sommerfeld. Wenigstens in der *Berliner Zeitung* erhielt sie eine Plattform. »Die allermeisten Israelis wissen nicht, was in Gaza derzeit wirklich passiert«,[526] teilt die Schauspielerin und Sängerin dem deutschen Publikum mit. Anschließend verdeutlicht sie, welches Bild vom »Araber« in Israel den Kindern von klein auf vermittelt werde: das eines ungebildeten, rachsüchtigen, hasserfüllten Aggressors. Von Palästinensern sei in Israel übrigens nie die Rede. »Dabei haben alle israelischen Regierungen immer dafür gesorgt, dass zwei Grundsätze im israelischen Bewusstsein manifestiert wurden – erstens: Wir sind immer die Opfer, die angegriffen werden. Und zweitens: Es gibt weder einen historischen Kontext noch jedwede Rechtfertigung für Gewaltausbrüche; sie werden ausschließlich aus Hass gegen uns entfacht.« Viele Israelis hätten »die Fähigkeit verloren, Palästinenser als menschliche Wesen zu betrachten. Wer von Opfern auf der anderen Seite spricht, ist ein Verräter, so wie der Lehrer Meir Baruchin, der seinen Job verlor, inhaftiert wurde und Morddrohungen bekommt.«

Solche Stimmen sind offenbar in deutschen Talkshows nicht erwünscht. Wie sonst lässt es sich erklären, dass wir immer die gleichen Gesichter sehen: Gerhart Baum, Roderich Kiesewetter, Omid Nouripour, Ahmad Mansour, Kevin Kühnert oder Frau Strack-Zimmermann, um nur eine kleine Auswahl zu nennen. Dem Publikum wird vorenthalten, ob sich die Gesprächspartner jemals in Israel/Palästina selbst ein Bild der Lage gemacht haben, geschweige denn, ob sie je in den abgeriegelten Gazastreifen gereist sind. Erlebt der Zuschauer Studiogäste aus Israel, sind sie meist stramm auf Regierungslinie wie Melody Sucharewicz oder der Armeesprecher Arye Sharuz Shalicar; wie wohltuend wäre da die Gegenposition eines Ex-Soldaten von Breaking the Silence.

Für die *Ha'aretz*-Journalistin Amira Hass, die einige Jahre in Gaza lebte, »macht Deutschland den Staat Israel zum Fetisch und unterstützt damit dessen siedlerkolonialistische Merkmale.« Das zeige sich in letzter Zeit dadurch, wie »Deutschland all die Stimmen verfolgt und zum Schweigen bringt, die den Staat Israel kritisieren, darunter sogar linke Juden und Israelis.«[527] Ich ergänze: zum Schweigen bringen auch dadurch, dass ihnen gar kein Podium geboten wird.

Fabian Scheidler bringt es – wieder in der *Berliner Zeitung* – auf den Punkt: »Wer sich heute in Deutschland auf die UNO, das Völkerrecht und anerkannte Menschenrechtsorganisationen beruft, wird zur Persona non grata, zum Israelhasser, zum Antisemiten erklärt. Und nicht nur das: Er hat inzwischen sogar mit einem Einreise- und Betätigungsverbot zu rechnen, wie etwa der ehemalige griechische Finanzminister Yanis Varoufakis und der weltweit renommierte britisch-palästinensische Chirurg und Rektor der Universität Glasgow, Ghassan Abu-Sittah, der am Berliner Flughafen mehrere Stunden festgehalten und dann zurückgeschickt wurde.«[528] Beide waren zu einem Palästina-Kongress im April 2024 in Berlin eingeladen; Sittah hatte im Herbst 2023 für *Ärzte ohne Grenzen* im Al-Schifa-Hospital in Gaza-Stadt gearbeitet. Mit Hunderten von Polizisten wurde der Kongress nach zwei Stunden aufgelöst, der Strom gekappt, 250 Teilnehmer mussten den Saal verlassen.

Träume ich? Bin ich noch in Deutschland? Passiert das gerade in einem Land, das auf der Rangliste der *Reporter ohne Grenzen* auf Rang 10 steht?[529] Oder sollte es 110 heißen?

Ein pensionierter Richter formulierte bei der Konferenz des *Bündnisses für Gerechtigkeit zwischen Israelis und Palästinensern (BIP)* in Nürnberg im Mai 2024, just 75 Jahre nach Inkrafttreten des Grundgesetzes, seine Sorge so: »Das Grundgesetz hat sich nicht verändert, aber die politische Diskussion, die Befindlichkeit unseres Landes hat sich gravierend verändert. Wesentliche Grundrechte werden eingeschränkt, von der Seite her, das Grundrecht auf Meinungsfreiheit und das auf Versammlungsfreiheit.«[530]

Schon im zweiten Kriegsmonat forderte der Journalist Stephan Detjen im *Deutschlandfunk* eine Debatte über das Verständnis von

Antisemitismus: »Unterdessen fokussiert sich die staatlich gelenkte Antisemitismusbekämpfung in Deutschland darauf, Begriffe wie ›Besatzung‹ oder ›Apartheid‹ als antisemitisch zu verdammen«,[531] dabei würden diese auch von israelischen und jüdischen Wissenschaftlern immer öfter verwendet.

Zurück zum Krieg: Auf der erwähnten BIP-Konferenz 2024 lernte ich ein junges, palästinastämmiges Paar aus Norddeutschland kennen. Sie trug eine klitzekleine palästinensische Flagge an der Halskette. Im Gespräch bekannte sie, enttäuscht zu sein, von Kollegen oder Freunden nicht nach ihrem Befinden oder dem ihrer palästinensischen Verwandtschaft gefragt zu werden. Ihr Partner: »Ich habe durch die ganze Schulzeit gehört: Nie wieder Krieg!« Er ist fassungslos, dass das jetzt im Gaza-Krieg für Palästinenser nicht gilt.

Auf sie trifft zu, was das Autorenduo Pfeifer/Weipert-Fenner in einer Analyse der Heinrich-Böll-Stiftung zu »Israel-Gaza: Ein deutscher Kriegsdiskurs« so formuliert: Es stehe jeden Tag »auf dem Spiel«, dass sich Muslime, Araber, Migranten »in unserer Mitte nicht mehr gehört und zugehörig fühlen«, weil ihnen »Teile des Staates und der Gesellschaft offen drohen, sie verwirkten ihre Schutzrechte.«[532]

Meine Bekannte R. S. aus dem Westjordanland hatte mir schon im Oktober 2023 ihren Text »Die Heuchelei der zweierlei Maße« geschickt. Sie, die in Deutschland studiert hat, erinnert an die Erklärung der Menschenrechte, verabschiedet nach zwei Weltkriegen. In ihr wurde »detailliert verankert, wie das Leben eines jeden Menschen aussehen soll, damit Frieden, Gerechtigkeit, Gleichheit etc. gewährleistet sind. UND???«. Nach drei Fragezeichen fährt sie fort: »Diese Menschenrechtserklärung existiert für UNS, Palästinenser, [nur] auf dem Papier. Sie besteht immer noch. [Aber] die einen sind es wert, dass alle Paragrafen realisiert werden, für die anderen gilt nur eine eingeschränkte Version, weil sie als niedrigere Menschen betrachtet werden.« Den folgenden, sehr verschachtelten Satz habe ich geglättet, damit er verständlicher wird: »Und wenn sie sich dann Demokraten und Verfechter von Menschenrechten und Menschenwürde nennen, sind sie Heuchler.« Sie sollten sich »nochmals die Erklärung von 1948 gründlich durchlesen«, und zwar »mit Hilfe eines Wörterbuches, denn anscheinend sind ihnen viele Begriffe zu Fremdwörtern geworden!«[533]

Ihre Botschaft habe ich in Palästina landauf, landab vernommen. So wie R.S. empfinden in der arabischen und muslimischen Welt sehr viele. Der Ägypter Mohamed El Baradei, emeritierter Generaldirektor der Internationalen Atomenergiebehörde (IAEA), prognostiziert einen Bruch zwischen dieser Welt und dem Westen. Ich füge hinzu: zwischen dem Westen oder dem globalen Norden und dem globalen Süden. Folgende Worte von El Baradei kann ich unterschreiben: »Darüber hinaus hat die arabische bzw. muslimische Welt das Vertrauen in vermeintlich westliche Normen wie Völkerrecht und internationale Institutionen, Menschenrechte und demokratische Werte verloren. Ihrer Ansicht nach macht der Westen selbst vor, dass rohe Gewalt über allem steht.«[534] Sein Schlusssatz: »Ohne eine radikale Reform der internationalen Ordnung wird der Gaza-Krieg Vorbote einer außer Kontrolle geratenen Welt sein.«

Ein letztes Mal zurück zum Krieg: Die israelische Journalistin Amira Hass – sie hat auch an US-Präsident Biden geschrieben – bekannte in der erwähnten BIP-Konferenz, dass es ihr »emotional« sehr schwer falle, aber sie müsse es sagen: »Israel begeht einen Genozid in Gaza.« Bedauernd erklärt sie, »Deutschland und andere europäische Staaten, die sich nach dem Holocaust für Israel verantwortlich fühlen, hätten eingreifen und Israel vor seinem kolonialistischen Selbst retten sollen. Das haben sie nicht gemacht. Daher verrät Deutschland seine selbsterklärte Verantwortung.« Das fühle sich »wie ein weiterer Angriff von Deutschland« an. Das hatte die preisgekrönte Journalistin schon am zehnten Kriegstag Kanzler Scholz vorgehalten: »Ihr Deutschen habt Eure ›aus dem Holocaust erwachsene Verantwortung‹, also aus der Ermordung unter anderem der Familien meiner Eltern und dem Leid der Überlebenden, längst verraten. Ihr habt sie verraten, indem Ihr ein Israel vorbehaltlos unterstützt habt, das besetzt, kolonisiert, den Menschen Wasser entzieht, Land stiehlt, zwei

Millionen Menschen in Gaza in einem überfüllten Käfig einsperrt, Häuser zerstört, ganze Gemeinden aus ihren Häusern vertreibt und Siedlergewalt befördert.«[535]

* * *

Dieses Buch hat mich seelisch an meine Grenzen gebracht. Ich habe Passagen in zig Büchern nachgelesen, habe Hunderte von Artikeln durchgearbeitet, habe an einem Dutzend Webinaren teilgenommen, habe mir Filme und Video-Zeugnisse angeschaut. Bei allem, was ich tat, fragte ich: Wäre das in Gaza möglich?

Ich fahre auf der A3. Hinweis: Frankfurt 47 km. So weit geradeaus kann man im Gazastreifen nicht fahren, man gelangt entweder an die ägyptische oder die israelische Grenze. Und dort geht es, wenn überhaupt, nur als Fußgänger weiter. Ich jogge entspannt im Wald. Einen Wald gibt es im Gazastreifen nicht. Ich schwimme in Rückenlage im Freibad und sehe Flugzeuge im Landeanflug auf Frankfurt oder von dort kommend. In Gaza könnte ich das angesichts von Drohnen und F-35-Kampfbombern nicht tun, zumindest nicht entspannt. Ich lese einen Beitrag über »Hafenlotsen«: Wie gerne hätten Geschäftsleute einen Hafen in Gaza gesehen! Israel sagte »nein!«

Gaza – das ist seit 1948 Krieg und Vertreibung, Militäroperationen zu Land, Wasser und aus der Luft, dazu innerpalästinensische Gewalt zwischen Fatah und Hamas sowie das Lynchen von Kollaborateuren. Die regelmäßigen Militäroperationen (ich nenne sie Kriege) – mal dauern sie Stunden, mal Tage, mal Wochen – nennt Israel »Rasenmähen.« Soll heißen: die palästinensische Gewalt auf ein erträgliches Maß zurechtstutzen. Neben dieser blutigen Gewalt macht die Besatzungsmacht Israel den über zwei Millionen Palästinensern das Leben auch anderweitig, z. B. bürokratisch, schwer. Die Menschenrechtsorganisation *Gisha* hat 50 derartige Hürden als *50 Shades of Control* bezeichnet. Ich wähle per Zufallsprinzip Nr. 39 aus: Israel »hindert Akademiker daran, zu Konferenzen ins Ausland zu reisen oder Kollegen in den Gazastreifen einzuladen. Israel verbietet auch ausländischen Forschern die Einreise nach Gaza.«[536]

Weitere Aspekte der Kontrolle und Besatzung hat dieses Buch nicht angesprochen, nicht das *Mehlmassaker,* nicht die möglichen noch steigenden Todeszahlen durch Epidemien, auch nicht das Thema Gasfelder vor Gazas Küste. Es wäre noch so viel zu sagen ...

Sollte ich die Botschaft dieses Buches zusammenfassen, wäre es diese:

> Gaza ist wie ein nahöstlicher Tell mit zehn oder mehr Siedlungsschichten: eine Schicht des Leids über der nächsten, ein Trauma folgt dem nächsten. In Gaza wird es Menschen verwehrt, zu planen und zu träumen. Zukunft wird vorenthalten, ebenso Achtung und Würde. Wer in Gaza jetzt immer noch an das Gute im Menschen glaubt, ist ein wahrer Held. Ein noch größerer ist der, der sich eine Zukunft mit Israelis vorstellen kann.[537]

Irgendwie Zuspruch finde ich bei Gideon Levy, dem *Ha'aretz*-Journalisten, den ich zweimal traf. Schon vor über zehn Jahren attestierte er seiner Gesellschaft, im Koma zu liegen. Nun schrieb er, sie lebe »in Verleugnung, völlig abgekoppelt von der Realität in ihrem Hinterhof«, womit er das Westjordanland und den Gazastreifen meint. Dort herrsche »ein Apartheidregime, eine der brutalsten und grausamsten Tyranneien der Welt.« Um trotzdem als Israeli mit sich und seinem Umfeld in Frieden zu leben, seien verschiedene Mechanismen am Werk, darunter »die systematische Entmenschlichung der Palästinenser«. Denn »wenn sie keine Menschen sind wie wir, dann stellt sich die Frage nach den Menschenrechten nicht wirklich.«[538]

Zurück zum Krieg, der nach rund acht Monaten schon 30 Mal so viele Tote gefordert hat, wie Israel am 7. Oktober 2023 beweinen musste. Wie kann er endlich überwunden werden? Wie kann eine vorsichtige Annäherung der beiden Seiten gelingen (von Frieden wage ich kaum zu reden)? Noch weit vor Gesprächen über Ein-Staat-, Zwei-Staaten-Lösung oder das *Parallel-States-Project* der schwedischen Lund-Universität muss passieren, was der israelische Friedensvisionär Uri Avnery mit Blick auf die Nakba so formulierte: »Ein wirklicher Friede, basierend auf wirklicher Versöhnung, beginnt mit einer Entschuldigung.« Avnery (1923-2018) stellte sich die Rede seines Staatspräsidenten oder Premierministers vor der Knesset so vor: Sehr geehrte Mitglieder der Knesset, im Namen des Staates Israel und all seiner Bürgerinnen und Bürger wende ich mich heute an die Söhne und Töchter des palästinensischen Volkes, wo immer sie sich befinden. Wir erkennen die Tatsache an, dass wir gegen Sie eine historische Ungerechtigkeit begangen haben, und wir bitten Sie in aller Demut um Vergebung.«[539]

Goldbach, 2. Juni 2024, dem 240. Kriegstag
(und letzten Tag des Deutschen Katholikentags
mit dem Motto »Zukunft hat der Mensch des Friedens«)

Anhang

Anmerkungen

1 Ilan Pappe im Interview mit Al-Jazeera / Centre Stage: In Gaza now, it's worse than ethnic cleansing, 25.2.2024, youtube.com

2 Reuters: A brief history of Gaza's 75 years of woe, 11.10.2023, reuters.com

3 State of Palestine / Palestinian Central Bureau of Statistics (PCBS): Estimated Population in the Palestine Mid-Year by Governorate, 1997-2026, www.pcbs.gov.ps

4 UNRWA: Beach Camp, last update in July 2023, www.unrwa.org/where-we-work/gaza-strip/beach-camp

5 Arndt Voß: Kiels »Samson und Dalila«, eine brandaktuelle Operninszenierung, in: unser Lübeck – gemeinnütziges Kultur-Magazin, 17.10.2023, siehe: unser-luebeck.de

6 Ebda.

7 Mou'in Sadeq: Gaza's Rich Cultural Heritage: Key to developing tourism, in: UNDP, Focus: Eye on Gaza, Vol. 3, 2005, S. 32

8 Entfernung El-Qantara, Ismailia, EGY → Tel-Aviv, ISR – Luftlinie, Fahrstrecke, Mittelpunkt; luftlinie.org

9 Abbildung bei Wikipedia: Stichwort »Palestine Railways«, en.wikipedia.org

10 Alle erwähnten Karten und Plakate: ebda.

11 Tom Segev: Es war einmal ein Palästina. Pantheon/Siedler, München 2005, 3. Aufl., S. 43

12 Michael Wolffsohn: Die Briten im Heiligen Land. 28.3. 2008, in: Bundeszentrale für politische Bildung, bpb.de

13 Fehlende 0,65 Prozent: Jerusalem samt Bethlehem sollten weder dem einen noch dem anderen Staat angehören, sondern unter internationaler Hoheit stehen.

14 Maysoun Ershead Shehadeh: Will they ever be free of the swamp? Thoughts about the reality of Arabs in Israel, in: Palestine-Israel Journal, Vol. 27, Nr. 3 & 4, 2022, pij.org

15 Dieses Zitat samt Artikel, circa 2010 gespeichert, ist nicht mehr im Internet verfügbar.

16 Tom Segev, a. a. O., S. 12

17 Interview mit Tom Segev, Westjerusalem, 28.4.2008

18 Nakba75-AG im *Deutschen Koordinationskreis Palästina Israel* (KoPI): 75 Jahre Israel – 75 Jahre Vertreibung der Palästinenser und Palästinenserinnen (Nakba), 2023, Verantwortlich i. S. des Presserechts: Dr. Heinz Gierlich

19 Die 2008 von der UNO eingerichtete Seite www.un.org/unrwa/48Commem/LostParadise.html ist 2024 nicht mehr aktiviert. Einen ähnlichen, in Teilen identischen Text – ohne Autorenname, mit anderem Titel und Schluss – hat *Badil, Resource Center for Palestinian Residendy & Refugee Rights* veröffentlicht; es handelt sich höchstwahrscheinlich um denselben Ort, badil.org

20 Zochrot: al-Majdal (Tiberias), zochrot.org/villages/village_details/49284/en
21 Ebda.
22 Breiteste Stelle: 13-14 km; eine Quelle gibt die engste Stelle mit 5,47 km an. Bzgl. Länge finden sich unterschiedliche Angaben zwischen 40 und 45 Kilometern.
23 Encyclopaedia Britannica: Gaza Strip, britannica.com/place/Gaza-city-Gaza-Strip
24 Ebda.
25 Elizabeth Samson: Is Gaza Occupied?: Redefining the Legal Status of Gaza, 1.1.2010, veröffentlicht von Begin-Sadat Center for Strategic Studies, jstor.org
26 Alle Interviews in Gaza-Stadt zwischen 2005 und 2008, leider ohne genauere Angaben.
27 Christoph Dinkelaker: Der Gazastreifen vor und nach 1967: Von Fremdherrschaft zu Fremdherrschaft, dies:orient, 5.7.2017, disorient.de
28 Germany confirms an additional EUR 10 million to UNRWA, in: UNRWA Europe communiqué n. 9 – September II, per E-Mail am 29.9.2024 verschickt
29 UNRWA: Beach Camp, a. a. O.
30 Statista: Ranking der 10 Städte mit der weltweit höchsten Bevölkerungsdichte, de.statista.com (letzter Zugriff 21.3.2024)
31 UNRWA: Palestine refugees, unrwa.org/palestine-refugees
32 UNRWA: Where we work: Gaza Strip, unrwa.org
33 Anshel Pfeffer: Analysis: UNRWA Is Riddled With Hamas. But Israel Has No Alternative, 28.1.2024, Ha'aretz, haaretz.com
34 Dem Autor telefonisch mitgeteilt und dann nochmals per E-Mail zugeschickt
35 Yoram Binur: Mein Bruder, mein Freind. Bastei Lübbe, Bergisch Gladbach 1990/91, S. 192
36 Ebda.
37 Ebda. S. 215
38 Ebda. S 199
39 Dieses und alle folgenden Zitate aus: Tom Segev: 1967. Israels zweite Geburt, Siedler, München 2005, S. 636-649
40 The Historama: The Israeli Economy from 1967-2007, historama.com
41 Raphael Ahren: Israel actively pushing Palestinian emigration from Gaza, official says, Times of Israel, 19.8.2019, timesofisrael.com
42 Tom Segev, a. a. O. S. 636
43 Eyal Weizman: Sperrzonen. Israels Architektur der Besatzung. Nautilus, Hamburg 2008, S. 79
44 Ebda., siehe auch S. 80 f.
45 Leila El-Haddad, Saeed Taji Farouky: Tunnel Trade, erstmals ausgestrahlt auf Al Jazeera am 2.9.2007, damals unter folgendem Link: http://english.aljazeera.net/NR/exeres/CAB14479-C031-419E-9187-0CFD864A54EA.htm (mit Stand 28.2.2024 nicht mehr aktivierbar)
46 Bündnis für Gerechtigkeit zwischen Israelis und Palästinensern e.V.: BIP-Aktuell #293: In Rafah bahnt sich eine Katastrophe an. Israel bedroht 1,4 Millionen Palästinenser in Rafah, 24.2.2024, bip-jetzt.de.
47 Bernd Dörries: Aktuelles Lexikon: Rafah, Süddeutsche Zeitung, 23.10.2023, sueddeutsche.de

48 Interview mit Dalia Kerstein, Ostjerusalem, 23.6.2008, HaMoked-Büro
49 Amira Hass: Tage und Nächte in einem besetzten Land, dtv 2004 (ungekürzte Ausg.), S. 134 ff.
50 Ebda. S. 135
51 Ebda. S. 137
52 Interview durch den Autor, Ostjerusalem, 7.5.2008
53 Breaking the Silence: Military Rule. Testimonies of soldiers from the Civil Administration, Gaza DCL and COGAT 2011-2021. 2022, Zitate auf S. 15, 20 f., 27 f., hamoked.org
54 Roni Levit: ATLAS Israel-Palästina, AphorismA, Berlin 2011, S. 27
55 Gisha: Survey: 31 % of Gaza residents have relatives in Israel, East Jerusalem, West Bank. 13.12.2013, gisha.org.
56 Zeugenaussage gegenüber B'Tselem, 11.10.2004, veröffentlicht in: B'Tselem / HaMoked: One big prison – Freedom of Movement to and from the Gaza Strip on the Eve of the Disengagement Plan, March 2005, S. 13
57 Ebda., S. 12
58 OCHA – United Nations Office for the Coordination of Humanitarian Affairs: Occupied Palestinian territory: Movement in and out of Gaza. Update covering January 2023, 27.2.2023, ochaopt.org
59 HaMoked: Annual Report 2023, am 31.1.2024 per E-Mail erhalten
60 HaMoked: 9,312 »Security« Inmates Are Held In Prisons Inside Israel, דקומה טרפה תנגהל (hamoked.org) (letzter Zugriff 10.4.2024)
61 Addameer: Administrative Detention as a Tool of Oppression and Domination, 5.10.2022, addameer.org (PDF)
62 HaMoked, Center for the Defence of the Individual / B'Tselem: Without Trial. Administrative Detention of Palestinians by Israel and the Internment of Unlawful Combatants Law. Okt. 2009, S. 56
63 Addameer: Gaza Prisoners, Dez. 2017, addameer.org
64 HaMoked: 9,312 »Security« Inmates Are Held In Prisons Inside Israel, a. a. O.
65 Palästinensische Mission: Palästinensische Position zu Kernfragen im Konflikt, Berlin 2020, S. 12 (politische Gefangene)
66 Interview durch den Autor, Mai 2008 (Tag nicht notiert), Gaza-Stadt
67 Wikipedia-Eintrag: Catherine Bertini, de.wikipedia.org
68 Gisha: Gaza – chronology of Closure, features.gisha.org/gaza-up-close/
69 Ebda.
70 Al Mezan Center for Human Rights: Israeli forces arbitrarily arrest five fishermen at Palestinian territorial waters and confiscate their boat, 14.6.2023, mezan.org
71 B'Tselem: Israel destroying Gaza's fishing sector, 19.6.2018, zitiertes Zeugnis und andere, btselem.org
72 Gisha: Gaza Close Up, 28.6.2023, features.gisha.org/gaza-up-close/
73 Alle Zitate aus: Arthur Neslen: Occupied Minds. A Journey through the Israeli Psyche. Pluto Press, London 2006, S. 242 ff.
74 Amos Elon: Was ist falsch gelaufen? Le Monde Diplomatique, 11.4.2003, monde-diplomatique.de
75 Krieg ohne Chronisten. Journalistenverbot im Gazastreifen. taz, 31.12.2008, taz.de

76 Zitiert in: Harriet Sherwood: »Hugely frustrating«: international media seek to overcome Gaza ban. The Guardian, 12.12.2003, theguardian.com
77 Charlotte Tobitt: ›Let us into Gaza‹: 55 UK and US foreign reporters urge Israel and Egypt to lift news blockade, PressGazette, 28.2.2024, pressgazette.co.uk
78 Ebda.
79 Berliner Missionswerk: Israel verweigert palästinensischen Bischöfen die Einreise nach Gaza, 5.2.2009, berliner-missionswerk.de
80 Ebda.
81 Susanne Knaul: Niebel verteidigt Kritik an Israel. Einreiseverbot nach Gaza, 21.6.2010, taz.de
82 Ebda.
83 Human Rights Watch: Unwilling or Unable. Israeli Restrictions on Access to and from Gaza for Human Rights Workers, 2.4.2017, hrw.org
84 Felicia Langer: Die Frau, die niemals schweigt. Stationen eines Lebens. Lamuv, Göttingen 2005, S. 138
85 Ebda. S. 139
86 Ebda. S. 144
87 B'Tselem: Israeli civilians killed by Palestinians – Gaza Strip, Database on fatalities and house demolitions, btselem.org
88 B'Tselem: Fatalities in the First Intifada, btselem.org
89 Jewish Virtual Library: The Gaza Strip. History of Jewish Settlement, jewishvirtuallibrary.org
90 WDR: Die wichtigsten Fakten über den Gazastreifen, Stand: 10.10.2023, www1.wdr.de
91 Gisha: Disengaged Occupiers. The Legal Status of Gaza, Januar 2007, S. 10-14, gisha.org
92 Gisha: Gaza Policy Forum, Summary, 27.2.2019, S. 4, gisha.org
93 Gisha: Gaza Up Close, 28.6.2023, gisha.org
94 Physicians for Human Rights Israel: Forced Separation. Position Paper. Israel's devastating Policy against Palestinian Children and their Parents in Accessing Medical Care. Juni 2021, S. 6 f., phr.org.il (PDF)
95 Physicians for Human Rights Israel: Cancer Patients Died After Israel Delayed Their Exit Permits / רופאים לזכויות אדם, 16.9.2022, phr.org.il
96 Interview durch Autor, Gaza-Stadt, 19.3.2008
97 PCHR. Palestinian Centre for Human Rights. Weekly Report on Israeli Human Rights Violations in the Occupied Palestinian Territory, 3.-9.2.2011, Nr. 6/2011, S. 10
98 Ders. Weekly Report on Israeli Human Rights Violations in the Occupied Palestinian Territory, 25.11.-1.12. 2010, Nr. 47/2010, S. 7
99 United Nations: Gaza in 2020: A liveable place? August 2012
100 Interview durch den Autor, Gaza-Stadt, 9.1.2008
101 In dem Buch »Palästina – Vertreibung, Krieg und Besatzung« widmet sich die Friedensaktivistin Nirit Sommerfeld auf zehn Seiten just dieser Frage: »Gaza – 2020 unbewohnbar?« (PapyRossa, Köln 2017)
102 B'Tselem / HaMoked: Captive Corpses, Jerusalem, 1999, S. 6, 25, 28, hamoked.org (PDF)

103 Reporter ohne Grenzen: Israel, reporter-ohne-grenzen.de
104 Haggai Matar: IDF censor redacted two thousand news items in 2019, 9.3.2020, in: +972 magazine, 972mag.com
105 Reporter ohne Grenzen: Rangliste der Pressefreiheit 2021, reporter-ohne-grenzen.de (PDF)
106 Kathy Jones / Commitee to Protect Journalists CPJ: Israel-Gaza war brings 2023 journalist killings to devastating high, ohne Datum, cpj.org
107 Commitee to Protect Journalists: Israel-Gaza war takes record toll on journalists, 21.12.2023, cpj.org
108 Reporter ohne Grenzen: FAQ zur Situation der Medien im Gazastreifen, 25.4.2024, reporter-ohne-grenzen.de
109 Gabi Fröhlich: Prüfungen per Telefon und Internet. Ungewöhnlicher Universitätsabschluss für eine Gazaer Studentin, Domradio, 23.1.2010, domradio.de
110 Gisha: IDF Insists: Berlanty Azzam can not complete the final 2 months of her degree in Bethlehem. Press release. 24.11.2009, gisha.org
111 Amnesty International: Expelled from the West Bank, 28.4.2010, siehe amnesty.org
112 Dalia Karpel: Parallel Lives, Ha'aretz, 4.10.2007, haaretz.com. – Ein fast identischer Artikel erschien am 21.10.2007 im *Guardian* (theguardian.com)
113 Breaking the Silence: Israelische Soldaten berichten von ihrem Einsatz in den besetzten Gebieten. Econ/Ullstein, Berlin 2012, S. 72 f.
114 Ebda., S. 66 ff.
115 Hilo Glazer: ›42 Knees in One Day‹: Israeli Snipers Open Up About Shooting Gaza Protesters, Ha'aretz, 6.3.2020, haaretz.com
116 Benzion Sanders: I fought for the I.D.F. in Gaza. It made me fight for peace, siehe Breaking the Silence, www.breakingthesilence.org.il; siehe auch: I Fought for the I.D.F. in Gaza. It Made Me Fight for Peace, New York Times (nytimes.com)
117 Interview in Ostjerusalem, zw. 2005 und 2008, Datum leider nicht notiert
118 B'Tselem: A regime of Jewish supremacy from the Jordan River to the Mediterranean Sea: This is apartheid, 12.1.2021, btselem.org
119 Human Rights Watch: A Threshold Crossed Israeli Authorities and the Crimes of Apartheid and Persecution, April 2021, S. 205 ff., hrw.org
120 Amnesty International: Israel's Apartheid Against Palestinians: cruel system of domination and crime against humanity, Index Number: MDE 15/5141/2022, 1.2.2022, S. 275 f., amnesty.org
121 Yoram Binur: Mein Bruder, mein Feind. Bastei Lübbe, Bergisch Gladbach 1990/91, S. 189 f.
122 Peter Scholl-Latour: Lügen im Heiligen Land, Goldmann, München 2000, S. 209
123 Beide Zitate in: Klaus Polkehn: Soll Gaza im Meer versinken? Neues Deutschland, 2.4.1993, nd-aktuell.de
124 Jewish Voice for Labor: Influential Israeli national security leader makes the case for genocide in Gaza, 22.11.2023, www.jewishvoiceforlabour.org
125 Human Rights Watch: Gaza: Israel's ›Open-Air Prison‹ at 15, 14.6.2022, hrw.org
126 Thomas Gutschker: EU will erstmals Sanktionen gegen israelische Siedler verhängen, 18.3.2024, FAZ, faz.net

127 Peter Scholl-Latour, a. a. O., S. 212

128 Zitiert nach: Torsten Teichmann: Keine Verhandlungen, kein Flughafen, Deutschlandfunk, 24.11.2014, deutschlandfunk.de

129 Wikipedia-Eintrag »Internationaler Flughafen Jassir Arafat«, de.wikipedia.org

130 Gaza airport runway ripped up by Israel, The Guardian, 11.1.2002, theguardian.com

131 Deutscher Bundestag, 16. Wahlperiode. Drucksache 16/2724: Kosten und Finanzierung des Wiederaufbaus im Nahen Osten. Antwort der Bundesregierung auf die Kleine Anfrage der Abgeordneten Hakki Keskin und weiterer Abgeordneter und der Fraktion Die Linke. Drucksache 16/2546, 25. Sept. 2006, S. 1

132 The Times of Israel: Leading critic of French al-Dura coverage convicted. 26.6.2013, timesofisrael.com

133 Vortrag und Gespräch mit Cindy und Craig Corrie, Dailah-Zentrum, Jerusalem, 26.3.2008 (dabei lasen sie auch aus Rachels Tagebuch)

134 Human Rights Watch: Razing Rafah: Mass Home Demolitions in the Gaza Strip, Okt. 2004, S. 2, siehe hrw.org

135 Abd al-Karim aus Khan Yunis, in: Christian Aid: Losing Ground. Israel, poverty and the Palestinians, 2003, S. 51

136 Dr. Nabil Abu Shammala. Heinrich Böll Stiftung Palestine and Jordan / Dalia: Status of Farmers in Border Areas in the Gaza Strip from a Food Sovereignty Perspective, 2022, siehe يزيلجنا ةخسن-ةزغ-ايلاد ةسارد.indd (boell.org)

137 Ebda., S. 7

138 Al-Mezan Center for Human Rights: Fact Sheet: The Access-Restricted Areas («Buffer Zone«) in the Gaza Strip, vermutl. 2012/13, S. 3, mezan.org (PDF)

139 Joshua Askew / Christoph Debets: »Ausgewachsene Hungersnot in Nord-Gaza«, 4.5.2024, euronews.com

140 B'Tselem: The Gaza Strip – One Big Prison, Sept. 2007, S. 6

141 Ha'aretz Magazine: Raful's sleepless nights, 6.1.2006, S. 20

142 Michael Har'El: Auch Worte können töten (Vortrag), IPCRI-Konferenz, Antalya, 19.-23.11.2006

143 The Palestinian Human Rights Monitor: A War of Words, Vol. 5, Issue 5, Nov. 2001, S. 26

144 Gaza-Stadt, 19.3.2008

145 Zitiert in: Al Jazeera Newsfeed: Israeli state TV video shows children singing about Gaza, 21.11.2023, youtube.com

146 Palestine-Israel Journal: War-Time Report & Appeal, 16.11.2023, per E-Mail am selben Tag erhalten

147 Palestinian Central Bureau of Statistics: Palestine in Figures 2006, Mai 2007, S. 10, pcbs.gov.ps

148 B'Tselem: The Gaza Strip – One Big prison, Sept. 2007, S. 13

149 Ebda., S. 12

150 PCHR: A Special Issue on the 7th Anniversary of the al-Aqsa Intifada, Weekly Report, Nr. 39/2007, 27.9.-3.10.2007

151 Right to Education Campaign / Birzeit Uni. Palestine: US Withdraws Fulbright Grants to Gaza Students, 1.6.2008, siehe birzeit.edu

152 Gisha: Israel Undermines Higher Education – and its Own Best Interest – in Gaza, 22.10.2007, Zitat auf S. 2 f., gisha.org
153 Bicom: Lieberman offers to turn Gaza into »the Singapore of the Middle East«, 17.2.2017, siehe bicom.org.uk
154 Antwort auf meine Frage in dem Webinar »Der Gaza-Krieg und seine geopolitischen Hintergründe«, 25.3.2024
155 Karin Lorenz: Terror als Geschäftsmodell. Das Luxusleben der Hamas-Führer, 7.12.2023, in: International Christian Embassy Jerusalem, de.icej.org
156 Lisa Schneider: Pläne für Nordgaza nach dem Krieg – Den Weg zurück ebnen (Text u. Kommentare), taz, 10.1.2024, taz.de
157 Thomas L. Friedman: What is happening to our world?, New York Times (International Edition), 30.12.2023, S. 9 f.
158 B'Tselem: This is apartheid: The Israeli regime promotes and perpetuates Jewish supremacy between the Mediterranean and the Jordan River, 12.1.2021, btselem.org
159 Rolf Verleger: Israels Irrweg. Eine jüdische Sicht, PapyRossa, Köln 2008/2010, 4. Aufl. 2024, S. 130 ff.
160 Interview durch den Autor, Gaza-Stadt, 9.1.2008
161 UN-OCHA: Electricity in the Gaza Strip, ochaopt.org
162 Internationales Komitee vom Roten Kreuz: Gaza: Umfrage zeigt schwere Folgen regelmäßiger Stromausfälle für Familien, 30.7.2021, siehe icrc.org
163 Yuval Abraham: Gaza team went to repair a telecoms machine. An Israeli tank fired at them, in: +972 Magazine, 1.5.2024, 972mag.com
164 Gisha: Agriculture – Israel is suffocating Gaza's industries, 2023, gisha.org
165 Gisha: Gaza Up Close, 28.6.2023, gisha.org)
166 Nidal Al-Mughrabi / Reuters: Gaza farmers burn tonnes of basil, mint after Israel border shut, 17.4.2013, reuters.com
167 Gisha: A strawberry's journey, 10.10.2017, gisha.org
168 CARE International West Bank / Gaza Strip: Case Study – The Farmer Who Gambled On His Strawberries, in: OCHA: Special Focus: The Closure of the Gaza Strip: The Economic and Humanitarian Consequences, Dezember 2007, S. 3
169 Palestine-Israel Journal: PIJ Policy Paper No. 2. Gaza and the Two-State-Solution. Jerusalem, Dez. 2009, S. 8
170 Ebda.
171 Tania Krämer: Die Tunnelbauer von Gaza, DW-TV, 22.11.2009, youtube.com
172 Ebda.
173 Palestine-Israel Journal: PIJ Policy Paper No. 2. Gaza and the Two-State-Solution. Jerusalem, December 2009, S. 8
174 Ebda.
175 UNRWA: Labour Market Briefing Gaza Strip, Question of Palestine. Second-Half 2010. Summary, S. 2, un.org
176 The Meir Amit Intelligence and Terrorism Information Center: Palestinian Terrorism Against Israel, 2022: Methods, Trends and Description, 29.1.2023, terrorism-info.org.il
177 Thorsten Schmitz: Fahnen, Furcht und Fatalismus, Süddeutsche Zeitung, 30.1.2009

178 Danya Hajjaji / Newsweek: Israeli Airstrikes on Gaza Killed More This Week Than Hamas Rockets Have in 20 Years. 15.5.2021 (aktualis.: 16.5.2021), newsweek.com
179 Inge Günther: Zwanzig Sekunden bis zum Einschlag, in: Berliner Zeitung, 31.5.2007, siehe (berliner-zeitung.de
180 Alex Safian / BESA The Begin-Sadat Center for Strategic Studies: How Many Gaza Palestinians Were Killed by Hamas Rockets in May? An Estimate. BESA Center Perspectives Paper No. 2,081. 27.6.2021, besacenter.org
181 IDF-Sprecher, zitiert in: Raz Zimmt / The Meir Amit Intelligence and Terrorism Information Center: Iranian media references to military aid provided by Iran to Hamas in the past, 9.1.2024, terrorism-info.org.il
182 Gisha: The bittersweet story of the Al-Awda factory, 21.9.2014, gisha.org
183 Telefoninterview im Juni 2010
184 Gisha: Controlled dual-use items, ohne Datum, S. 2, gisha.org (PDF)
185 Gisha: Red Lines – Gray Lists. Israel's dual-use policy and the Gaza Reconstruction Mechanism, 11.1.2022, gisha.org
186 UNRWA: Gaza – great march of return, unrwa.org
187 Lea Frehse: Über ihre Köpfe hinweg, in: Die Zeit Nr. 26, 21.6.2018, S. 8
188 Dies.: »Ich trauere, aber ich bereue nichts«, in: Die Zeit, 28.5.2018 siehe Gewalt im Gazastreifen: »Ich trauere, aber ich bereue nichts«, Zeit online, zeit.de
189 OCHA: The Humanitarian Impact of Restrictions on Access to Land near the Perimeter Fence in the Gaza Strip, August 2018, S. 1, ochaopt.org
190 Amnesty International: Six months on: Gazas Great March of Return, amnesty.org
191 Palestinian Centre for Human Rights: »Info-graphic showing the number of civilian casualties from 30 March 2018-28 March 2019 resulting from Israel's suppression of the #GreatReturnMarch demonstrations«, pchrgaza.org
192 Yoram Binur: Mein Bruder, mein Feind. Bastei Lübbe, Bergisch Gladbach 1990/91, S. 218
193 Brigitta Böckmann: Gaza-Bethlehem, eine Familiengeschichte, in: Taube, Kreuz und Stacheldraht, Studienheft, Weltmission heute Nr. 61, EMW, 2005, S. 63 ff.
194 UNDP: Poverty in the State of Palestine set to soar by more than a third if war continues for a second month, 9.11.2023, undp.org
195 Michael Kreutz: Die Muslimbruderschaft, Bundeszentrale für Politische Bildung, 19.2.2019, bpb.de
196 Helga Baumgarten: Hamas. Der politische Islam in Palästina. Diederichs, München 2006, S. 31 ff.
197 Interview mit Danny Rubinstein, Westjerusalem, 3.3.2008
198 Khaled Hroub: Hamas. Die islamische Bewegung in Palästina. Palmyra, Heidelberg 2011, S. 40 f.
199 Mosab Hassan Yousef (mit Ron Brackin): Sohn der Hamas. Mein Leben als Terrorist. 5. Aufl. SCM Hänssler, Holzgerlingen 2010, S. 35
200 Ebda.
201 Ebda.
202 Ebda. S. 36

203 Helga Baumgarten: Kein Frieden für Palästina. Der lange Krieg gegen Gaza. Besatzung und Widerstand. Promedia, Wien 2021, S. 81
204 Helga Baumgarten: Hamas. Der politische Islam in Palästina. a. a. O., S. 76
205 Joseph Croitoru: Die Hamas. C. H. Beck, München 2024, S. 51
206 Khaled Hroub: Hamas. Die islamische Bewegung in Palästina. a. a. O., S. 90
207 John F. Mearsheimer / Stephen M. Walt: Die Israel Lobby. Wie die amerikanische Außenpolitik beeinflusst wird. Campus, Frankfurt a. M. 2007, S. 305 f.
208 WDR: Stichtag – 22. März 2004: Ahmad Scheich Yassin stirbt nach einem Angriff, www1.wdr.de
209 Khaled Hroub: Hamas. Die islamische Bewegung in Palästina. a. a. O., S. 160
210 Joseph Croitoru: Herrschaft mit Geheimstrukturen. Geschichte der Hamas. taz, 21.10.2023, taz.de (letzter Zugriff 15.3.2024)
211 Khaled Hroub: Hamas. Die islamische Bewegung in Palästina. a. a. O., S. 106 ff.
212 Joseph Croitoru: Herrschaft mit Geheimstrukturen, a. a. O.
213 Joseph Croitoru: Der Märtyrer als Waffe. Die historischen Wurzeln des Selbstmordattentats. dtv, München 2006, S. 169
214 Michael Kreutz: Die Muslimbruderschaft, Bundeszentrale für Politische Bildung, 19.2.2019, bpb.de
215 Khaled Hroub: Hamas. Die islamische Bewegung in Palästina. a. a. O., S. 87 f.
216 Joseph Croitoru: Die Hamas. Herrschaft über Gaza, Krieg gegen Israel. C. H. Beck, München 2024, S. 52
217 Danylo Hawaleshka: In pictures: History Illustrated: The story of Hamas and its fight for Palestine, Al Jazeera, 11.10.2023, aljazeera.com
218 IDF: The Hamas Terrorist Organization: Hamas Kidnappings – A Constant Threat in Israel, 16.6.2014, www.idf.il.
219 Wikipedia-Eintrag »Killing of Avi Sasportas and Ilan Saadon«, en.wikipedia.org
220 IDF, a. a. O. (letzter Zugriff 5.3.2024)
221 Khaled Hroub: Hamas. Die islamische Bewegung in Palästina. a. a. O., S. 54 f.
222 Ebda. S. 60
223 Menachem Fruman: Maybe we do have someone to talk to, zuerst veröffentlicht in Ha'aretz, Dezember 2005, siehe auch jerusalempeacemakers.org/froman/art-hamas.html (Trotz intensiver Suche bei Ha'aretz konnte ich den Originalartikel, den ich selbst auf deren Internetseite gelesen hatte, in deren Archiv nicht finden. Wurde er gelöscht?)
224 Israelnetz: Rabbi Froman gestorben: Siedler, Friedensaktivist und Freund Arafats, 5.3.2013, israelnetz.com
225 Ebda.
226 Interview mit Pfr. M. Musallam in Gaza-Stadt, 19.7.2006
227 Pime asia news: Gaza priest slams barbaric attack against Sisters of the Rosary, 19.6.2007, asianews.it
228 Khaled Hroub: Hamas. Die islamische Bewegung in Palästina. a. a. O., S. 131 f.
229 European Parliament: Violence against Christians in the Gaza Strip. Question for written answer E-006179/2011. 15.6.2011, europa.eu
230 Open Doors: Weltverfolgungsindex 2024. opendoors.de/christenverfolgung/weltverfolgungsindex/weltverfolgungsindex-karte#rangfolge

231 Usama Antar: Voraussetzungen eines existenzfähigen palästinensischen Staates, Wissenschaftlicher Verlag wvb, Berlin 2004, S. 252
232 Khaled Hroub: Hamas. Die islamische Bewegung in Palästina. a. a. O., S. 159
233 Near East Consulting NEC: PLC 2006 Elections Voting Behavior & Results Projections, neareastconsulting.com (PDF)
234 Helga Baumgarten: Hamas. Der politische Islam in Palästina, a. a. O., S. 179
235 Interview durch den Autor, Ostjerusalem, 16.1.2006
236 Interview durch den Autor, Gaza-Stadt, Frühjahr 2008 (Datum nicht notiert)
237 Rami G. Khouri: The vital need for unity, in: International Herald Tribune, 20.11.2007, S. 9
238 PCPSR: Palestinian Public Opinion Poll, # 19, 15.4.2006, pcpsr.org
239 Lara Friedman: mehrere Posts zwischen Okt. u. Dez. 2023, siehe Lara Friedman on X: »4) One additional point: for folks who are fixed on voting, note that Hamas did not win a majority in the 2006 election -- across the WB & Gaza it won a plurality w/44.45 % of the vote. In Gaza, Hamas didn't win a majority of votes in any district. https://t.co/eNz9oU49Qc« / X (twitter.com)
240 Central Election Commission Palestine: The 2nd 2006 PLC Elections, elections.ps
241 Simon Jeffery u. Agenturen: Hamas celebrates election victory, in: The Guardian, 26.1.2006, theguardian.com
242 PCPSR: Palestinian Public Opinion Poll, # 19, 15.4.2006, pcpsr.org
243 Interview mit Danny Rubinstein, Westjerusalem, 3.3.2008
244 Interview durch den Autor, Tel Aviv, 19.3.2006
245 B'Tselem: Collaborators in the Occupied Territories: Human Rights Abuses and Violations, Zusammenfassung, Januar 1994, btselem.org
246 Joseph Croitoru: Die Hamas. Herrschaft über Gaza. Krieg gegen Israel, a. a. O., S. 87
247 Al-Jazeera: Timeline: Hamas-Fatah conflict, 4.5.2011, aljazeera.com
248 Joseph Croitoru: Die Hamas, a. a. O., S. 92
249 Interview durch den Autor, Antalya, 21.11.2006 (IPCRI-Konferenz mit israelischen, palästinensischen und ausländischen Friedensaktivisten)
250 Joseph Croitoru: Die Hamas, a. a. O., S. 46, 50
251 Zwei Interviews(eines in Deutschland) sowie Dutzende von E-Mails mit Abed Shukry zwischen 2007 und 2023; ein Interview in Gaza-Stadt, 6.5.2008.
252 Interview durch den Autor, Gaza-Stadt, Frühjahr 2008, Datum nicht notiert
253 Lana Hourani: Wir sind kein Supervolk. Gaza, 22.6.2007, das-palaestina-portal.de
254 Ayelett Shani: Worth 10,000 Innocent Gazans Dying? He Said, Even 100,000 Is Worth It, 13.4.2024, haaretz.com
255 Abgedruckt in: Norman G. Finkelstein: Israels Invasion in Gaza. Nautilus. Hamburg 2010, S. 169 ff.
256 Amnesty International: ›Strangling Necks‹: Abductions, torture and summary killings of Palestinians by Hamas forces during the 2014 Gaza/Israel conflict, London 2015, S. 22, amnesty.org (PDF)
257 Ebda., S. 20 f.
258 Ebda., S. 15 f.

259 Ebda., S. 42
260 Unabhängiger Bundesasylsenat: Bescheid. Verfasser: Dr. Fahrner. Geschäftszahl 210.192/0-IX/25/99, Entscheidungsdatum: 22.04.2003, Dokumentnummer UBAST_20030422_210_192_0_IX_25_99_00, in: Rechtsinformationssystem des Bundes, bka.gv.at
261 Dazu wäre einiges zu sagen.
262 Misthaufen kann in Österreich auch Müllhaufen bedeuten.
263 Der Fluchtweg bleibt im Dunkeln: Wie entkam er dem Gazastreifen? Über Ägypten? Durch die Tunnel?
264 Omar Shair / Human Rights Watch: Another Brutal Crackdown by Hamas in Gaza, 20.3.2019, hrw.org
265 Tages-Anzeiger: Newsletter vom 9.11.2023
266 Ebda. Newsletter vom 2.3.2024
267 Joseph Croitoru: Die Hamas, a. a. O., S. 56
268 Uri Schneider / Eva Laloum / Arte: Die Milliarden der Hamas, 2023, arte.tv
269 The Economist: Inside Hamas's sprawling financial empire, 20.11.2023, economist.com.
270 Veronica Romano: Die Finanzierung der Hamas: Woher stammt das Geld der Terrororganisation? In: euronews, 2.11.2023, de.euronews.com
271 Interview mit Helga Baumgarten in Ostjerusalem, siehe auch: dies.: Hamas. Der politische Islam in Palästina, a. a. O., S. 76
272 Gershon Baskin: Negotiations for Hostages, per E-Mail erhalten am 18.11.2023, siehe auch: The Times of Israel (Link leider nicht mehr aktiviert)
273 Zitiert in: Meron Rapoport: The end of the Netanjahu doctrine, +972 Magazine, 9.10.2023, 972mag.com
274 Ebda.
275 Ebda.
276 State of Israel / Ministry of Foreign Affairs: MFA Newsletter: PM Netanjahu meets with German Chancellor Olaf Scholz, 17.10.2024 (am Folgetag per E-Mail erhalten)
277 The Daily Star: UN Beach Club Stormed by Palestinians, 2.1.2006, veröffentlicht von: Miftah – The Palestinian Initiative for the Promotion of Global Dialogue and Democracy, miftah.org, letzter Zugriff 7.2.2024
278 Ulrike Putz: Ein Schluck Freiheit, in: Der Spiegel, 26.10.2010, spiegel.de
279 We are not numbers. Junge Stimmen aus Gaza. Lenos Verlag, Basel 2019, S. 7, 9-13
280 A lucky Gazan routine? – We Are Not Numbers, wearenotnumbers.org
281 My boyhood club wants to kill me – We Are Not Numbers, wearenotnumbers.org
282 Interview von Nidal Bulbul durch Esra Gültekin, ohne Datum, 1000dreamsproject.com
283 Willi Baer / Karl-Heinz Dellwo (Hg.): Mitternacht auf der Mavi Marmara (ediert von Moustafa Bayoumi), Laika, Hamburg 2011, S. 45
284 Ebda., S. 39
285 Persönliche Aufzeichnungen, ohne Datum, dem Autor zur Verfügung gestellt.
286 Willi Baer / Karl-Heinz Dellwo (Hg.), a. a. O., S. 171

287 Persönliche Aufzeichnungen, ohne Datum, dem Autor zur Verfügung gestellt.
288 Willi Baer / Karl-Heinz Dellwo (Hg.), a. a. O., S. 235
289 Ebda., S. 142 f.
290 Ebda., S. 45
291 Interview mit Christian Sievers, Anfang 2010 (leider Datum nicht notiert), Tel Aviv. Im Aschaffenburger Main-Echo erschien das Interview am 9.3.2010 unter dem Titel »Möglichst unvoreingenommen«, main-echo.de
292 Der Standard: Eselei in Gaza: Palästinensischer Zoochef malt Esel zu Zebras um, 8.10.2009, derstandard.at
293 Defense for Children International / Palestine: UXO kills Palestinian boy in Gaza City, maims his brother, 15.6. 2021, dci-palestine.org
294 Chroniclr: Meet the Wallrunners of Gaza, 22.9.2017, youtube.com
295 PK Gaza: 29.1.2021, youtube.com
296 Ebda.
297 Al Jazeera: How a parkour group in Gaza turns war ruins into sporting arenas, 8.1.2024, aljazeera.com
298 State of Israel: Ministry of Agriculture & Rural Development / Plant Protection and Inspection Services PPIS: Prospekt, ohne Datum
299 Es sollte nicht das einzige Mal sein, siehe MEMO / Middle East Monitor: Israeli Forces Destroy Gaza Strawberry Fields, 27.12.2021, middleeastmonitor.com
300 Telefoninterview, Juni 2010 (Tag nicht notiert)
301 Internetseite von Lillian Rosengarten, lillianrosengarten.com/about
302 Edith Lutz: Das nächste Boot heißt Pessach. AphorismA, Berlin 2022, S. 4 (Entern u. Verhaftung: S. 22-42; den Hergang des Enterns etc. habe ich aufgrund der Selbstzeugnisse der sieben Aktivisten rekonstruiert)
303 Dieses u. die folgenden Zitate aus: Mohammed Moussa: ›As the bombs fall, I write‹: The poets of Gaza, Al Jazeera, 8.6.2021, aljazeera.com
304 Mohammed Moussa, X, 1.4.2024, siehe Gaza Poets Society (@PoetsGaza) / X (twitter.com)
305 Israeli stabbed to Death in Gaza Strip, in: Los Angeles Times, 7.12.1987, latimes.com
306 Intifada flammt wieder auf. Israelischer Soldat verbrannt, taz, 24.9.1990, taz.de
307 Yossi Klein Haleiv: Am Eingang zum Garten Eden. Suche nach Hoffnung mit den Religionen im Heiligen Land, eos, St. Ottilien 2009, S. 315
308 Ebda., S. 316
309 Ebda., S. 327
310 Ebda., S. 329
311 Ebda., S. 355
312 Ebda., S. 361
313 Majd Al Waheidi: A Gaza Dating Site, For Multiple Wifes, in: The New York Times International Weekly, 16.6.2017, S. 3
314 Victor Cygielman: Editorial »Great Power Shortcomings«, in: Palestine-Israel Journal: The U.S.A. and the Conflict, Vol. IV, No. 3/4 1997-98, S. 5 f.
315 Ziad Abu Zayyad: Editorial – A Courageous Approach, in: Palestine-Israel Journal: Going It Alone?, Vol. 13, No. 2, 2006, S. 4

316 Uri Avnery: Das große Experiment, erschienen im Okt. 2006 an verschiedenen Orten, u. a. unter: Humanitäre Katastrophe im Gaza-Streifen: Das große Experiment, freitag.de

317 Alfred Grosser: »Es ist schlimmer denn je«, Frankfurter Allgemeine Sonntagszeitung, 29.11.2009

318 B'Tselem: Yuli Novak – B'Tselem's new executive director, Presseerklärung, 26.6.2023, btselem.org

319 Yaniv Kubovich: The Women Soldiers Who Warned of a Pending Hamas Attack – and Were Ignored, Ha'aretz, 20.11.2023

320 Amos Harel: ›We Have Completed the Murder of All Residents of the Kibbutz‹ – Chilling Warnings Picked Up by Israeli Intelligence Months Before October 7 Massacre, Ha'aretz, 27.11.2023, haaretz.com

321 BBC: Egypt warned Israel days before Hamas struck, US committee chairman says, 12.10.2023, bbc.com

322 CNN: October 7, 2023: Israel says it is ›at war‹ after Hamas surprise attack, edition.cnn.com

323 Tagesschau: Archiv, alle Inhalte vom 7.10.2023, tagesschau.de

324 Spiegel: So zerstörerisch ist der Hamas-Angriff, 7.10.2023, spiegel.de

325 OCHA: Escalation in the Gaza Strip and Israel, Flash Update #1 as of 18:00, 7 October 2023, um 23.06 Uhr via-E-Mail erhalten

326 Heute.at: Hamas-Terroristen greifen Israel mit Gleitschirmen an, 9.10.2023

327 Deutschlandfunk: Die geostrategischen Hintergründe des Hamas-Angriffs, 17.11.2023, deutschlandfunk.de

328 Gudrun Harrer: Der Islamische Jihad reitet auf der Hamas-Welle, Analyse, Der Standard, 22.11.2023, derStandard.at

329 Reuters: What is Islamic Jihad? The Hamas ally at war with Israel, 18.10.2023, reuters.com

330 Frankfurter Rundschau: Joseph Croitoru über Hamas, Israel und Gaza: »Der Krieg ist nicht nur ein Vernichtungskrieg, sondern auch ein Rachefeldzug«, 18.3.2024, fr.de

331 Orit Sulitzeanu: Im Trauma alleingelassen, 19.12.2023, in: IPG/Friedrich Ebert Stiftung, siehe Naher Osten/Nordafrika: Hamas-Terror am 7. Oktober: Sexualisierte Gewalt hinterlässt tiefe Traumata | IPG Journal (ipg-journal.de) (letzter Zugriff 5.4.2024)

332 Richard Sanders / I-Unit Al-Jazeera: October 7, März 2024, October 7: Forensic analysis shows Hamas abuses, many false Israeli claims, aljazeera.com

333 Association of Rape Crisis Centers in Israel: Silent Cry: Sexual Violence Crimes on October 7, special report, Februar 2024, S. 31, www.gov.il

334 Hamas Media Office: Our narrative … operation Al-Aqsa-Flood, ohne Datum, palestinechronicle.com (PDF)

335 Dirk Kurbjuweit: An der Seite der Opfer, Der Spiegel, Nr. 42, 14.10.2023, S. 6 (siehe auch S. 8, 16, 22, 26, 28, 62)

336 Focus: Nr. 42, 14.10.2023, S. 3, 22, 32

337 Süddeutsche Zeitung: 17./18.2.2024

338 Jasko Rust / Martina Schwikowski: Namibia: »Deutschland lernt nicht aus der Geschichte«, Deutsche Welle, 22.1.2024, dw.com

339 Jörg Kronauer: BRICS für Friedenslösung, junge Welt, 22.11.2023
340 ZDF: Berlin: Polizei löst »Palästina-Kongress« auf, 12.4.2024, zdf.de
341 WDR: Friedensdemo in Köln: Juden und Palästinenser gingen gemeinsam auf die Straße, 20.11.2023, www1.wdr.de
342 Ha'aretz: Israel at war. What you need to know – day 128, Ha'aretz, per E-Mail am 11.2.2024 erhalten, haaretz.com
343 Gershon Baskin: Every bomb Israel drops in Gaza is a betrayal of the hostages, per E-Mail am 26.1.2024 erhalten, siehe auch: thenationalnews.com
344 Ha'aretz: Israel at war: What you need to know – day 185, per E-Mail am 8.4.2024 erhalten, haaretz.com
345 Ha'aretz: ›Disdain for Human Life‹: Daughter of Israeli Hostage Blasts Far-right Minister Who Opposes Stopping Gaza War ›For 22 or 33 People‹, 1.5.2024, haaretz.com
346 Samuel Heilman: Don't expect a hostage deal from Netanjahu, 10.4.2024, haaretz.com
347 UNRWA: #HearTheirVoices: Lasting Trauma: Drawings from Three Palestine Refugee Siblings in Gaza, unrwa.org
348 Interview mit E. Sarraj durch den Autor, Frühjahr 2008 (Datum nicht notiert), Gaza-Stadt
349 SOS Kinderdörfer weltweit: 80 Prozent der Kinder im Gazastreifen traumatisiert, 18.5.2018, sos-kinderdoerfer.de
350 Vatican News: Nahost: 40.000 Waisen in Gaza, 2.1.2024, vaticannews.va
351 UNRWA, a. a. O.
352 Deutschlandfunk: Ex-UNRWA-Chef Schmale: Zusammenarbeit mit Hamas unumgänglich, 30.1.2024, deutschlandfunk.de
353 Neue Zürcher Zeitung: »Wir befinden uns in einer Existenzkrise«, 16.2.2024
354 Vertretung des Staates Palästina und ständige Vertretung bei den Internationalen Organisationen in Wien, Presseaussendung: Weiterhin keine Beweise für Anschuldigungen gegen UNRWA, UN-Hilfswerk steht aufgrund ausgesetzter Zahlungen von 16 Geberländern kurz vor dem Zusammenbruch, Wien, 23.2.2024, am selben Tag per E-Mail erhalten
355 Times of Israel / Reuters: UNRWA report says Israel coerced some agency employees to falsely admit Hamas links, 8.3.2024, timesofisrael.com
356 ZDFheute: Bericht entlastet UN-Palästinenserhilfswerk, 23.4.2024, zdf.de
357 Al Mezan Center for Human Rights: Al Mezan condemns IOF massacre that killed 7 family members, Presseerklärung, Ref.-Nr. 57/2006, 11.6.2006, mezan.org
358 Al Mezan Center for Human Rights: Day 21: Left to Bleed to Death, the Shurrab Family, Khan Younis, 16.1.2009, mezan.org
359 Atef Abu Saif: Frühstück mit der Drohne. Tagebuch aus Gaza, Unionsverlag, Zürich 2015, S. 120 f.
360 B'Tselem: Israeli ›warning strike‹ killed two Palestinian teenagers; video released by military edited out footage of fatal strike, Presseerklärung, 19.12.2018, btselem.org
361 UN OCHA: Displaced for the third time: The trauma that never abates – Kamal's story, in: The Humanitarian Bulletin – Gaza after the May escalation, 3.11.2021, ochaopt.org

362 UN OCHA: Hostilities in the Gaza Strip and Israel, Flash Update #20, 26.10.2023, ochaopt.org
363 Maram Humaid: ›Beaten, stripped, used as human shield‹: Gaza victim recalls Israel terror, Al-Jazeera, 23.2.2024, aljazeera.com
364 B'Tselem: Human shields, 11.11.2017, btselem.org
365 Human Rights Council: Bericht der Untersuchungskommission der Vereinten Nationen über den Gazakonflikt (hg. von Abraham Melzer), Melzer Verlag / SEMITedition, Neu-Isenburg 2010, S. 408-433, insbes. S. 408-416, 425
366 Breaking the Silence: »Better he gets hurt than me«, Catalog number: 58949, breakingthesilence.org.il
367 Ben Samuels: Biden on Gaza Humanitarian Crisis: ›Innocent Palestinians Used as Hamas Human Shields‹, Ha'aretz, 15.10.2023, haaretz.com
368 Human Rights Council: Bericht der Untersuchungskommission der Vereinten Nationen über den Gazakonflikt, a. a. O., S. 774
369 IDF: Hamas' Human Shields: Gazans, 1.12.2024, youtube.com
370 Real Stories: Inside Radical Islamist Militias (Undercover Documentary), 26.9.2023, youtube.com
371 Gershon Baskin: Every bomb Israel drops in Gaza is a betrayal of the hostages, via E-Mail erhalten, 26.1.2024, thenationalnews.com
372 Peter Beaumont: What is a human shield and how has Hamas been accused of using them?, in: The Guardian, 30.10.2024, theguardian.com
373 Ronen Steinke: Israels Krieg gegen die Hamas. Im Sog des moralischen Abgrunds, Süddeutsche Zeitung, 10.10.2024, sueddeutsche.de
374 Sharif al-Kafarneh (06 March 2024), in: Voices from Gaza, btselem.org
375 B'Tselem: Voices from Gaza btselem.org
376 Ebda.
377 Ebda.
378 International Court of Justice, The Hague: Public sitting, Application of the Convention on the Prevention and Punishment of the Crime of Genocide in the Gaza Strip (South Africa v. Israel), CR 2024/1, S. 17, CR 2024/1, icj-cij.org
379 Ebda., S. 19
380 Ebda., S. 24
381 Ebda., S. 71
382 International Court of Justice – The Hague: Public Sitting, CR 2024/2, 12.1.2024, S. 20, CR 2024/2, icj-cij.org
383 Ebda., S. 75
384 E-Mail vom 20.2.2024, siehe auch bds-info.ch
385 Kenneth Roth: Deutliche Abfuhr, 30.1.2024, in: IPG-Journal, siehe Naher Osten / Nordafrika: IGH-Urteil: Abfuhr für Israel und seine westlichen Unterstützer, ipg-journal.de
386 Kai Ambos: Genozid in Gaza? 19.1.2024, in: IPG-Journal, Naher Osten / Nordafrika: Südafrikas Klage in Den Haag: Genozid in Gaza?, ipg-journal.de.
387 Alle Medienkommentare aus: euro|topics. Der tägliche Blick in Europas Presse, Presseschau vom 29.1.2024, via E-Mail am 29.1.2024 erhalten, eurotopics.net
388 Yuval Abraham: ›Lavender‹: The AI machine directing Israel's bombing spree in Gaza, in: +972 magazine, 3.4.2024, 972mag.com

389 Der Spiegel: Regisseur Abraham berichtet nach Eklat bei Berlinale-Gala von Morddrohungen, 28.2.2024, spiegel.de
390 Al-Jazeera: ›AI-assisted genocide‹: Israel reportedly used database for Gaza kill lists, 4.4.2024, aljazeera.com
391 Weltgebetstag der Frauen – Deutsches Komitee e.V.: Weltgebetstag 1. März 2024 – Gottesdienst, S. 14 (in beiden Fassungen)
392 ICAHD-Internetseite: Did you know?, icahd.org
393 Weltgebetstag, ebda.: S. 16 (1. Fassung) bzw. S. 17 (2. Fassung)
394 Ebda., S. 17 (2. Fassung)
395 Ebda., S. 19 (1. Fassung), S. 20 (2. Fassung)
396 Sally Azar: E-Mail vom 15.11.2023 an das Berliner Missionswerk u.a., über Umwege einige Tage später erhalten
397 Forum Friedensethik in der Evangelischen Landeskirche Baden (FFE): Zum Weltgebetstag (WGT) der Frauen 2024: Ermutigung zur ungebrochene Solidarität mit den palästinensischen Christinnen durch die Feier des WGT nach der Original-Liturgie der Palästinenserinnen, ohne Datum, am 12.2.2024 per E-Mail erhalten.
398 Susanne Haverkamps Kommentar in der Bistumszeitung *Glaube und Leben* wurde von Würzburger Katholisches Sonntagsblatt abgedruckt, 26.11.2023, Nr. 48, S. 6
399 Jens Nieper / Katja Dorothea Buck: Wenig Wissen, viele Unterstellungen. Die deutsche Debatte über Nahost nach dem 7. Oktober 2023, in: Zeitzeichen, ohne Datum, zeitzeichen.net
400 Dieses und alle folgenden Zitate, wenn nicht anders gekennzeichnet, aus: Who Profits Research Center: The Companies Supplying Weapons to Israel's Attack on Gaza, new update, 17.12.2023, www.whoprofits.org
401 DW: Deutschland vereinbart mit Israel Kauf von Arrow 3, 28.9.2023, siehe dw.com
402 Sahar Vardi: Waffenexport: Das Geschäft mit dem Krieg, 21.1.2023, in: Rosa Luxemburg Stiftung Israel Office, rosalux.org.il
403 Paddy Dowling: Dirty secret of Israel's weapons exports: They're tested on Palestinians, Al-Jazeera, 17.11.2023, aljazeera.comn
404 Informationen von u.a. Daoud Nassar mittels Webinaren und E-Mail-Botschaften
405 Peace Now: The Third Front: Settler Violence in Gaza War's Shadow and the Impact on Area C Special Report – Settlement Watch Team, Nov. 2023, peacenow.org.il (PDF)
406 Peace Now: Unmatched Surge in Settlement Activity in the West Bank Since the Onset of the Gaza War Special Report – Settlement Watch Team, Jan. 2024, peacenow.org.il (PDF)
407 Antonio Pita: Debts and despair for the 200,000 West Bankers no longer able to work in Israel, in: El País, 16.12.2023, (elpais.com)
408 The Association for Civil Rights in Israel ACRI: Unprecedented Settler Violence Against Palestinians in the West Bank, 15.12.2023, acri.org.il
409 UN-Agentur OCHA: Hostilities in the Gaza Strip and Israel, Flash Update # 5, 11.10.2023, am selben Tag per E-Mail erhalten

410 Nadav Weiman / Breaking the Silence: What's actually happening on the ground in Gaza?, per E-Mail erhalten am 13.11.2023
411 Ebda.
412 Gadi Eizenkot, der die Doktrin 2006 entwickelt hat, war von 2015 bis 2019 Generalstabschef der israelischen Armee und im Gaza-Krieg 2023/24 Mitglied des sog. »Kriegskabinetts«
413 UN-Agentur OCHA: Hostilities in the Gaza Strip and Israel, Flash Update # 31, 6.11.2023
414 ZDFheute: Fast 10.000 tote Zivilisten seit Kriegsbeginn, 15.8.2023, zdf.de
415 UN-Agentur OCHA: Hostilities in the Gaza Strip and Israel, Flash Update # 56, 1.12.2023, ochaopt.org
416 UN-Agentur OCHA: Hostilities in the Gaza Strip and Israel, Flash Update # 151, 8.4.2024, per E-Mail an diesem Tag erhalten.
417 Sascha Chaimowicz: Irre Traurig, Zeit Magazin, Nr. 13, 21.3.2024, S. 13 ff.
418 Bettina Marx: Gaza. Land ohne Hoffnung, Buchvorstellung, 5.5.2012, Minute 21-22, youtube.com
419 Karin Leukefeld: Shooting the messengers – Israel verbietet Arbeit von ausländischen Medien, NachDenkSeiten, 3.4.2024, nachdenkseiten.de
420 Leserbrief zu den drei Artikeln und zum Titel »Lässt siocfh die Hamas besiegen?« sowie zu »Das Monster von Gaza« // »Ihre Körper als Schlachtfeld« // »Das Ende der Waffenruhe«, Nr. 51/2023, S. 10 ff. (Der Leserbrief wurde nicht abgedruckt. Als Trostpflaster erhielt ich für kurze Zeit einen Gratis-Zugang zu *Spiegel Online*)
421 Christopher Mayhew / Michael Adams: Publish it not… The Middle East Cover-Up. Longman Group LTD, London 1975
422 Konferenz von UN-OCHA in Ostjerusalem, zwischen 2005 und 2008, exaktes Datum nicht notiert
423 Rand Corporation: The Arc. A Formal Structure for a Palestinian State, 25.11.2005, rand.org (PDF)
424 Hillel Schenker: Yes to a Cease-Fire Now, But with Certain Conditions, in: The Times of Israel, 16.11.2023, timesofisrael.com
425 Omer Zanany / The Foreign and Security Policy Team of the Mitvim Institute and the Berl Katznelson Center: The Israeli Initiative, März 2024, S. 10, mitvim.org.il
426 Ebda. S. 19
427 Gershon Baskin: A plan for the day after tomorrow, 12.12.2023, per E-Mail am selben Tag erhalten, timesofisrael.com
428 Asmaa al-Atawna: Keine Luft zum Atmen. Mein Weg in die Freiheit. Lenos, Basel 2021, S. 101
429 Ebda. S. 169
430 PCHR: Human Rights in the occupied Palestinian Territory (oPt). Annual Report 2021, S. 65, pchrgaza.org
431 The Palestinian Working Women Society: 85 women got killed for honor since 2015, pwwsd.org
432 No Honor in Killing: Interactive World Map. Fight Against Honour Killing 2010-2020, nohonor.org

433 Arab World for Research and Development (AWRAD): Specialized Opinion Poll on the Status of Palestinian Women and Gender Relations, 21.2.2008, veröffentlicht bei Miftah, miftah.org

434 UN Women: Standing up for survivors in the Shari'a court every day: Ayah al-Wakil is determined to leave no woman behind, 14.11.2017, unwomen.org

435 Asmaa al-Atawna, a. a. O., S. 163

436 United Nations, Office for the Coordination of Humanitarian Affairs, occupied Palestinian territory. Special Focus. Locked In: The Humantarian Impact of Two Years of Blockade on the Gaza Strip, Aug. 2009, S. 18

437 International Campaign to Ban Landmines: Landmine Monitor Report 2006, Palestine, siehe: icbl.org (längst nicht mehr aktiviert)

438 United Nations: The Question of Palestine. State of Palestine Humanitarian Situation Report – UNICEF update, 31.7.2013, un.org

439 UN-OCHA: Fragmented Lives. Humanitarian Overview 2014. März 2015, S. 6

440 International Campaign to Ban Landmines – Cluster Munition Coalition (ICBL-CMC): Landmine / Explosive Remnant of War Casualties: 2022, the-monitor.org

441 Lauren Frayer / Anas Baba: In Gaza, a hidden threat could kill Palestinians even after a cease-fire, in: NPR, siehe In Gaza, unexploded bombs could kill Palestinians even after a cease-fire : NPR (National Public Radio), www.npr.org

442 Euro-Med Human Rights Monitor: Israel hits Gaza Strip with the equivalent of two nuclear bombs, 2.11.2023, euromedmonitor.org

443 Uri Avnery: Das große Experiment, erschienen im Okt. 2006 an verschiedenen Orten, u. a. unter: Humanitäre Katastrophe im Gaza-Streifen: Das große Experiment, freitag.de

444 Pax Christi: Appell an die Menschlichkeit, Mainz, 29.10.2023, paxchristi.de

445 B'Tselem: Israel is starving Gaza, 8.1.2024, btselem.org

446 Philippe Lazzarini / UNRWA: Der Gaza-Streifen: 100 Tage Tod, Zerstörung und Vertreibung, 13.1.2024, unrwa.org

447 WFP (World Food Programme): Preventing famine and deadly disease outbreaks in Gaza requires faster, safer aid access and more supply routes, 15.1.2024, wfp.org

448 UN-OCHA: Hostilities in the Gaza Strip and Israel, Flash Update #95, 17.1.2024, am 18.1.2024 per E-Mail erhalten

449 Sana Noor Haq / Rosa Rahimi: »We are dying slowly«: Palestinians are eating grass and drinking polluted water as famine looms across Gaza, CNN, 1.2.2024, edition.cnn.com

450 Karim El-Gawhary: »Manchmal wünsche ich mir, dass uns jemand den Gnadenschuss gibt«, General-Anzeiger, 26.3.2024, ga.de

451 Welthungerhilfe: Hungersnot in Gaza: Welthungerhilfe stellt 1 Million Euro für Gazastreifen und angrenzende Regionen bereit, Pressemitteilung, 4.4.2024, welthungerhilfe.de

452 René Wildangel: Naher Osten / Nordafrika: Hunger als Kriegswaffe, 6.3.2024, IPG-Journal, ipg-journal.de

453 Suesanne Samara: Nominierung für den Friedensnobelpreis 2024 für Beschäftigte im Gesundheitswesen, 9.1.2024, change.org

454 Ärzte ohne Grenzen: Update: Gazastreifen, Newsletter per E-Mail am 24.10.2023 erhalten

455 Ärzte ohne Grenzen: Gazastreifen: Wir brauchen eine Feuerpause, Newsletter per E-Mail am 7.11.2023 erhalten

456 Mohammed Obeid, in: Democracy Now! Gaza Hospitals Fail Under Israeli Bombardment; Doctors Without Borders Describes Horrific Conditions, 13.11.2023, youtube.com

457 oe24: Kärntner Ärztin berichtet aus Gaza: »Himmel stand unter Feuer«, 10.11.2023, oe24.at

458 Chris McGreal: »Not a normal war«: doctors say children have been targeted by Israeli snipers in Gaza, in: The Guardian, 2.4.2024, theguardian.com

459 Pew Research Center: Israel's Religiously Divided Society, 8.3.2016, pewresearch.org

460 Ha'aretz (Editorial): Israel's Expulsion of Palestinians in the West Bank Amid the Fog of War, 17.10.2023, haaretz.com

461 BIP (Bündnis für Gerechtigkeit zwischen Israelis und Palästinensern e.V.): BIP-Aktuell # 279: Welchen Plan gibt es für Gaza? Das Misgav-Institut entwirft einen Plan zur ethnischen Säuberung, 4.11.2023, bip-jetzt.de

462 Siehe bip-jetzt.de, qantara.de, sozonline.de

463 Kamran Bokhari: Wohin mit den Palästinensern? In: Cicero, 26.11.2023, cicero.de

464 Welt TV / Steffen Schwarzkopf: Simcha Rothman – Einflussreicher israelischer Politiker fordert: Deutschland soll Palästinenser aufnehmen, 16.11.2024, welt.de

465 CBC: Israeli conference pushing Gaza settlements draws international condemnation, 30.1.2024, youtube.com

466 Mirco Keilberth: Die Vertreibungskonferenz, in: taz, 29.1.2024, taz.de

467 Anshel Pfeffer: Ethnic Cleansing in God's Name: The Only Israelis With a Plan for the »Day After« in Gaza, 29.1.2024, haaretz.com

468 Adalah: Newsletter per E-Mail am 26.10.2023 erhalten, siehe auch adalah.org

469 Hilo Glazer / Ha'aretz: Dalal Abu Amneh Is a Successful Singer and Neuroscientist. Israel Is Out to Destroy Her Life, 3.2.2024, haaretz.com

470 Yuval Avraham: »A right-wing Israeli mob came to my family's home yesterday to search for me, threatening close family members who fled to another town in the middle of the night. I am still getting death threats and had to cancel my flight home. This happened after Israeli media and German«, 27.2.2024, auf X (twitter.com)

471 Dahlia Scheindlin: Analysis: That's Life – and Death: Arming Israeli Civilians Is a Terrible Security Policy, Ha'aretz, 6.12.2023, haaretz.com

472 Kim Legziel: $83M to Restore One Kibbutz: Measuring the Scope of Devastation Caused by Hamas, Ha'aretz, 24.12.2023, haaretz.com

473 Sabine Brandes: Moody's stuft Israels Kreditwürdigkeit herab. Jüdische Allgemeine, 11.2.2024, juedische-allgemeine.de

474 Thomas Kernert: Traumziel Balkonien – Ob Osten, ob Westen zuhause ist's am besten, 18.5.2024, in: Bayerisches Feuilleton, BR Podcast

475 UN-OCHA: Flash Update # 168, am 20.5.2024 per E-Mail erhalten

476 Stern, 2.11.2023
477 Bundeszentrale für politische Bildung: Neue Angebote der bpb, 20.3.2024
478 Yuval Abraham: »A right-wing Israeli mob ...«, a. a. O., auf X (twitter.com)
479 Atef Abu Saif: Frühstück mit der Drohne. Tagebuch aus Gaza. Unionsverlag, Zürich 2015, S. 18
480 Ibrahim Dahman / Abeer Salman / Eve Brennan: Israeli military drops leaflets in southern Gaza city of Khan Younis calling it a »fighting zone«, in: CNN, 1.12.2023, cnn.com
481 Viktoria Krumbeck: Israel wirft Flugblätter mit Koran-Versen über Gazastreifen ab, in: tz, 14.12.2023, tz.de
482 Antwort auf meine Frage, 3. BIP-Konferenz, Nürnberg, 25.5.2024
483 United Nations: Anatomy of a Genocide – Report of the Special Rapporteur on the situation of human rights in the Palestinian territories occupied since 1967, Francesca Albanese (A/HRC/55/73), 25.3.2024, S. 20, Nr. 79, reliefweb.int
484 Forensic Architecture: Humanitarian Violence: Israel's Abuse of Preventative Measures in its 2023-2024 Genocidal Military Campaign in the Occupied Gaza Strip, 7.3.2024, S. 63, 53, forensic-architecture.org
485 Der Spiegel: Israels Justizministerin bekräftigt Nein zu Zweistaatenlösung, 29.1.2016, spiegel.de
486 Alain Gresh: Gaza-Palästina: Das Recht auf Widerstand gegen Unterdrückung, 13.10.2023, übersetzt vom Palästina Komitee Stuttgart (Pako), orientxxi.info
487 Yaniv Kubovich: Bloody Arrogance: How Israel's Top Brass Misjudged Hamas Before October 7, 14.3.2024, haaretz.com
488 Menachem Klein: Israeli arrogance thwarted a Palestinian political path. October 7 revealed the cost, in: Local Call / +972 magazine, 28.11.2023, 972mag.com
489 Im Mai 2024 wurde ihnen dafür der Ari-Rath-Preis für kritischen Journalismus in Wien verliehen.
490 Main-Echo: »Traumatisierte Menschen brauchen Heilung, keine Waffen«, 10.12.2023, main-echo.de
491 The 19th Israeli Palestinian Memorial Ceremony, 12.5.2024, parentscirclefriends.org (v. a. ab 17. Min. u. 25. Min.)
492 Raz Segal: A Textbook Case of Genocide, in: Jewish Currents, am 16.10.2023 per E-Mail erhalten
493 Physicians for Human Rights-Israel: Israel's Destruction of the Healthcare System in Gaza Must be Investigated as a War Crime, per E-Mail am 22.2.2024 erhalten
494 United Nations: Anatomy of a Genocide – Report of the Special Rapporteur on the situation of human rights in the Palestinian territories occupied since 1967, Francesca Albanese (A/HRC/55/73), 25.3.2024, reliefweb.int
495 University Network for Human Rights (UNHR): Genocide in Gaza: Analysis of International Law and its Application to Israel's Military Actions since October 7, 2023. Presseerklärung 15.5.2024, humanrightsnetwork.org
496 Ebda. S. 105, Nr. 265
497 Euro|topics: Der tägliche Blick in Europas Presse, Presseschau vom 12.1.2024, per E-Mail am selben Tag erhalten
498 Ebda., Presseschau vom 15.1.2024, per E-Mail am selben Tag erhalten

499 Süddeutsche Zeitung: »Das stellt ganz klar ein Kriegsverbrechen dar. Aber eben nicht Völkermord«, Interview durch Ronen Steinke, 7.4.2024, sueddeutsche.de
500 Lena Obermaier: Genozidale Absichten, junge Welt, 30.10.2023, junge Welt, 30.10.2023
501 The Justice and Accountability for Palestine Initiative: Rechenschaftspflicht Jetzt: Palästinenser:innen erstatten Strafanzeige gegen deutsche Regierungsmitglieder wegen Beihilfe zum Völkermord in Gaza, 23.2.2024, law4palestine.org
502 Interview durch den Autor, BIP-Konferenz, Nürnberg, 25.5.2024
503 Jan Fleischhauer: Die Juden oder die Aggro-Araber: Wir müssen uns entscheiden, wen wir halten wollen, in: Focus, 16.11.2023, focus.de
504 Juliane von Mittelstaedt: »Weinen war verboten«, in: Der Spiegel, Nr. 6, 3.2.2024, S. 77 ff.
505 ZDFheute: »Ich bin durch die Hölle gegangen«, 24.10.2023, siehe Freigelassene Hamas-Geisel: »Ich bin durch die Hölle gegangen«, zdf.de,
506 ILTV Israel News: Hostages Speak Up About Hamas Sexual Abuse, 14.2.2024, youtube.com
507 CNN: Freed Israeli mother asked what she feared most in captivity, 5.1.2024, youtube.com
508 Times of Israel: Smotrich says bringing hostages home »not the most important thing«, sparking outcry, 20.2.2024, timesofisrael.com
509 Jonathan Shamir: Gazan Workers Stuck in Purgatory After Israel Revokes Permits. Report, in: Jewish Currents, per E-Mail am 20.10.2023 erhalten
510 Jessica Montell / HaMoked: Insisting on universal humanity precisely at this time, Rundbrief per E-Mail am 23.10.2023 erhalten
511 Daniel Shenhar / HaMoked: Hard Cases Make Bad Law, Rundbrief per E-Mail am 29.11.2023 erhalten
512 HaMoked: High Court of Justice rejected HaMoked's petition to reveal the whereabouts of 62 Gazans incarcerated in Israel and thus again sanctioned protracted incommunicado detention, 18.2.2024, hamoked.org
513 Physicians for Human Rights Israel (PHRI): Information on Medical Concerns Regarding The Medical Care Provided to Gazans in Israeli Custody, am 4.3.2024 per E-Mail erhalten
514 Hagar Shezaf: 27 Gaza Detainees Have Died in Custody at Israeli Military Facilities Since the Start of the War, in: Ha'aretz, 7.3.2024, siehe haaretz.com
515 Gideon Levy: When Israel Becomes Like Hamas, in: Ha'aretz, 10.3.2024, haaretz.com
516 Zitat in: Kareem Khadder / Abeer Salman / Zeena Saifi / Kathleen Magramo: Leading Gaza Surgeon Adnan al-Bursh Dies in Israeli Prison, in: CNN, 3. Mai 2024, edition.cnn.com
517 Philippe Lazzarini / Generalkommissar UNRWA, in: UN: Kollektive Bestrafung der Bevölkerung des Gazastreifens muss sofort enden, 27.10.2024, donare.info
518 Interview durch den Autor, Gaza-Stadt, 19.7.2006
519 Auswärtiges Amt: Siedlungsbau im Westjordanland, 4.11.2016, auswaertiges-amt.de
520 Zitiert in: Clemens Ronnefeldt: Der Gaza-Krieg. Hintergründe jenseits von Kassam-Raketen, in: Zivilcourage, Feb./März 2009, S. 6, versoehnungsbund.de

521 Gush Shalom-Anzeige in Ha'aretz, 18.5.2007, gush-shalom.org
522 Israelische Angaben, zitiert nach: What is Israel's Iron Dome defence system and is it effective?, Al-Jazeera, 12.10.2023, aljazeera.com
523 Arte Reportage: Hamas: Die Erschaffung eines Monsters, 2024, arte.tv
524 Gershon Baskin: The Future of Hamas, 1.9.2023, per E-Mail erhalten, siehe auch timesofisrael.com
525 Judith Bernstein: Brief an das Auswärtige Amt, 3.11.2023, Jüdisch-Palästinensische Dialoggruppe (jpdg.de)
526 Nirit Sommerfeld: Nahostkonflikt: Warum Israelis kein Interesse daran haben, den Krieg zu beenden, in: Berliner Zeitung, 4.3.2024, berliner-zeitung.de
527 Vortrag v. Amira Hass per Zoom: 3. BIP-Konferenz, Nürnberg, 25.5.2024
528 Fabian Scheidler: Deutsche Israel-Politik: Die falschen Lehrern aus der Vergangenheit, 22.4.2024, berliner-zeitung.de
529 Reporter ohne Grenzen: Rangliste der Pressefreiheit 2024, reporter-ohne-grenzen.de
530 3. BIP-Konferenz, Nürnberg, 25.5.2024
531 Stephan Detjen: Kommentar. Wir brauchen eine Debatte über das Verständnis von Antisemitismus. Deutschlandfunk, 11.11.2023, deutschlandfunk.de
532 Hanna Pfeifer / Irene Weipert-Fenner: Israel-Gaza: Ein deutscher Kriegsdiskurs, in: Heinrich Böll Stiftung e.V., 18.12.2023, boell.de
533 Am 29.10.2023 per E-Mail erhalten
534 Mohamed ElBaradei: Naher Osten / Nordafrika: Weltordnung in Trümmern, in: IPG, 25.1.2024, IPG Journal, ipg-journal.de
535 Amira Hass: You Have Long Since Betrayed Your Responsibility, in: Ha'aretz, 16.10.2023, haaretz.com; eine deutsche Übersetzung ist u. a. *bei Telepolis,* Israel-Krieg: Ihr Deutschen habt Eure »aus dem Holocaust erwachsene Verantwortung« verraten, telepolis.de
536 Gisha: 50 Shades of Control, ohne Datum, gisha.org (PDF)
537 Siehe dazu Mahmoud Mushtaha: Can Palestinians imagine a future with Israelis after this war?, 27.5.2024, +972 Magazine, 972mag.com
538 Gideon Levy: Die bedingungslose Unterstützung Israels, in: junge Welt, 15.5.2024, Beilage »Naher Osten«, S. 4 f.
539 In: Clemens Ronnefeldt: Der Gaza-Krieg. Hintergründe jenseits von Kassam-Raketen, in: Zivilcourage, Feb./März 2009, S. 5, versoehnungsbund.de

Alle Onlinequellen wurden, wenn nicht anders vermerkt, zwischen Februar und Juni 2024 eingesehen. Zugriffsdaten und vollständige URLs liegen Autor und Verlag vor.

Literaturempfehlungen

Hintergrundwissen Konfliktgeschichte

Antar, Usama: Voraussetzungen eines existenzfähigen palästinensischen Staates. wvb, Berlin 2004. *[Enthält Details (z. B. Breschnew-Plan), die anderswo kaum zu finden sind, und wertvolle Tabellen.]*

Asseburg, Muriel / Busse, Jan: Der Nahostkonflikt. Geschichte, Positionen, Perspektiven. C. H. Beck, München [11]2024. *[Hochaktuell, auch wenn das Ausmaß der Besatzung (z. B. bürokratische Fallstricke) nicht klar wird.]*

Avnery, Uri / Bishara Azmi (Hg.): Die Jerusalemfrage. Israelis und Palästinenser im Gespräch. Palmyra, Heidelberg 1996. *[12 erhellende Gespräche mit Juden, Christen und Muslimen.]*

Böhme, Jörn / Sterzing, Christian: Kleine Geschichte des israelisch-palästinensischen Konflikts. Überarb., erw. Aufl., Wochenschau Verlag, Frankfurt a. M. 2017. *[Übersichtlich, kompakt.]*

Bundeszentrale für politische Bildung: Dossier Israel, bpb.de; siehe auch die APuZ-Hefte, z. B.: APuZ: Jerusalem. 15-16/2018, 9.4.2018. *[Das Wichtigste zu Jerusalem auf 50 Seiten, dazu gratis]*, APuZ: 1967. 5-7/2017, 30.1.2017. *[Guter Einstieg in eines der Schicksalsjahre Israels und der Palästinenser.]*

Croitoru, Joseph: Al-Aqsa oder Tempelberg. Der ewige Kampf um Jerusalems heilige Stätten. C. H. Beck, München 2021. *[Reich an Details rund um das Epizentrum des Konflikts.]*

Edlinger, Friz (Hg.): Palästina – hundert Jahre leere Versprechen. Geschichte eines Weltkonflikts. Promedia, Wien 2017. *[Vom Basler Kongress 1897 bis 2017: Ein Dutzend Autoren – Palästinenser, Israelis, Österreicher, Deutsche – blicken kritisch zurück.]*

Flapan, Simcha: Die Geburt Israels. Mythos und Wirklichkeit. Melzer Verlag / SEMITedition, Neu-Isenburg 2005. *[Sieben Mythen entlarvend, wirft der Autor ein neues Licht auf 1947/48.]*

Gresh, Alain: Israel-Palästina. Hintergründe eines Konflikts. Unionsverlag, Zürich 2009. *[Dem äußerst lesenswerten Buch ist eine erweiterte und aktualisierte Neuauflage zu wünschen.]*

Hagemann, Steffen: Die Siedlerbewegung. Fundamentalismus in Israel. Wochenschau Verlag, Frankfurt a. M. 2010. *[Gute Ergänzung zum Standardwerk von Eldar/Zertal.]*

Kapeliuk, Amnon: Yassir Arafat. Die Biographie. Palmyra, Heidelberg 2005. *[500 Seiten, die ein Israeli nach 150 Interviews vorlegt, werfen ein neues Licht auf die Konfliktgeschichte.]*

Khalidi, Rashid: Der hundertjährige Krieg um Palästina. Eine Geschichte von Siedlerkolonialismus und Widerstand. Unionsverlag, Zürich 2024. *[Ausgehend von einem siebenseitigen Brief seines Ur-Ur-Großonkels an Theodor Herzl (1899) schildert der Autor den Konflikt als 100-jährigen »Kolonialkrieg« mit sechs »Kriegserklärungen«: detailreich, aufrüttelnd, augenöffnend, überzeugend, kurzum: revolutionär.]*

Kimmerlin, Baruch: Politizid. Ariel Sharons Krieg gegen das palästinensische Volk. Diederichs. München 2003. *[Ein israelischer Prophet des 20. Jahrhunderts.]*

Krämer, Gudrun: Geschichte Palästinas: Von der osmanischen Eroberung bis zur Gründung des Staates Israel. C. H. Beck, München [6]2015. *[Für alle, die Tiefgang wünschen.]*

Langer, Felicia: Die Frau, die niemals schweigt. Lamuv, Göttingen 2005

Dies.: Zorn und Hoffnung (Autobiographie), Lamuv, Göttingen [2]1999. *[Persönliche »Sachbücher« über die Arbeit einer unermüdlichen israelischen Anwältin, die am Ende auswandert.]*

Palestine-Israel Journal: Religion and the Conflict. Conciliation or Confrontation. Vol. 20 No. 4 & Vol. 21 No. 1, 2015. *[Notwendige Ergänzung, da die Religion ein Hintergrundrauschen zum Konflikt bildet. Siehe auch andere Publikationen v. PIJ.]*

Pappe, Ilan: Die ethnische Säuberung Palästinas. Haffmans & Tolkemitt, Berlin 2014. *[Hier wird fundiert mit Mythen und sicher geglaubtem Wissen aufgeräumt.]*

Palestine-Israel Journal: 1948: Sixty Years After. Vol. 15 No. 1 & 2, 2008. *[Über 20 israelische Juden, Palästinenser und ein US-amerikanischer Juden blicken auf das Schicksalsjahr zurück.]*

Schäuble, Martin: Die Geschichte der Israelis und Palästinenser. Der Nahost-Konflikt aus Sicht derer, die ihn erleben. Hanser, München 2024. *[Die ca. 80 O-Töne sowie Medienhinweise des »Kinderbuches« (ab 14 J.) sind auch für Erwachsene wertvoll.]*

Segev, Tom: Es war einmal ein Palästina: Juden und Araber vor der Staatsgründung Israels. Pantheon, München, [6]2006.

Ders.: Die ersten Israelis. Siedler, München 2008.

Ders.: 1967. Israels zweite Geburt. Siedler/Pantheon, 2009. *[Alle drei Bücher sind packend wie ein Roman.]*

Verleger, Rolf: Israels Irrweg. Eine jüdische Sicht. PapyRossa. Köln [4]2024. *[Das Buch behandelt nicht nur entscheidende Stationen des Konflikts, sondern liefert auch wertvolle Impulse zur Antisemitismus-Debatte.]*

Vieweger, Dieter: Streit um das Heilige Land. Was jeder vom israelisch-palästinensischen Konflikt wissen sollte. Gütersloher Verlagshaus, Gütersloh [5]2010. *[Anschaulich wegen der Skizzen, Grafiken und Landkarten.]*

Zertal, Idith / Eldar, Akiva: Die Herren des Landes. Israel und die Siedlerbewegung seit 1967. DVA. München 2007. *[Das Standardwerk zum Siedlungsprojekt.]*

Zochrot: Publikationen wie z. B. Remembering Hittin, 2007, zochrot.org

Israels Militärbesatzung seit 1967

Andreas Altmann: Verdammtes Land. Eine Reise durch Palästina. Piper, München 2014. *[146 Mosaiksteine, sprachlich brillant, zum tieferen Verständnis Palästinas.]*

Avi Mograbi / ARTE: Die ersten 54 Jahre – Israelische Soldaten erzählen.

Baram, Nir: Im Land der Verzweiflung. Ein Israeli reist in die besetzten Gebiete. Hanser, München 2016. *[Baram wagt, was sich viele Israelis nicht trauen – er geht auf die andere Seite, hört zu und schreibt alles auf. Eine Tiefenbohrung.]*

Breaking the Silence: Israelische Soldaten berichten von ihrem Einsatz in den besetzten Gebieten. Econ, Berlin 2012. *[Eines der TOP 10, das Politiker zu Alltag und »Allnacht« der besetzten Gebiete lesen sollten.]*

B'Tselem: bteselem.org, siehe v. a.: A regime of Jewish supremacy from the Jordan River to the Mediterranean Sea: This is apartheid, 2021. *[Schonungslos; acht Seiten, die es in sich haben.]*

Dies.: 50 Years. Exhibition. 2017. *[Dreisprachiger Bildband mit Porträts von 50 Palästinensern, die alle im Jahr des Besatzungsbeginns 1967 geboren wurden.]*

Farhat-Nasser, Sumaya: Thymian und Steine. Lenos. [2]1995 Basel. *[Bedrückend, dass sich seit Erscheinen des Buches im Alltag der Palästinenser nichts verbessert hat.]*

Hass, Amira: Morgen wird alles schlimmer. C. H. Beck, München 2006. *[Als hätte es Amira Hass kommen sehen …]*

Hever, Shir: Die Politische Ökonomie der israelischen Besatzung. ISP, Karlsruhe ²2023. *[Von der Ausbeutung palästinensischer Steinbrüche über die Konfiszierung palästinensischer PKWs und Taxis während der zweiten Intifada durch die israelische Armee bis zum Verfall des israelischen Bildungssystems infolge der hohen Besatzungskosten. Ein Beispiel: Durch den Mauerbau in Jerusalem resultierender Einkommensverlust für die Palästinenser in Ostjerusalem: 194 Millionen US-Dollar pro Jahr. Ein enorm wichtiges Buch.]*

Human Rights Watch: A Threshold crossed. Israeli Authorities and the Crimes of Apartheid and Persecution, 2021. *[So gründlich wurde Israels Politik diesseits und jenseits der Grünen Linie selten analysiert. Wer vor den 218 Seiten zurückschreckt, bekommt anhand der Fotos, Landkarten und aussagestarken Grafiken eine Ahnung von der tatsächlichen Lage. Die elf Fragen an Netanjahu würde man gerne auch anderen Staatschefs stellen.]*

Levy, Gideon: Schrei, geliebtes Land. Leben und Tod unter israelischer Besatzung. Melzer Verlag / SEMITedition, Neu-Isenburg 2005. *[Schonungsloser Blick eines Experten auf den Alltag unter Besatzung.]*

Neslen, Arthur: Occupied Minds. A Journey through the Israeli Psyche Pluto Press. London 2006. *[Neslen interviewt Israelis vom Hippie-Aussteiger im Sinai über den russischen Einwanderer, einen Geheimdienstmann und eine Gaza-Siedlerin.]*

Neudeck, Rupert: Ich will nicht mehr schweigen. Melzer, Neu-Isenburg 2005. *[Ein leidenschaftliches Plädoyer für Gerechtigkeit, gespickt mit Geschichten aus dem Nähkästchen und Zitaten aus Diplomatenbriefen.]*

OCHA: 50 Years of Occupation 1967 – 2017. Occupied Palestinian Territory. Humanitarian Facts and Figures.

Dies.: Occupied Palestinian Territory. Fragmented Lives. Humanitarian Overview 2016, Mai 2017. *[Diese UN-Agentur ist durch »Feldarbeiter« direkt am Puls der Besatzung.]*

Rosa Luxemburg Stiftung: Israel – Ein Blick von innen heraus #4. Debattenbeiträge zu Politik, Wirtschaft, Gesellschaft & Kultur, Tel Aviv 2022, rosalux.org.il (PDF) *[Hier schreiben Kenner.]*

Tonsern, Martha: Palästinensische Frauen zwischen Besatzung und Patriarchat. Eine kulturwissenschaftliche Analyse. Grazer Universitätsverlag Leykam, Graz 2011. *[Auch Kenner werden in dieser Psycho-Sozio-Polit-Analyse ihren Aha-Moment erleben.]*

Waldman, A. / Chabon, M.: Oliven und Asche. Kiepenheuer & Witsch, Köln 2017. *[Das Herausgeberduo lud Autoren aller Kontinente ein. 25 Schriftsteller, darunter Bestsellerautor Mario Vargas Llosa, kamen, allein oder in Kleingruppen. Das Buch ist Zeugnis ihrer Eindrücke von Jenin bis Gaza.]*

Weizman, Eyal: Sperrzonen. Israels Architektur der Besatzung. Nautilus, Hamburg 2008. *[Das trocken wirkende Buch hat Sprengkraft. Weizmans Arbeit findet glücklicherweise eine Fortsetzung bei ›Forensic Architectue‹.]*

Zang, Johannes: Unter der Oberfläche. Erlebtes aus Israel und Palästina. AphorismA, Berlin ^{5}2014.

Gaza (Sachbücher, Belletristik, Reportagen, Broschüren, Filme)

Abuelaish, Izzeldin: Du sollst nicht hassen, meine Töchter starben, meine Hoffnung lebt weiter. Bastei Lübbe, Köln 2011. *[Bewegendes Zeugnis eines Arztes, der drei Töchter durch eine israelische Rakete verloren hat und nun für Aussöhnung kämpft. Anrührend.]*

Al-Atawna, Asmaa: Keine Luft zum Atmen. Mein Weg in die Freiheit. Lenos, Basel 2021. *[Eine mehrfach marginalisierte Frau aus Gaza kämpft sich durch bis Europa.]*

Al Mezan Center for Human Rights: Bearing the Brunt again. Child Rights Violations during Operation Cast Lead, Sept. 2009; weitere Publikationen siehe mezan.org.

Atef Abu Saif: Frühstück mit der Drohne. Tagebuch aus Gaza. Unionsverlag, Zürich 2015. *[Unaufgeregt, nüchtern, bedrückend – ob es ein Politiker gelesen hat?]*

Bayoumi, Moustafa (Hrg.): Mitternacht auf der Mavi Marmara, Der Angriff auf die Gaza-Solidaritäts-Flottille. Laika, Hamburg 2011. *[Erschüttert schwer wirkt das das Bild der »moralischsten Armee der Welt«]*

Binur, Yoram: Mein Bruder, mein Feind. Ein Israeli als Palästinenser. Bastei Lübbe, Bergisch Gladbach 1992. *[Als Araber getarnt, lebte der jüdische Journalist Binur ein halbes Jahr unter Palästinensern, sogar in einem Flüchtlingslager Gazas. Schockierend, was der ›jüdische Wallraff‹ enthüllt.]*

Breaking the Silence: Testimonies + Video testimonies zu Gaza, breakingthesilence.org.il *[Erhellend und schockierend. Man fragt: Welche Spuren hat das bei den Soldaten hinterlassen?]*

Ehrlicher, Sarah: Bleiernes Spiel. Krieg in Palästina. Kellner, Bremen 2009. *[Medienbeobachtung und persönliche Geschichten (z. B. über die Tunnel unter Gaza).]*

Finkelstein, Norman G.: Israels Invasion in Gaza. Nautilus, Hamburg 2011. *[Dieses O-Ton-reiche Buch hält auch für Nahostkenner Neues bereit.]*

Forensic Architecture: Berichte (u. a. Inhumane Zones und Humanitarian Violence) und Filme, forensic-architecture.org, z. B.: »No Traces Of Life«: Israel's Ecocide In Gaza 2023-2024. *[Bei dem Sieben-Minuten-Film kamen mir die Tränen.]*

Gisha: 50 Shades of Control, 7.6.2017, gisha.org (PDF) *[Ein Muss für alle, die nach wie vor behaupten, Gaza sei nicht mehr besetzt.]*

Dies.: Distant Relatives (Broschüre), gisha.org (PDF).

Hass, Amira: Gaza. Tage und Nächte in einem besetzten Land. dtv, München 2004. *[Auch so ein Buch, das Politiker seinerzeit hätten lesen und: beherzigen sollen!]*

Human Rights Council: Bericht der Untersuchungskommission der Vereinten Nationen über den Gaza-Konflikt. Melzer Verlag / SEMITedition, Neu-Isenburg 2010.

Junge Stimmen aus Gaza: We Are Not Numbers. Lenos Verlag, Basel 2019. *[Das Schreibprojekt geht weiter, sogar im Gaza-Krieg ab 2023, siehe wearenotnumbers.org.]*

JustVisionMedia: »Who will be left to tell the world …«, Instagram, 8.4.2024.

Lutz, Edith: Das nächste Boch heißt Pessach. AphorismA, Berlin 2022. *[Schockierender Bericht über ein jüdisches Hilfsboot, das es auch nicht nach Gaza schaffte.]*

Marx, Bettina: Gaza: Berichte aus einem Land ohne Hoffnung, Zweitausendeins, Frankfurt a. M. 2009. *[15 Jahre nach Ersch. aktueller denn je.]*

Palästina-Solidarität Region Basel: Palästina-Info, Sonderausg. Gaza, 2/2024.

Palestine-Israel Journal: Gaza and the Two-State Solution. PIJ Policy Paper No. 2, Dez. 2009. *[Hätte man mal auf Visionäre wie diese gehört!]*

Rawert, Mechthild / Sterzing, Christian / Vogler, Kathrin (Hg.): Nach Gaza, Zivilgesellschaft und internationale Politik. AphorismA, Berlin 2011. *[Wegen vieler Autoren und dem Einblick in »Drucksachen« des Bundestages ein Erkenntniszuwachs.]*

Ricci, Andrea: Gaza. Die Kriegsverbrechen Israels. Kai Homilius, Berlin 2009. *[Das Büchlein beleuchtet nicht nur den Krieg ›Gegossenes Blei‹, sondern auch die Intifada und die Hamas.]*

Sand im Getriebe: Gaza (zwei Sonderhefte: Okt./Dez. 2023), sand-im-getriebe.org. *[Dutzende von Artikeln, die es nicht in die deutschen Zeitungen geschafft haben.]*

Scholl-Latour, Peter. Lügen im Heiligen Land. Goldmann. München 2000. *[Die circa zwei Dutzend Stellen zu Gaza lassen die 1990er Jahre lebendig werden.]*

Sommerfeld, Nirit: Kunst im Kampf um Menschenrechte, in: Dağdelen, Sevim / Groth, Annette / Paech, Norman (Hg.): Erkämpft das Menschenrecht! Für Frieden, Antifaschismus, Internationalismus und Kultur. PapyRossa, Köln 2024. *[Die Besprechung des Bildes ›Guernica-Gaza‹ bietet Einblicke in die Künstlerszene Gazas wie die Familiengeschichte der Autorin.]*

UN / UN-OCHA: Hunderte von regelmäßigen (14-tägig) oder Sonderberichten, ochaopt.org; u. a. Locked in: The Humanitarian Impact of Two Years of Blockade on the Gaza Strip, Aug. 2009; Between the Fence and a Hard Place. Special Focus, Aug. 2010; Gaza in 2020. A liveable Place? Aug. 2012; 50 Years of Occupation. Fragmented Lives. Humanitarian Overview 2016, Mai 2017; Gaza's fisheries: record expansion of fishing limit and relative increase in fish catch; shooting and detention incidents at sea continue, 19.11.2019. *[Wunderschöne Grafiken und saubere Tabellen bilden eine äußerst hässliche Wirklichkeit ab.]*

Wiedenhöfer, Kai: Perfect Peace. The Palestinians from Intifada to Intifada. Steidl, Göttingen 2003. *[Fast ein Jahr lebte der Schwabe 1993/94 im Gazastreifen. Auch während der zweiten Intifada brauste er auf seiner BMW mit Baden-Württemberg-Flagge durch den Gazastreifen. Beim Fotografieren einer Beerdigung schoss ihm ein israelischer Scharfschütze in die Wade. Seine Fotos und Bildunterschriften liefern Fakten und vermitteln Eindrücke, die man kaum anderswo findet. Beispiel: 1997 wurde das erste Schwimmbad im Gazastreifen seit römischer Zeit eröffnet.]*

Filme: Das Schwein von Gaza / Death in Gaza / Gaza Surf Club / dazu Dokumentationen u. Reportagen bei Al-Jazeera, etc. *[Viele Filme gibt es nicht; auch das ist eine Aussage.]*

Die Hamas

ARTE Reportage: Hamas: Die Erschaffung eines Monsters (Film), 2024, arte.tv. *[Das Ausmaß der Besatzung wird nicht klar, gewisse Facetten der Hamas (karitatives Eng.) werden gar nicht beleuchtet.]*

Baumgarten, Helga: Hamas. Der politische Islam in Palästina. Diederichs, München 2007.

Croitoru, Joseph: Die Hamas. Herrschaft über Gaza. Krieg gegen Israel. C.H.Beck, München 2024. *[Das Buch liefert einige neue Einsichten; mit O-Tönen wäre es weniger trocken geworden.]*

Hroub, Khaled: Hamas: A Beginner's Guide. Pluto Press, London 2006.

Ders.: Hamas. Die islamische Bewegung in Palästina. Palmyra, Heidelberg 2011. *[Eine aktualisierte Aufl. ist dem Werk zu wünschen.]*

Palestine-Israel Journal: Hamas and Kadima. Are They Up to the Challenge? Vol. 13, No. 3, 2006. *[Beiträge von israelischen wie palästinensischen Autoren porträtieren die Hamas kurz nach dem Wahlsieg; weitere Einsichten gewährt ein Interview mit dem damaligen Politbürochef Mash'al.]*

Yousef, Mosab Hassan: Sohn der Hamas, Mein Leben als Terrorist: SCM Hänssler, Holzgerlingen [5]2010. *[Interessante Einblicke, auch wenn manches unter Berücksichtigung seiner Konversion zum Christentum kritisch zu sehen ist.]*

Dialog – Frieden – Konfliktlösung

+972 Magazine – Independent commentary and news from Israel & Palestine, 972mag.com

Avnery, Uri: Zwei Völker, zwei Staaten. Palmyra, Heidelberg 1995. *[Avnerys wohltuend andere Stimme fehlt 2024 ebenso wie seine Vision.]*

Bar-On, Dan: Die ›Anderen‹ in uns. Dialog als Modell der interkulturellen Konfliktbewältigung. Edition Körber-Stiftung, Hamburg 2006. *[Hoffentlich werden Israelis und Palästinenser bald zu diesem Buch greifen. Es wäre ein Zeichen der Ermutigung.]*

Baskin, Gershon: Living and Working for Peace (Newsletter), siehe auch gershonbaskin.org

BIP: Bündnis für Gerechtigkeit zwischen Israelis und Palästinensern e.V., bip-jetzt.de

Boehm, Omri: Israel – eine Utopie. Propyläen, Berlin 2020. *[Ein Analytiker Israels.]*

Burg, Avraham: Hitler besiegen. Warum Israel sich endlich vom Holocaust lösen muss. Campus, Frankfurt a. M. 2009. *[Ein frommer Jude legt sein Land auf die Couch – mahnend, prophetisch und 2024 hochaktuell. Gehört für mich zu den Top10 der Israelbücher.]*

diAk / Deutsch-israelischer Arbeitskreis für Frieden im Nahen Osten e.V. (Israel. Palästina. Deutschland – zusammen denken), diak.org

Doron, Lizzie: Sweet Occupation: Die Tragödie des Anderen zu verstehen, ist die Voraussetzung, um einander keine weiteren Tragödien zuzufügen. dtv, München 2017. *[Man wünscht dem Buch, dass es auch auf Hebräisch erscheint. Es beweist: Wandlung ist möglich!]*

Evangelisches Missionswerk in Deutschland: Taube, Kreuz und Stacheldraht. Ökum. Friedensdienst in Palästina und Israel. Erfahrungsberichte. Hamburg 2005. *[Fast 30 Zeugnisse im Sinne von Dialog und Konfliktlösung.]*

Gorenberg, Gershom: Israel schafft sich ab. Campus, Frankfurt a.M. 2012. *[Analytisch schonungslos.]*

Ha'aretz, Haaretz.com. *[Linksliberale israelische Zeitung, erscheint auch auf Englisch.]*

Klein Halevi, Yossi: Am Eingang zum Garten Eden. Suche nach Hoffnung mit dem Religionen im Heiligen Land. eos, Sankt Ottilien 2009. *[Persönliches Zeugnis eines orthodox-jüdischen Friedenssuchers.]*

Moskovitz, Reuven: Der lange Weg zum Frieden. Deutschland-Israel-Palästina. Episoden aus dem Leben eines Friedensabenteurers, hrsgg. vom Ev. Bildungswerk Moskovitz. Verlag am BEATion/randlage, Berlin [4]2003. *[Persönliches Zeugnis mit Abstechern in die Konfliktgeschichte.]*

Niederhoff, Henning: Trialog in Yad Vashem. Palästinenser, Israelis und Deutsche im Gespräch. LIT, Berlin/Münster [2]2010. *[Die 2005 von drei Palästinensern geäußerten düsteren Prognosen (z.B. kein Palästinenserstaat) für 2015 haben sich mehr als bewahrheitet. Ob ein solcher Trialog heute möglich wäre?]*

Palestine-Israel Journal: Lessons from the Northern Ireland Peace Process, Vol. 22, No. 1, 2017, siehe auch pij.org *[Dies ist nur eine der Ausgaben zum Thema ›Konfliktlösung‹. Schade, dass die Analysen, Erfahrungen, Erkenntnisse und Visionen der israelischen und palästinensischen Experten so wenig Gehör finden, weder vor der eigenen Haustür noch in der weiten Welt.]*

Pappe, Ilan / Hilal, Jamil (Hg.): Zu beiden Seiten der Mauer. Laika, Hamburg 2013. *[Dokumentation der einmaligen Kooperation israelischer und palästinensischer Historiker und Soziologen (PALISAD).]*

Schenk, Günter (Hg.): Palestine On My Mind: 26 Zeugnisse aus unserer Zeit. Melzer Verlag / SEMITedition, Neu-Isenburg 2010. *[26 Zeugnisse von jüdischen wie nichtjüdischen Deutschen, die sich um Dialog, Gerechtigkeit und Frieden bemühen.]*

Senfft, Alexandra: Fremder Feind so nah. Begegnungen mit Palästinensern und Israelis. Edition Körber-Stiftung, Hamburg 2009. *[16 Hoffnungsgeschichten, die man 2024 unbedingt lesen sollte, um den Nahen Osten nicht abzuschreiben.]*

Verleger, Rolf: Israels Irrweg. Eine jüdische Sicht. PapyRossa, Köln [4]2024. *[Rolf Verlegers († 2021) Satz »Das Judentum, meine Heimat, ist in die Hände von Leuten gefallen, denen Volk und Nation höhere Werte sind als Gerechtigkeit und Nächstenliebe« trifft 2024 mehr denn je zu.]*

Warschawski, Michael: Mit Höllentempo. Die Krise der israelischen Gesellschaft. Ed. Nautilus, Hamburg 2004. *[Der Autor fordert, »dem Status der Straflosigkeit ein Ende zu machen«. Leider immer noch aktuell.]*

Zang, Johannes: Unter der Oberfläche, Erlebtes aus Israel und Palästina. AphorismA, Berlin [5]2014. *[90 Prozent meiner Geschichten stimmen leider 2024 noch immer.]*

Zimmermann, Moshe: Die Angst vor dem Frieden. Das israelische Dilemma. Aufbau, Berlin [3]2010. *[Wer bisher meinte, dass ein Friedensschluss an der angeblichen Kompromisslosigkeit der Palästinenser scheiterte, sollte dieses Buch lesen.]*

Filme zum Konflikt Israel/Palästina

Junction 48
Das Herz von Jenin
Töte zuerst!
Five broken cameras
Within the eye of the storm
The Iron Wall
Last supper (Abu Dis)
Lemon tree
The lab
Mein Herz tanzt
Der Sohn der anderen
Teaching Ignorance
West of the Jordan River
Lipstikka
The Ruins of Lifta
Jaffa. The Orange's Clockwork, 2009
Die Wahrheit über die Jaffa Orangen (WDR)
Al-Nakba – die Katastrophe (WDR-Doku)

Webinare

Seit 2020 haben Hunderte von Webinaren stattgefunden, nach wie vor organisieren diese Organisationen/Institute welche:

Al-Shabaka / Breaking the Silence (Shovrim Shtika) / B'Tselem / Green Olive Tours / ICAHD / Jewish Currents / Ir amim / Israel Religious Action Center (IRAC) / MEFP / Neve Shalom/Wahat al Salam / New Israel Fund / Partners for Progressive Israel / Peace Now / Kav laoved / Palestine-Israel Journal

Zeittafel

Kriege, militärische Operationen und tödliche Auseinandersetzungen in bzw. gegen Gaza

1917

Bei drei Schlachten um Gaza sterben Hunderte: Einheimische, Angehörige der britischen, australischen und neuseeländischen Truppen sowie Soldaten des Deutschen und des Osmanischen Reiches.

1936 – 1939

Der palästinensische Generalstreik markiert den Beginn des großen Aufstands. Forderungen: Ende der jüdischen Einwanderung, Stopp der Landvergabe. Tote landesweit: 4.000 bis 5.000 Palästinenser, über 400 Juden, über 200 Briten.

1948 | 9. April: Massaker an mind. 108 palästinensischen Einwohnern von Deir Yassin bei Jerusalem. // 14. Mai: Ende des britischen Mandats über Palästina, Unabhängigkeitserklärung des Staates Israel in Tel Aviv durch David Ben Gurion. // 15. Mai: Beginn des ersten Nahostkrieges (bis Juli 1949). Tote: Pal./Araber: ca. 10.000. IL: 6.373.

1956

Israel besetzt den Gazastreifen von Okt. 1956 bis März 1957 und tötet ca. 500 palästinensische Zivilisten.

1967

Juni: Im Sechs-Tage-Krieg erobert Israel Ostjerusalem, das Westjordanland, den Gazastreifen, die Sinai-Halbinsel und die Golanhöhen. Tote: Pal./Araber: 18.000 bis 30.000 (je nach Quelle). IL: 776.

1987

Im Gazastreifen bricht der erste Volksaufstand (Intifada) aus und weitet sich auf das Westjordanland aus. Die Hamas gründet sich. Bis zum

13.9.1993 werden in allen besetzten Gebieten, inkl. Ostjerusalem getötet: Pal.: 1.124. IL: 90 (Sicherheitskräfte und Zivilisten). Zudem werden 38 Palästinenser und 72 Israelis in Israel (»within the Green Line«) getötet.

2000-2004/05

Ab Sept.: Zweite Intifada (Al-Aksa-Intifada) gegen die Besatzungsmacht Israel. Tote Gesamt-Pal.: 4.973. IL: 1.100. Eine Tötungsstatistik von *B'Tselem* für 18 Bezirke nennt für den Zeitraum 2000 bis 2008 (vor Militäroperation *Cast Lead*) vier Bezirke des Gazastreifens unter den ersten fünf: 1. Nord-Gaza 2. Gaza 3. Khan Yunis 4. Nablus 5. Rafah [...] 18. Ostjerusalem.

2004

März: Die israelische Luftwaffe tötet den im Rollstuhl sitzenden Mitgründer der Hamas, Scheich Ahmed Jassin.

2006

Krieg gegen den Gazastreifen (Militäroperation *Sommerregen*). Pal.: 402 Tote. IL: 11.

2006/07

Wahlsieg/Regierungsübernahme der Hamas, bürgerkriegsähnliche Lage im Gazastreifen. Tote: 300-600.

2008/09

Feb./März: Viertägiger Krieg (israelische Militäroperation *Hot Winter* (Pal.: 112 Tote, IL: 3). // Ab 27. Dez.: Dreiwöchiger Gaza-Krieg (Militäroperation *Gegossenes Blei*). Pal.: ca. 1.400 Tote. IL: 13.

2010

Internationale Aktivisten wollen mit einem Hilfskonvoi, darunter das Schiff *Mavi Marmara*, die Seeblockade von Gaza durchbrechen. Die israelische Marine tötet neun Passagiere. // Vom 1.1.2010 bis zum 31.12.2010 töteten israelische Streitkräfte 68 (andere Quellen 72) Palästinenser im Gazastreifen: Manche beim Versuch, Raketen in Richtung Israel abzuschießen; andere starben in Tunneln, die die israelische Luftwaffe bombardierte, wieder andere weideten ihr Vieh oder wurden während einer Autofahrt ins Visier genommen.

2012
Beginn der Militäroffensive *Wolkensäule* im Gazastreifen nach intensivem Raketenbeschuss seitens der Hamas. Pal.: 167 Tote. IL: 6 (Soldaten u. Zivilisten)

2014
Juli/August: Israels Gaza-Krieg *Protective Edge (Fels in der Brandung* bzw. *Starkes Kliff).* Pal.: 2.185 Tote. IL: 46 (Soldaten u. Zivilisten).

2018
14. Mai: Eröffnungszeremonie der neuen US-Botschaft in Jerusalem. Bei Protesten tötet die israelische Armee 52 Palästinenser am Grenzzaun zum Gazastreifen; in den Tagen danach sterben mindestens sieben weitere Menschen an ihren Verletzungen. Bis zum Jahresende werden im/am Gazastreifen zwischen 180 und 260 Palästinenser (je nach Quelle) getötet.

2020
Das nach außen hin relativ ruhige Jahr in einigen Zahlen von *UN-OCHA*: Zerstörung palästinensischer Bauten im Westjordanland: 664, Ostjerusalem: 175. (fast 1.000 Menschen obdachlos). Von israelischen Sicherheitskräften getötete Palästinenser: 30, israelische Tote: 3. Such- und Verhaftungsoperationen des Militärs im Westjordanland: 3.634. Angriffe israelischer Siedler: 327.

2021
Mai: Erneut Krieg zwischen Israel und Hamas. Pal.: 233 Tote. IL: 7.

2022
Viertägiger Krieg (israelische Militäroperation *Breaking Dawn*). Pal.: 33 Tote. IL: 0.

2000 - Okt. 2023
Laut *Al Mezan* war in diesem Zeitraum 2014 das blutigste Jahr für den Gazastreifen: 2.240 Tote; das »ruhigste« war 2020 (sechs Tote).

2023
9.-11. Mai: Als Reaktion auf palästinensischen Raketenbeschuss tötet die israelische Armee in der Operation *Schild und Pfeil* 30 Palästinenser. //

Vom 1. Jan. bis zum 6. Okt. 2023 wurden 227 Palästinenser getötet, 192 davon im Westjordanland oder Ostjerusalem. Im selben Zeitraum wurden 28 Israelis getötet. // Laut *B'Tselem* wurden seit Beginn der zweiten Intifada (29. Sept. 2000) bis zum 6. Okt. 2023 achtmal so viele Palästinenser wie Israelis getötet: 10.655 gegenüber 1.330. // Am 7. Okt. 2023 töteten Hamas, andere Milizen und ein Mob über 1.200 Israelis und Menschen mit anderer Nationalität.

2024

Bis zum Krieg ab 2023 haben Menschen im Gazastreifen seit 1917 je nach Zählweise zwischen 12 und 15 Kriege, Aufstände oder Militäroperationen erlebt. Bilanz des Krieges im Zusammenhang mit der israelischen Militäroperation *Eiserne Schwerter* zum Zeitpunkt des Redaktionsschlusses, 12. Juni 2024 (250. Kriegstag):

- 37.124 Tote* auf palästinensischer Seite bis 10. Juni 2024, ein Schnitt von 150 pro Tag seit Kriegsbeginn; 84.712 Verletzte
- unter den Toten: 270 humanitäre Mitarbeiter, unter ihnen 196 UN-Kräfte
- Israelische Angriffe auf Schulen, in denen Binnenflüchtlinge Schutz suchen: 435 (456 Tote)
- 295 israelische Soldaten getötet
- 120 Israelis und Menschen mit anderer Staatsangehörigkeit werden von Hamas und anderen Milizen im Gazastreifen festgehalten, 43 von ihnen sind vermutlich tot.
- Nur 17 der 36 Krankenhäuser des Gazastreifens sind noch in Betrieb, allerdings nur teilweise; kein einziges in Rafah.
- Zahl der beschädigten UNRWA-Einrichtungen: 186
- Etwa 60 Prozent aller Wasser-/Abwasser-Anlagen sind beschädigt oder zerstört

Zusammengestellt unter Verwendung folgender Quellen:

Al Jazeera – Al Mezan Center for Human Rights – B'Tselem – Jewish Virtual Library – UN-OCHA – Wikipedia.

---

* Diese und alle weiteren Zahlen aus: UN-OCHA: Humanitarian Situation Update #177 sowie einem früheren Update. Gaza Strip. 10.6.2024, per E-Mail am selben Tag erhalten

Ausführliches Inhaltsverzeichnis